다시 오르는 산

서재曙齋 에세이 선집

다시 오르는 山

이순형

정은출판

| 책머리에 |

<산을 오르다 오솔길로 접어들었다. 새봄을 기다리는 나목들이 반갑게 맞는다. 온 생명을 소진하며 피워 올리는 꽃잎들에서, 저마다 자리를 지키고 서서 무언가를 기다리고 있는 수목들에서 나를 읽는다.>

2009년, 「수필 문학」지에 등단했을 때의 소감의 일부다. 애벌레의 기둥인 듯, 무작정 기어오르다 정년의 끝에 이르렀을 때, 그동안 정신없이 바라보던 무지개는 어느덧 스러지고 있었다. 직위, 교육, 학문의 광채들. 언덕을 내려서자마자 더 높은 산이 우뚝했다.

잠시 쉬며 뒤를 돌아다보았다. 주어진 게 없었기에 그동안 오른 등정도 보람이 적지 않았다. 하지만, 퇴직이 인생의 퇴임일 수는 없었다. 마음을 가다듬고 다시 산을 오르기 시작했다. 배움, 사랑, 믿음의 길이다. 남은 삶이 더욱 소중하였기에 스스로 채찍질하며 계속 걷고 읽고 썼다. 오늘의 나를 있게 한 분들의 사랑은 되갚아야 할 빚이었고 내세에 대한 소망은 '그분' 앞에 다시 나를 굴복시켰다. 날마다 마주하는 자연과 미지의 세계에 대한 무지는 끊임없는 질문으로 나를 다그치며 끝나지 않는 길, 못 가본 길들로 나를 내몰았다. '너는 누구인가?' '어디로 가고 있는가? '이렇게 살아도 괜찮은가, 정작 해야 할 일은 무엇인가?' 소유인가, 존재인가? 이성인가, 사랑인가? 믿음인가? 다시 올라야 할 산들이 보이기 시작했다. 깨달음에로의 길이다

이 책은 지난 10여 년간 『수필문학』지를 비롯해 『제주문학』, 『제주

수필』 등에 실렸던 글들을 골라 엮은 것이다. 고희를 접고 마주한 사유들이라 '나', '오늘', '내일'의 화두가 끊임없이 오고 갔다. 초겨울의 빈 들판에서 시간의 무게는 옷깃을 여미게 했고 지금까지 걸어온 길들은 내게 다시 소망의 지팡이를 다잡게 했다.

평생을 배우고 가르쳤다. 가르치는 일은 또한 배우는 일이었다. 삶은 끊임없는 배움에 다름 아니었으며 넓은 세계야말로 힘들여 읽어야 할 또 하나의 책이었다. 지금까지 살아있음이 감사하고 삶은 은총임을 깨닫는다. 살아갈수록 사랑이 신비하다. 계절의 순환과 자연의 언어들은 영원한 진리를 속삭였고, 그 소리는 잃어버린 것들의 소중함을, 피안의 세계를 새삼 일깨워 주었다. 초라함을 무릅쓰고 사숙한 정신의 스승들은 올라야 할 산의 높이를 보여주며 나를 격려했다.

말과 글이 세상을 바꾸고 있다. 강의로, 논문으로, 서책으로 반평생을 말하고 썼다. 이제는 산문으로 얘기하며 나를 바꾸고 싶다. 나는 세상을 더 낫게 만드는 것이 작가의 의무라는 데 동의한다. 내게 문학은 인간과 삶, 개인과 사회, 무상과 구원에 대한 질문이다. 하나, 쓰는 건 고통이었다. 그 아픔은 의미 있는 것, 아름다운 것, 영원한 것들을 계속 추구하도록 일깨웠다.

마주한 산들이 계속 오르라고 손짓한다. 오를수록 버려야 할 것들이 많아진다. 이제는 나목처럼 잎을 떨구고 새봄을 바라며 계속 하늘을 우러르고 싶다. 수필은 내게 치유요 소망이다.

책이 만들어지기까지 여러분에게 빚을 졌다. 서예가 나석 현민식 사형은 표제를 써 주셨고 한국미술협회의 고운 박광식 고문께서는 표지를 빛내 주셨다. 김세종 박사의 서평은 여생에 대한 더없는 격려요, 한국수필문학회의 고문이신 손광성 교수님의 글은 계속 분발하라는 채찍으로 받아들이고 싶다. 모두들 고맙기 그지없다. 책이 나오기까지 수고해주신 정은출판사 여러분에게도 감사를 드린다.

지금까지 곁을 지켜준 아내와 아이들에게 사랑으로 이 책을 바친다.

2022년 1월

서재 이순형

| 차례 |

제1부 계절의 언어들

제2부 나, 높고 소중한

제3부 믿음, 그리고 저 너머

제4부 사랑, 에로스와 아가페의 사이에서

제5부 또 하나의 책 읽기

제6부 내가 만난 1%의 사람들

제7부 불여학不如學이면

제8부 잃어버린 것들

1부

계절의 언어들

* 자신을 치유하는 가장 좋은 방법은

하늘과 자연, 그리고 신과 더불어 홀로 조용해질 수 있는 곳을

찾아가는 것이다.

- 안네 프랑크

- 어떻게 그런 곳에 사느냐고
- 오름 풍경
- 꽃들도 소리를 한다.
- 숲이 나를 데리고
- 계곡의 잔상
- 엄동 삼우
- 보이지 않는 길
- 청산이 내 벗이거늘
- 등대를 이고 누운 섬

어떻게 그런 곳에 사느냐고

사는 집이 도시 외곽의 외딴 들판에 자리하고 있는 터라 이따금 어떻게 그런 곳에 사느냐고 묻는 이들이 적지 않다. 아파트에 살 법한데 그렇지 않다는 얘기다. 취향이 다른 사람에게는 구구히 설명을 할 수가 없다.

도심을 벗어난 이곳 농원에 정착한 지 20여 년을 헤아린다. 캠퍼스가 시내를 벗어나 멀리 아라벌로 옮겨 오면서 걸어서 출퇴근하는 여유를 누리고 싶었다. 이십여 평의 농막에 불과하지만, 집 뒤로는 멀리 바다가 펼쳐지고 야트막한 소나무 동산이 병풍처럼 한겨울의 북풍을 막아준다. 정면으로는 한라산을 마주하고 백여 미터 좌우에는 계곡이 뻗어 내려 심산유곡의 풍광을 보태고 있어 절집이냐고 묻는 사람도 없지 않다. 무수천無水川이기는 해도 비가 쏟아지면 시냇물이 넘쳐나고 천연의 구실잣밤나무 등, 울창한 나무들이 냇가에 샘물을 숨기고 있어 산책길에는 더없이 좋은 쉼터가 되어준다. 지천으로 흔한 소나무와 상수리나무를 비롯해 고염나무, 북가시나무, 자귀나무며 대

숲이 우거진 고만고만한 숲들이 뭇 생명을 품고 있다.

날마다 보는 언덕도 계절마다 풍경이 다르고 같은 계절이라 해도 그날그날의 변화가 새롭다. 비 갠 아침에는 청명한 산이 다가와 눈을 맑게 씻어준다. 정원의 꽃들과 밤새 찬 이슬로 목욕해 생기가 넘친 풀잎들은 햇살을 받아 윤이 흐르고 흙냄새는 향기롭다. 가까이 솔숲을 스쳐오는 맑은 공기는 늘 활력을 실어온다.

계절은 자신의 소리를 새들에게 먼저 일러주는 것 같다. 봄이 오면 꾀꼬리의 드높은 피콜렛 연주가 온 계곡을 흔들어 깨운다. 멀리 딱따구리의 나무 쪼는 소리와 새벽부터 꿀을 찾아 동백꽃 사이를 더듬는 동박새의 날갯짓이며 이따금 소란스럽고 무리 지어 먹이를 찾는 꿩들의 소요는 시간을 가리지 않는다. 행색을 감춘 뻐꾸기의 맑고 청아한 소리는 쇠 되고 날카로운 지바퀴 소리와 묘한 콘트라스트를 이룬다. 통곡하듯 하는 울음은 두견새 소리다. 소쩍새는 밤새 불침번을 서는 듯, 한숨인 양 길게 뿜어내는 휘파람새며, 방울새, 종달새 등, 갖가지 새들의 노래가 사계절 끊이지 않는다.

오늘은 아침 산책길에서 노루의 마중을 받았다. 인가까지 들어와 밤을 새웠는지, 다급히 뛰어 달아나는 녀석이 이내 꼬리를 감춘다. 요새는 울안의 채소까지 축내고 있어 울타리라도 쳐야 하지 않나 걱정이 늘었다.

걷고 있으면 여기저기서 산이 다가온다. 능선 너머 때로 색다른 구름들을 거느리고 있는 모습이 정답기까지 하다. 높게, 낮게, 모였다

흩어지며 갖가지 모양으로 흘러가는 구름들에 지나온 삶의 영상들이 묻어난다. 시시각각 변해가는 모습들이 일어났다 사라지는 추억을 포개며 잠시 삶의 덧없음을 일깨운다. 오늘은 동틀 녘 벌판까지 내려앉은 구름들이 정원의 꽃과 나무들에 한껏 물기를 주고 갔다.

농사를 접은 지도 여러 해가 지났다. 나이 들어 무얼 한다는 게 수월치 않다. 밀감나무가 가득했던 농원엔 해마다 억새들이 어김없이 들어찬다. 끊임없이 되살아나는 잡초들의 기세를 어쩌지 못하고 있다. 그저 손닿는 만큼 나무나 꽃을 심어 정원을 넓히고 있지만, 억새꽃이 그 배경이 되고 말았다.

금년에도 맨 처음 얼굴을 내민 것은 매화꽃이다. 크고 화려하지 않아도 2월의 찬바람 속에서 봄을 여는 꽃잎들의 의지가 대단하다. <뜨락을 거니니 달이 나를 따라 온다/ 매화꽃 언저리를 얼마나 돌았을까/ 밤 깊도록 오래 앉아 자리 뜨기 잊었는데/ 옷깃에는 향내 가득 몸에는 꽃그늘 가득>. 책 한 권을 이룰 정도로 매화의 고절을 읊은 퇴계의 시다. 매화를 얼마나 사랑하였기에 날마다 꽃을 바라보며 그와 더불어 세상을 경륜하였을까. 창으로 달빛이 흘러드는 밤이면 매화의 은은한 정취가 서실에 가득하다.

우리는 누구나 안락하고 아담한 집을 꿈꾸게 마련이다. 자신이 바라는 상을 따라 공들여 가꾸게 되고 그것이 그 집의 이미지를 만들어낸다. 집에도 저마다 개성이나 정신이 없을 수 없다.

외국에 나가 일시 머물 때, 이따금 초대받은 교외의, 수목으로 둘러싸인 집들의, 그 유벽幽僻함이 더없이 부러웠다. '집의 중요한 점은 화미華美가 아니라 탈속脫俗에 있다'고 한 경지를 이제 알 법하다.

산수 간 누옥이나마 스스로 족하니 이에 더 무엇을 바랄 것인가.

(수필문학, 통권 216호, 2009. 3)

오름 풍경

계절이 또 한 장 달력을 넘긴다. 단 한 번 건너뛴 적이 없는 자연의 순환인데도 봄은 왜 성급히 나를 산으로 부르는 것일까? 향긋한 숲속으로 들어서면 산은 언제나 넉넉한 품으로 나를 안아준다.

한동안 제쳐두었던 산을 다시 오르기로 작정한 건 순전히 건강 때문이었다. 허리 수술을 위해 병원에 누워 있을 때, 『누우면 죽고 걸으면 산다』라는 책이 나를 다시 산행으로 이끌었다. 동틀 무렵이면 눈비를 마다 않고 오름을 올라 다니기 여러 달, 통증은 어느새 사라지고 있었다. 산이 건강을 선물한 것이다.

한라산 자락에는 삼백 육십여 개나 되는 오름이 자리해 있다. 그동안 운동 삼아 찾아다닌 오름이 오십여 군데를 헤아린다. 깊은 산도 아니고 한두 시간에 지나지 않는 산행이지만 철 따라 변모하는 나무들이며 숲속의 표정을 눈여겨보노라면 그 순간만은 세상을 잊는다. 들리는 소리라곤 나뭇가지를 옮겨 앉는 새 소리뿐이다. 숲의 고요와 평안이 더없이 좋다. 소로우는 문명의 때를 씻어내려 월든의 숲으로 들어가 고독과 벗하며 자신을 되찾았다. 그는 하루도 숲과 언덕과 들로 돌아다니지 않으면 온전한 정신을 유지할 수 없다고 했다.

제주에는 한라산과 더불어 나지막한 산들과 좋은 숲들이 많다. 곳곳이 천연의 숲을 숨겨놓고 언제든 찾아오라고 손짓한다. 높이도 제각각이다. 어승생 오름은 천 미터가 넘는데도 오름이라 부르고 모슬포의 산방산이나 성읍리 영주산, 창천리의 군산은 몇백 미터에 지나지 않는데도 산이라 부르고 있다. 봉이며 오름이며 악이며 이름도, 높이도 대중이 없다. 정상도 화구火丘나 분화구로 패여 있어 구경거리이다. 아이스크림을 한 스푼 들어낸 듯, 산세를 따라 흘러내린 분화구의 모양이며 그 변동을 식별해보는 일은 또 다른 배움이요 즐거움이 아닐 수 없다.

정상을 올라 한 바퀴 돌고 나면 오름의 체구가 한눈에 들어온다. 분화구는 대부분이 U자형이다. 하지만 용암이 흘러내리면서 직선이나 S자 모양으로 트여 제각각이고 그 속에서 다시 분출해 알산卵山을 품은 곳도 없지 않다. 이중화산이다. 따라비 오름이나 산굼부리, 아부오름과 그리고 다랑쉬 오름의 분화구는 모두가 원통형으로 그 안은 사발처럼 텅 비어 있다. 특히 따라비 오름은 두세 개의 항아리를 잇대놓은 듯, 동그란 분화구가 서로 이어져 있어, 어느 산악인은 제주의 오름 가운데 제일 아름답다고 한다.

그중에서도 성산포 일출봉은 특이하다. 바다에서 솟아오른 바위산이라는 것도 그렇고 성냥갑처럼 오면체를 이루어 정상의 분화구는 축구장처럼 펼쳐져 있다. 날마다 맞이하는 일출봉의 해돋이 풍경은 예로부터 영주십경瀛州十境의 하나로 알려져 있다. 아름답기로는 산방산도 이에 뒤지지 않는다. 투구모양의 산체가 다시 용머리 오름으로 뻗어 나가 가파도와 마라도를 지켜보고 있다. 섶섬이나 범섬도 수중에서 돌올한 오름에 가깝다. 이들이 없다면 서귀포 앞바다는 얼마나 단조로울까 싶다.

오늘은 관음사 너머 언덕을 올랐다. 겨울을 넘긴 낙엽들이 켜켜이 쌓여 발목을 간질인다. 서걱서걱 낙엽이 밟히는 소리며 실바람 소리에 이런저런 상념이 실려 간다. 느리게, 힘들게, 오르락내리락 헉헉거리며 폐포가 열리는 듯 대기가 달고 시원하다. 숨은 가빠지나 사유는 침잠한다. 정상에 이르렀다. 고통이 환희로 바뀌는 순간이다. 돈들이지 않고도 쉬이 누릴 수 있는 기쁨이 더없이 좋다. 고통을 이겨내지 않고 얻어지는 것이 무엇이 있던가. 올라야 할 산, 넘어야 할 산, 발걸음에 몰입하고 있으면 내 안에도 올라야 할 산이 또 하나 자리해 있음을 깨닫는다.

긍정 심리학자 칙센트 미하이는 행복의 본질을 몰입에서 찾았다. 내가 가진 것들, 그 모든 것들은 몰입의 산물이다. 자신을 오른 자만이 인생의 풍요를 누릴 수 있다

비 갠 뒤라 하늘이 청명하다. 전라를 드러낸 한라산이 정갈하고 의연하다. 이따금 구름을 끌어다 자신을 가리려 드는 모습이, 누군가는 한라산을 가리켜 모성의 산이라고 했다.

이른 봄, 오후의 햇살이 따사롭다. 잠시 앉아 고만고만한 오름들을 내려다본다. 피어오르다 스러지는 구름들에 실려 나도 어디론가 흘러간다. 겨우내 쌓인 묵은 잎들을 젖히고 솟아난 여린 새싹에서 생명의 순환을 읽는다. 초록의 정기가 무딘 감성을 깨운다, 순간, 순간 창조의 손길이 만상을 빚고 있다. 조물주가 아니면 누가 이 경이로움을 선물할 수 있을 것인가.

산이 이제 그만 내려가라고 타이른다. 정상만 바라보며 숨 가쁘게 올라왔다. 내 인생의 오름들. 넘어 넘어 또 마주한 산들이 아득하다. 이성의 골짜기, 사랑의 오름을 넘어 깨달음의 정상에 이르러 보았으면 좋겠다.

(수필문학, 통권 228호, 2010. 4)

꽃들도 소리를 한다

언젠가 서울에서 온 은사님을 모시고 제주의 만장굴을 둘러보고 나올 때의 일이다. 땅거미가 질 무렵, 무리 지어 서 있는 달맞이꽃들에 섞여 잠시 쉬고 있는데, 갑자기 '팍' 하는 소리가 났다. 한순간, 바로 눈앞에서 또 하나의 달맞이꽃이 피어났다. 놀라웠다. 생명의 환희가. 꽃들도 소리를 하다니, 그것도 힘차게, 고수가 북의 모서리를 치듯, 목관악기의 소리를 내며 일시에 하늘을 향해 연한 꽃잎을 벌리는 것이 아닌가. 신기함에 한동안 눈을 떼지 못했다. 꽃이 피는 순간, 식물도 소리를 낸다는 걸 그때 처음 알았다. 무리가 토해내고 있을 달맞이꽃들의 은밀한 함성이 저녁의 고요를 흔들고 있었다.

아침 산책길의 들꽃들이 유난히 싱그럽다. 잠에서 갓 깨어 새날의 활기를 뿜어 올리는 듯, 선연하다. 꽃은 모두 아침에 피나 했는데 저녁에 피는 꽃도 없지 않다. 달맞이꽃도 그 하나다. 아침이면 꽃잎을 닫고 한낮에는 졸다 깨어나 달을 보러 피기에 월견초라고도 한다. 온종일, 달만을 기다렸다는 듯, 어두워져서야 피는 사연이 예사롭지 않다. <마음에 담고 원해온 거 란/ 실상 달이나 별빛이 아니었단다/ 달 없는 이 밤도/ 훈훈히 피어나는 이 꽃나무는/ 애오라지 어둠 하나만을 기다렸다누나>. 김남조 시인도 <달맞이꽃>이 되어 무언가를 기다리고 있다. 일, 성취, 사랑, 믿음. 인간의 삶도 모두가 기다림이 아닐지, 쭈그리고 앉아 자세히 들여다보았다. 밤의 소연을 치르고 난 여인네처럼 노오란 분장이 시들해졌다. 한여름 무더위를 재우고 달밤을 기다려 아름다움을 더하는 꽃이 지혜롭다. 하여 대소초待宵草란 이름도 얻고 있다. 달맞이꽃이 어두워서야 피는 까닭은 다른 식물과 달리 그리 많은 햇빛을 필요로 하지 않기 때문이다.

한편 월화향月花香이라고도 하여 달맞이꽃에서는 향내도 난다. 있는 듯 마는 듯 코를 스치는 여린 향이 은은해서 좋다. 약재로, 식용유로, 향기에 이르기까지, 노오란 초롱들의 촘촘한 대열에서 베풂의 의지가 느껴진다.

아침 산책길의 바다가 일찍 깨어 멀리 수평선으로 물러나 있다. 터만 닦아놓은 수 십만 평의 단지엔 달맞이꽃들이 지천이다. 하나하나 꽃잎들에 아침 햇살이 쏟아진다. 잠 깨는 들꽃들로 아침이 부산한데, 그만은 졸린 듯 밤의 향연을 접고 이슬에 피로를 씻고 있다.

엊저녁 쏟아진 폭우에 계곡이 넘쳐난다. 계곡을 따라 이는 바람에 흐르는 물소리가 정겹다. 자연의 소리가 없다면 인간은 얼마나 고적할까. 흐르는 물, 부는 바람, 지저귀는 새, 속삭이는 들꽃들, 우주의 숨결이다. 괴테는 우리는 자연을 통해서만 신을 인식할 수 있다고 했다. 우리는 모두는 신의 한 조각이라고 말하는 스피노자의 깨달음에 이르고 싶다.

자연의 소리들. 소리는 살아있는 것들의 기척이다. 그 소리는 때로 요란하나 조화롭고 아름답다. 하지만 인간의 소리는 왜 그리 시끄러운지, 평생 교단에서 쏟아냈을 소리들이 더러는 맑은 영혼들을 흐려놓지 않았는지 모르겠다.

자연의 질서와 법칙을 알고 기다림 속에서 피어나는 들꽃들. 있는 듯, 없는 듯, 이제부터는 저들의 소리에도 귀를 기울이며 그들이 전하는 창조주의 음성을 듣고 싶다.

자연의 소리는 마음으로 들어야 할 일이다.

(수필문학추천작가회 수필선집, 20집, 열정의 미로, 2010. 11)

숲이 나를 데리고

몸이 무겁거나 답답할 때는 들판을 돌아다니거나 오름을 오르는 일 이상 좋은 게 없다. 숲으로 들어서 혼자 뚜벅뚜벅 발걸음을 내딛고 있으면 마음이 숙연해져 수행하는 기분이다. 보폭이 의식되고 호흡이 깊어지며 머리가 맑아진다. 발길이 닫는 대로, 숲이 이끄는 대로 그 품에 안기어 나도 그들과 하나가 된다.

오늘은 바리메오름을 지나 한대오름으로 향했다. 비가 오고 난 뒤라 숲길이 산뜻하다. 돌덩이들을 피하느라 이리저리 눈길을 뺏기고 있는데 어린 가지가 모자를 가로챈다. 나무들이 건네는 인사가 싫지 않다. 바위가 드러누운 언덕을 돌아 인적이 드문 곳으로 들어섰다. 몇 그루의 말오줌때 열매들이 빨갛게 달아올랐다. 생명의 절정이다.

<내가 그대 이름을 불러주었을 때/ 그는 나에게로 와서 꽃이 되었다>. 우리는 누구나 꽃이다. 그런데 맨 처음, 저들을 말오줌때라 부른 이는 누구일까. 이리도 사랑스러운 꽃을 두고 말오줌때라니. 말의 오줌에 또 때란 더러움을 말하고 있음이 아닌가. 그에게 이 꽃은 무엇이

었을까? 자주괴불주머니며 한라산 돌쩌귀, 구름털제비꽃 등, 한라산의 야생화들은 야릇한 이름이 적지 않다. 그런 이름으로라도 불러주니 저들의 삶은 달라졌을까? 이름 없는 나무나 풀은 없다는데 이름을 모르는 꽃들은 내게 눈길조차 주지 않는다.

억겁을 벼르며 생명을 이어온 수목들이 저마다 의젓하다. 풀포기 하나라 해도 모두가 '하나'에서 목숨을 얻어 각기 개체로 살아가고 있다는 사실이 새삼 신비하다.

한 시간이나 걸었을까, 뻗어 내린 계곡이 나를 맞는다. 흙탕물이 훑다간 웅덩이들에 모래알이 가라앉았다. 할퀴다 남은 척박한 돌섬에는 어린나무들이 비집고 들어서서 햇빛을 바라고 있다. 모퉁이를 돌아 분화구로 들어섰다. 노루 한 쌍이 눈인사만 하고 달아난다. 실안개가 살포시 내려앉다 스러진다. 우거진 잡목 사이로 여기저기 곰취가 노랗게 물들여 군락을 이뤘다. 대롱 모양의 늘어진 꽃무리 사이로 빚어 나온 줄기가 우뚝하다. 호로칠葫蘆七이라고도 하여, 노란 색소의 카로틴 같은 성분이 예로부터 약용으로 써온 식물이다. 내 집 농원에도 야생으로 자라 즐겨 먹고 있다. 자연의 정수를 머금은 산야초는 천연의 항암제라는데, 숲속에 들어가 살면서 암을 이겨냈다는 이들의 건강 비법이 궁금하다.

화구를 지나 양지를 골라 앉았다. 수목의 정기가 살갗을 파고든다. 눈을 감으면 시간이 멈춘다. 있는 듯 없는 듯, 돌이나 나무나 모든 존재는 각기 분리돼 있다고 해도 그 입자들은 운동하며 시공간상으로 맞물려 서로 이어져 있다는데, 지금, 여기, 저들과 나, 경계 없음의 경계가 그들과 나를 가둔다.

눈앞의 거미줄에 마른 솔가지가 매달려 있다. 시계추처럼 대기를 흔들다 시들해진다. 위로부터 툭 하고 열매가 떨어진다. 놀란 듯, 새가 다른 가지로 옮겨간다. 위를 올려다보았다. 마른 잎이 뱅글뱅글 파장을 그리며 내려앉는다. 낮아져야 사는 것인가, 하나하나의 잎이 제각기 우주의 한 공간을 차지하고 몸짓을 다 하다 스스로 해체되며 마지막은 대지로 합일되고 있다.

울창한 소나무와 참나무들이 그늘을 드리운 틈새로 햇살이 가득하다. 깊고 으슥한 곳은 침엽수가 무리를 이루어 자리 잡고 들어차 있다. 오랜 세월 자라면서 활엽수들을 밀어내고 새로운 주인이 된 것이다. 숲은 정적이면서도 동적이고 동적이면서도 정적이다.

햇살이 머물다 떠나가는 숲의 정밀靜謐을 이 순간만이라도 놓치고 싶지 않다. '깨어있지 않는 한, 그대는 잠들어 있는 것이다. 깨어있음이 삶의 길이다.' 라즈니쉬는 깨어있는 순간만이 살아있다고 한다. 무상의 시간들. 어느 한순간 저들은 내가 깨어나기도 전에 시간 밖으로 내던져버릴 것이다.

정상이 가까워졌다. 숲 사이사이 능선 너머 트인 하늘이 조각보처럼 이어진다. 한라산이 오늘은 서북쪽으로 비스듬히 누워 치마폭 위 아래로 오름들을 수놓고 있다. 그 위를 흘러가는 구름들이 순간순간 기묘한 영상들을 그리며 어디론지 사라진다.

일고 모이고 흩어지고 사라지고, 검었다 희었다, 벌겋다 노랗다 스러지는 구름들이 저마다 함함하다. 변화가 삶의 본질임에, 생명의 아름다움이 어찌 영원하기를 바라겠는가.

철 지난 철쭉들을 뒤로하고 오솔길로 내려섰다. 양지쪽엔 꽃향유의 무리가 연분홍 옷을 갈아입고 볕을 즐기고 있다. 억새를 간질이던 바람이 지천으로 널린 조릿대들에 머물렀다. 무작정 뻗어가는 강인한 생명력은 어디서 주어지는 것일까? 이우는 낙엽, 익어가는 열매, 가을의 다소곳한 몸짓들. 계절이 깊어지면 회색의 산은 목숨이 다한 온갖 것들을 겨우내 품어줄 것이다.

다가갈수록 깊어지는 숲, 무상한 계절을 벼리면서 의연한 산. 숲의 언어는 침묵이다. 침묵은 신의 언어다. 지금 이 시간만이라도 그 소리에 귀를 기울여야 한다.

걷고 있으면 숲은 늘 침묵의 성으로 나를 데리고 간다.

(수필문학 통권 255호, 2012. 10)

계곡의 잔상

청명한 한낮, 들녘으로 나섰다. 억새꽃 들판이 바람에 일렁이며 한숨에 내닫는다. 구름의 음영들이 훑고 지나가는 은빛 물결은 보는 것만으로도 후련하다. 누웠다 일어나고 일어나다 쓰러진다. 투, 투, 투, 투. 목초를 베어 넘기는 트랙터 소리가 짚단을 나르는 여인들의 웃음소리를 하늘로 퍼 올린다. 들풀의 최후가 향기롭다.

숲속으로 접어들었다. 걷다 보면 내가 바뀐다. 발걸음 따라 순간순간 생각이 흐른다. 오르막길로 올라섰다. 오르락내리락 숨은 가빠지고 생각은 저만치 앞서간다. 가쁜 숨이 등 뒤를 흐르는 땀과 화해하며 머리가 맑아진다. 걷기는 육체적이면서 동시에 정신적인 활동이다. 안간힘이면서 놓여남인 것을, 힘들지언정 걸어야 한다.

숲의 정기가 몸속 오지까지 파고든다. 피톤치드며 테르펜, 음이온 등에 잠자던 세포들이 하나둘 깨어나며 체기(몸)가 정기(자연)와 교신한다. 물아가, 주객이 함께 소통하려면 장자는 귀나 마음 이상의, 기氣로 들어야 한다고 했다. 잠시 앉아 숨을 들였다. 기를 들이고 있으면 심신이 깨어난다. 기는 자연의 숨결이다.

오름들이 여기저기 누워 하늘을 바라고 있다. 나무하나 키우지 못하는 펀펀한 오름은 등허리마저 가난해 바람조차 머물지 않는다. 산정이 가까워졌다. 정상에 오르면 저 너머 정경들을 불러들일 것이다. 펴오르는 구름들이 엉기고 스러지며 어설픈 사념들을 실어간다. 침묵이 말한다. "그래, 잘못하지 않는 사람이 어디 있어?" 후회와 다짐이, 미움과 연민이 함께 걷는다. 산길에선 또 다른 내가 어디선가 기다리고 있다. 이 시간만은 그와 만나야 한다.

덜 마른 길바닥엔 발자국이 패어 있다. 맨 처음 이 길을 낸 이는 누구일까? 숨 가쁘게 살아온 삶의 족적들이 숲속의 미로 같다. 기대했던 미래가 오늘인데 이 순간 내가 할 일은 정작 걷는 것뿐인가?

죽기 전날까지도 걸을 수 있으면 좋겠다. 프랑스의 저널리스트인 베르나르 올리비에는 퇴직하고 나서, 은퇴가 모든 것의 끝이어서는 안 된다며 터키의 이스탄불에서 중국의 시안까지 실크로드를 완주했다. 12,000킬로미터가 넘는 엄청난 거리를 걷고 난 뒤, 5킬로미터를 앞두고 그는 자문자답했다. 사람들이 내게 무엇을 찾으려고 여기까지 걸어왔느냐고 묻는다면, 나는 '그 다음'을 찾기 위해서'라고 대답하겠다.

내게 '그 다음'은 무엇일까. 소유만이 전부인 듯, 별다른 의문 없이 살아온 날들이, 그러면서도 내일이다. 인생의 끝자락마저 가정법일 수는 없다. 붙잡혀 있는 것들에서 놓여나 '그 다음'을 찾아야 한다. 삶은 뒤가 아니라 앞에 있음을. 하여, 걸어야 한다. 고통스러워도 걸어야 한다.

떡갈나무며 굴참나무며 숱한 소나무들이 죽죽 뻗어 올랐다. 구부정한 등걸에, 가지가 부러져나간 상흔들에 지난날이 얹혀 있다. 하늘을 바라다 메말라버린 초록에서 잃어버린 꿈을 읽는다. 휘감아 오른 덩굴들 사이를 가로챈 청회색 이끼들이 검버섯처럼 칙칙하다. 고목들이 자리를 내준 사이로 어린 솔들이 뻗어 올랐다. <솔이 있어/ 여기 정정히 검은 솔이 있어/ 오랜 세월/// 아아 이것 아닌 목숨/ 스스로 모진 꾸짖음에 눈감고/ 찬란히 우주 다름 그날을 지켜/ 정정히 죽지 않는 솔이 있어/ 마음이 있어>. 청마의 노송이 더없이 부럽다. 소멸과 잉태가 변주하는 늦 가을. 생존의 온갖 서사를 껴안고 사는 숲이 생장과 고통, 결핍과 충족, 결실과 조락을 되풀이하며 삶과 죽음을 하나로 이어가고 있다.

계곡으로 내려섰다. 한여름의 직류에 속내를 씻어내던 계곡이 햇빛으로 냉기를 밀어내고 우수에 잠겨있다. 격류에 할퀴던 바위섬의 조릿대들이 언젠가는 쓸려갈 것 같다. 얼마나 많은 생명들이 그 소용돌이에 휩쓸려 떠내려갔을지, 비명이 잦아든 계곡에는 긴장이 숨 쉬고 있다.

수직의 석벽들이 수위처럼 지키고 서서 나를 막아선다. 떨어져 나간 바위 조각들이 세월을 새기고 누워있다. 모래톱을 밀어낸 물웅덩이가 나를 반긴다. '네가 찾고 있는 것은 무엇인가?' 오래전, 장마철의

퇴근길에서 계곡을 건너다 살아난 기억이 씁쓸하다. 한참을 떠내려가다 정신을 차려보니 바위가 나를 붙들고 있었다. 삶은 은총이다. 메멘토 모리, 죽음이 멀리 있지 않다.

엊그제 비에 내달렸을 건천이 물에 씻겨 산뜻하다. 개울물이 졸졸거리다 바위틈으로 사라진다. 숨고 흐르고, 그러면서도 다시 솟고. 물의 아름다움은 흐르는 데 있다. 부서지면서도 만나 다시 힘을 얻고 비상하는 물방울들. 비상하려면 작아져야 하는 것인가 보다. 수증기로, 대기로 구름으로 흐르다 하늘과 작별하고 안개로 비로 산야를 적시며 근원에 대한 그리움으로 대해로 낮아지고 있다. 그리워서 만나고 만나서는 헤어지는 존재들. 만남과 이별, 비상과 하강, 순응과 회귀를 되풀이하면서 끝내는 하향과 보시로 조화를 추구하는 물이 지혜롭다.

최상의 선은 물과 같다고 했다. 부드러움으로 강함을 이기고 받아들이되 다투지 않는다. 자신을 내주어 뭇 생명을 살리고 더러움은 씻어내며 낮은 데를 골라 자리한다. 높아지다가도 낮아지고 강해지다가도 약해진다. 하지만 낮아지는 일이 그리 쉬운 일인가. 급하면 분노하고 유순한 흙이며 강한 바위도 할퀴어야 한다. 때로는 산 것들의 목숨도 앗아가며 선악을 초월해야 한다. 상선上善의 길이 멀고도 험하다.

이 가을, 한여름의 폭염을 이겨낸 나무들이 불타오른다. 빨갛고, 노랗고, 누르죽죽하고. 절정의 몸짓들이, 아쉬운 듯, 떨어지고 나면 그뿐일 홍엽들이 가지를 붙들고 햇빛의 애무를 즐기고 있다. '저항하거나 옛것을 놓아 보내지 않고 매달리는 것은 자연을 거부하는 것이다.' 에크하르트 톨레가 지금 이 순간을 살아라고 한다.

<나뭇잎은 떨어지고/ 나뭇잎은 흙이 되고/
나뭇잎은 덮여서…….>

한 해의 희망을 길어 올리던 낙엽들이 하나둘 손을 흔들며 떠나간다.

(제주수필 21집, 2014. 11)

엄동 삼우

한라산 생태 숲은 언제 가도 좋다. 차로 10여 분 거리여서 한겨울에도 즐겨 찾는다. 광장에다 차를 세우고 연못 쪽으로 향했다. 멀리 검푸른 겨울 바다가 다가온다. 수평선을 뚫고 불어오는 북서풍에 뺨이 얼얼하다.

수모루 언덕길로 들어섰다. 시야를 가리던 나무들이 하나둘씩 물러난다. 군데군데 원시림을 파고들던 계곡들이 산길의 지루함을 덜어준다. 속살을 드러낸 채 제멋대로 누워있는 고목들이 말을 걸어온다. '언젠가는 너도 나처럼 흉한 몰골로 무너져 내리리라.' 잎들이 쌓이며 썩어가는 숲속은 다시 새로운 생명들을 잉태하고 있을 것이다. 소멸인가 탄생인가, 삶과 죽음이 하나로 이어지고 있는 자연의 질서가 여여如如하다.

새봄에 잎을 틔우려 꿈꾸고 있을 나목들의 기도를 읽는다. '우리 모두 부족함 없이 함께 북돋우며 평화로운 숲을 이뤄 살아가게 해주소서.' 가진 걸 다 내주고 이따금 기웃거리는 햇살을 기다리는 모습이 따뜻하다. 겨울의 언어는 기다림이다. 구상나무며 때죽나무, 고로쇠 나무들이 열병식을 치르는 병사들처럼 지키고 서서 다가오는 내 파장을 감지하고 있을 것 같다. 이름 한번 묻지 않는 내게 그들은 오늘도 내 무례를 개의치 않고 청량한 기를 내준다. 생명의 에너지가 신선하다. 수목이, 숲이 한시라도 산소를 내주지 않으면 지상의 생명은 어떻게 될까. 3천 미터가 넘는 페루의 고산지대에서는 한때 머물고 있는 것만으로도 숨이 가빴다. 굼실거리며 모세 혈관으로 안겨드는 대기가 새삼 소중하고 고맙다.

개오리 언덕을 넘어 절물 길로 접어들었다. 적설이 발목에 감긴다. 양지쪽 잔설 위 노란 꽃들이 반갑기 그지없다. 시베리아 아무르강 유역이 원산지라는 연약한 들꽃이 어떻게 바다를 건너왔을지, 연중 절반은 자면서 에너지를 모아두었다가 일찍 꽃을 피운다는 복수초가 차가운 눈밭을 뚫고 한겨울에 나앉아 있다. 하여, 얼음새꽃이요 눈새기꽃이다. <백색의 게릴라가 온 산을 점령하고/ 툰드라의 바람은 아직 경보를 풀지 않았는데/ 지층 깊은 곳의 뜨거운 마그마/ 그 열정을 삭혀//대지를 찢고 올라오는 샛노란 꽃 대궁 하나>. 복수초를 노래한 김지헌의 시다. 스스로 열을 내며 적설을 뚫고 피어나는 풀포기의 생명력이 놀랍고 신선하다

우리 집 창가에도 한 무리의 복수초가 피어있다. 차가운 눈발 위에 고개를 쳐들고 있는 모습이 신기해 오래전 야산에서 옮겨다 심은 것들이다. 금년에도 내연의 고통을 무릅쓰고 눈 속을 뚫고 나와 봄이 멀

지 않았음을 알리고 있다.

하필이면 엄동을 골라 피다 사라지는 들꽃의 숙명이 예사롭지 않다. 한설이 온 산을 덮어버린 이 계절에도 가녀린 생명이 솟아오르며 지상의 것들과 기쁨을 나누려 겨울을 무릅쓰고 있다. 가까이 다가가 보았다. 줄기가 굵고 단단하다. 앞대고 뒷대고 둥그렇게 이어지며 열두 개의 꽃잎으로 벌어진 통꽃이 들여다볼수록 대견하다. 회색빛 겨울의 얼어붙은 들판에 이 이상 귀한 벗이 있을까 싶다.

마당을 돌아 집안으로 들어섰다. 거실의 난로가 온몸의 냉기를 앗아간다. 난로는 오늘도 나무를 태우며 나를 데워줘야 한다. 한겨울 내내 타자를 소멸하다 끝내는 자신도 삭고 마는 난로가 더없이 고맙다. 존재의 숙명이 그러한 것이거늘, 세상은 자신을 버리는 이들의 희생으로 따뜻해지고 있다.

잠시 몸을 데우고 앉아 있는데 뜻밖에 글 벗들이 찾아왔다. "와! 난로다." 멀리 한라산을 배경으로 창문에 내려앉는 함박눈을 보며 환호한다. 고구마를 굽고 커피를 끓였다. 노변정담에 겨울이 짧아진다. 겨울을 나는 데는 난로 이상 좋은 벗이 없다.

눈이 쌓인다. 그들이 서둘러 떠난 농원에 설야의 정적이 눌러앉는다. 바람에 흩날리는 눈송이들이 분분하다. 책을 내려놓고 고요함에 귀를 기울인다. 고독은 영혼의 비타민이다. 외롭다고 고독을 벗하려 들지 않는다면 영혼은 식어가는 재가 되고 말 것 같다. 외국에서 차도 없이 한겨울 갇혀 지낼 때 고독은 나를 깨어있으라며 다독였다. 혼자

여도 외롭지 않고 정신적으로 충만한 상태를 즐겨야 한다.

서울의 은사님께 문안 전화를 드렸다. 아내를 앞세우고 홀로 지내시는 팔순의 건강이 궁금했다. 저녁을 장만하다 전화를 받으신다며, 그 후 노고老孤를 전해왔다. <사람 속에 묻혀 살면서 사람이 목마른 이 팍팍한 세상에, 누군가 나의 안부를 물어준다는 게 얼마나 다행스럽고 고마운 일인지, 사람에게는 사람만이 유일한 희망이라는 걸 깨우치며 산다는 게 또 얼마나 어려운 일인지, 세상에 나 혼자가 아니라는 걸 일깨워주는 사람들이 있어 오늘 나는 행복하다.>

전해오는 외로움이 따뜻하다. 고독은 마주하는 이에게 은총이다. 어쩌다 태어나 세상의 추위를 견디다 끝내는 혼자 가야 하는 우리네 운명이 모두 그러한 것이거늘, 누가 이 잔을 거역할 수 있는가.

고독의 계절 겨울. 노년은 인생의 겨울이다. 춥고 외로울수록 스스로 발열해야 한다.

(수필문학사 연간 대표수필 선집, 30, 2016. 12)

보이지 않는 길

'걷는 자는 복이 있나니 건강이 저희 것임이요.'

걷고 있으면 떠오르는 생각이다. 발걸음에 탄력이 붙으면서 힘이 생기고 머리도 맑아진다. 무기력한 몸을 깨우는 데는 보행 이상 좋은 게 없다. 무엇보다도 혈액이 깨끗해졌다는 의사의 말에 힘을 얻는다. 요통도 가벼워졌다. 일과 삼아 매일이다시피 걷고 땀을 흘린 덕이다. 앞으로 또 얼마를 더 걸을 수 있을지, 힘들어도 그저 걷는다.

산사 윗길로 올라섰다. 산수국들이 산뜻하다. 어제 내린 폭우로 언덕길이 맨살을 드러냈다. 물길에 쓸리던 나뭇잎 부스러기들이 길바닥에 널브러져 발목을 덮는다. 걸어도 걸어도 산수국의 군락이다. 응달도 마다하지 않고 뻗어 나간 수국들이 가녀린 햇살을 끌어들이며 녹색의 계절을 다스리고 있다.

다가가 꽃잎을 들여다보았다. 녹색인가 하면 허옇고 분홍인가 하면 희부옇다. 20여 종이 넘는다는 수국들이 흰색에서 푸른색으로, 다시 붉은색으로 청색인 듯, 붉은색인 듯, 카멜레온처럼 변하고 있다.

진보라도, 진분홍도 없지 않고 약하고 희미하고 어정쩡한 빛깔들이 끝내는 갈색으로 시들어간다. 한 뿌리에서도 꽃잎들이 어떻게 다양한 색조를 드러낼 수 있는지 신비하다. 하나의 대상을 표현하는 데는 한 단어밖에 없다는데, 색상 하나 제대로 형용하지 못하면서 어찌 성숙을 향한 저들의 의지를 알까 싶다.

산수국은 한 그루가 안팎에 두 가지 꽃을 거느리고 있다. 참꽃과 헛꽃의 공존이 특이하다. 안에 좁쌀 같은 숱한 알갱이가 모여 꽃술을 이루고 있는 것이 참꽃이고 여러 개의 꽃잎을 둘러 화관처럼 바깥을 장식하고 있는 것이 헛꽃이다. 헛꽃은 개화 기간도 짧고 오래 버티지도 못한다. 참꽃이 열매를 맺도록 벌 나비를 끌어들일 뿐, 열매를 맺지 못한다고 하니, 참꽃의 생존을 위해 들러리로 서 있는 셈이다.

논어는 안과 밖, 바탕本質과 외양文樣이 둘이 아닌 하나임을 말하고 있다. 겉치장이 바탕이고 바탕이 겉치장이다. 이 색 저 색, 이 모습 저 모습으로 저가 없이는 내가 살아갈 수 없음을 그들은 알고 있다. 따로 하되 함께하기, 더불어야 하는 것이 존재의 법칙인가 보다.

풀잎을 어르던 솔바람이 땀을 앗아간다. 오름들이 하나, 둘, 멀리나 앉아 있다. 그 품에 안기던 산길들이 궁금하다. 저들은 안간힘 하며 땀방울을 흘리던 내 몸의 고통을 기억하고 있을 것이다. 플라톤은 몸은 지상의 것이요 길이라고 했다. 길 위의 몸, 몸속의 길. 삶의 일체가 길이다. 길은 많아도 모두가 하나로 이어진다. 오름을 오를 때마다 내 안으로 난 길이 아득하다.

언덕배기가 숨 가쁘다. 고통스럽다. 어디까지 올라가야 하나? 고통이, 인내가 나를 시험한다. 끝까지 올라야 한다. 산정에선 엔돌핀이 기다리고 있을 것이다. 정상은 기쁨, 놓여남, 자신감, 그리고 한 가닥 깨달음이었으면 좋겠다. "인간이 도달해야 할 가장 높은 정상은 자신이다. 거기에 이르러야 우리는 구원을 받아. 올라간다는 행위 그 자체가 바로 구원이요 행복이다." 카잔차키스가 마지막 올라야 할 산은 자신임을 일러준다.

새의 날갯짓 소리에 눈을 들었다. 고갯길이 올려다보인다. 두 시간은 족히 걸었는데도 끝이 보이지 않는다. 어디로 향하는 길인지, 편백나무 무리가 하늘을 가리다 시야를 내어준다. 쑥쑥 뻗어 오른 나무들이 10m는 넘을 것 같다. 세월의 인고를 껴안고 헐벗어 등걸이 드러난 나무들이 지난날의 아픔을 기억하려는 듯, 햇볕과 비바람과 서리의 흔적을 문신처럼 새겨 놓았다.

반쯤은 흙이 되어 밟히는 낙엽들이 안쓰럽다. 이끼에 삭아가는 고목들이며 발끝에 걸리는 삭정이들이 흙으로 돌아가고 있다. 끝내는 후패하고 소멸되는 생명의 순간들이 무상하다. 흙에서 생명을 얻고 살아가다 무화되는 존재들의 숙명이다. 찰나의 한 시점에서 어쩌다 한 점의 목숨을 얻고 영원히 살 것처럼 버둥거리며 언덕을 기어오르고 있는 너는 누구인가?

갑자기 온 숲이 환해진다. 숲 사이로 햇살이 비집고 내려앉는다. 갑자기 수목들이 생기를 되찾는다. 내가 사라진 뒤에도 해는 어김없이 떠오를 것이고 숲은 초록으로, 초록은 흙으로 다함이 없을 것이다. 순간은 영원하고 영원은 순간이다.

푸르러, 푸르러 해마다 깊어는 숲. 올려다보아도 길이 보이지 않는다. 걸어도, 걸어도 못다 한 길. 어디까지 걸어야 하나? 언젠가는 이 길도 끝날 것이다. 이 길의 끝은 어디일까?

숲속에서 헤매다 길을 찾던 달밤이 떠오른다. 목숨의 끝자락에서 마주할 길이 궁금하다.

(제주문학, 72집, 2017. 9)

청산이 내 벗이거늘

<청산은 나를 보고 말없이 살라 하고 창공은 나를 보고 티 없이 살라 하네/ 사랑도 벗어놓고 미움도 벗어놓고 산 같이 물 같이 살다가 가라 하네>

겨울이 무게를 벗고 가벼워진 낙엽들로 밝힌다. 느긋한 길이 더없이 평온하다. 가까운 야산으로 들어서 잠시 은자가 된다. 햇살이 온 숲에 내려앉으며 온기가 차오른다. 고만고만한 계곡들이 이마를 맞댄 천연림을 파고들며 고요와 생명의 약동을 변주한다. 청산도 내 벗이요 녹수도 내 벗이라던 선인들의 심사가 내 것인 듯하다.

몇 년 전, 자주 오르던 오름에 나만의 지름길을 냈다. 한 철을 전정가위를 들고 다니며 칡과 잔가지는 잘라내고 가로누운 고목들은 한쪽으로 밀어냈다. 오르내리는 게 한결 수월해졌다. 나만의 숲길인 듯 오붓했다. 그런데, 얼마 없어 누군가가 곳곳에 리본을 매달아 그 후 바닥이 패이면서 모두의 길이 되어버렸다. 루쉰魯迅의 말이 옳다. '지상에는 원래 길이 없었다. 지나다니는 사람들이 많아지면 그것이 곧

길이다.' 자연을, 숲길을 사유하려던 허욕이 부끄러웠다.

오늘도 숲은 투명한 새벽 기운으로 충만하다. 숲의 언어는 침묵이다. 기다렸다는 듯, 향기가, 고요가 침묵으로 말을 걸어온다.

숨을 고르려고 바위에 걸터앉았다. 마른 이끼들이 하얗게 바래간다. 청태들이 한껏 기어올라 나무 기둥을 감쌌다. 이슬이나 안개만으로는 모자란 듯, 흘러내리는 물기를 챙기려 수피를 그러안고 꼭대기까지 뻗어 올라간 것이다. 그 위를 콩짜개덩굴이 덮고 또 칡넝쿨이 감기면서 이리저리 서로 얽혀 있다. 기생의 공존이 초록으로 치열하다.

칡 줄기 하나가 허공을 가로질러 꽃 순을 내밀었다. 발그레한 게 잎눈이다. 봄의 전령이 그를 깨웠을 듯, 늦게 봄을 마중하고 있다. 이리저리 가지들이 뻗다 더러 말라 간다. 햇살을 탐한 탓일까, 수분이 모자라 끝내는 죽고 말 것 같다. 도시로, 상가로 빌딩의 숲으로, 평소에는 자연을 멀리하다 주말이나 산을 찾아 나서는 인간의 생태도 저들과 무엇이 다를까 싶다.

여기저기서 수북한 낙엽들이 발목을 감싼다. 가지에서 떨어지던 별리의 순간, 그들의 마지막 의식이 무엇이었을지, 큰 나무, 작은 나무, 또 그 아래로 갖가지 잡목들이 층층으로 하늘을 향해 뻗어가며 새로운 초록을 준비하고 있다. 후미진 양지에는 산꿩이 자리를 틀었던 온기가 남아 있다. 길섶의 으슥한 구멍들은 오소리의 소굴인 듯, 안으로 굽어들어 컴컴하다. 이 숲에는 저들 말고도 많은 생물들이 살아가고 있을 것이다. 흙 속이며 땅 위에, 또 나뭇가지 위에 터 잡고 서로 기대어 살면서 먹고 먹히고 있을 목숨들에 생각이 미쳤다.

겨우살이가 나뭇가지에 둥그런 둥지를 틀고 허공에 떠 있다. 크리스마스에 장식으로 쓰이는 미슬토다. 황금가지라 불리는 기생 식물로 하늘에도 땅에도 속하지 않는다고 여겨 예로부터 숭배해온 약용 식물이다. 그 가지로 사제와 싸워 이긴다면 숲의 왕이 될 수 있다는 신화에서부터 『황금가지』며 『황무지』 등, 종교와 문학 작품에 이르기까지 하나의 식물이 전하는 이야기가 깊고도 오묘하다.

영혼을 일깨우는 데는 숲처럼 좋은 양식이 없다. 목재며 열매며 약재 등, 숲은 생명의 창고요 지식의 보고다. 성서에도 진리를 설하기 위해 백이십 여종의 식물이 언급되어 있다. 익숙한 나무들은 반갑고 이름 모를 나무들은 낯설다. 다른데도 같아 보이고 같은데도 달라 보이는, 하나 서로 이웃하여 더불어 숲을 이루어 살아간다. 해마다 가지에서는 잎이, 잎에서는 또 순이 돋아나며 새로워진다. 수목의 몸짓이 저마다 창조의 비의를 드러내고 있음인 듯, 계절 따라 깊어지는 숲이 신성하다.

잎으로 호흡한다는 나무들이 궁금해 그 뒤를 자세히 살펴보았다. 미세한 틈들에서 낮에는 산소가, 밤에는 이산화탄소가 들고 난다는데 신기하다. 식물의 폐다. 낙엽이 지고 나면 식물은 뿌리로도 호흡을 한다는데 믿기지 않는다. 십여 미터나 되는 높이까지 물을 끌어 올리고 있을 나무들에서 뿌리가 존재의 근원임을 깨닫는다.

숲에 기대어 자연인으로 살아가는 사람들의 영상이 떠오른다. 스스로도 자연인 듯, 깊숙한 산속에서 캐고 심고 거두며 최소한의 생필품만으로 자급자족하고 있다. 풍요와 결핍이 공존하는 숲속에서 자연과 더불어 사는 사람들이 부럽다. 소로우는 한때, 문명을 외면하고 월든의 숲으로 들어가 가난을 택해 살았다. 가구도 몇 개의 의자만으로 충분했다. '내 집에는 세 개의 의자가 있다. 하나는 고독을 위한 것이고 나머지는 우정과 교제를 위한 것이다.' '나는 가난을 손상시키지 않고 부자 노릇을 해봤다.' 최소한의 소유가, 자연과의 친화가 인간다운 삶인가 보다. 결핍 속에서도 자연이 주는 것만으로 살아가는 사람들에게는 그게 최상의 행복이고 자유인 듯하다.

갑자기 멧돼지가 앞을 가로질러 숲속으로 사라진다. 어디선가 나를 지켜보고 있었던 것 같다. 한때, 적근산의 비무장 지대에서 마주했던 무리들이 떠오른다. 총 하나만을 들고 밤마다 어둠을 지키고 서 있던 내게 녀석의 출몰은 구원이었다.

나뭇잎 하나가 풀잎 위로 눕는다. 단 한 번뿐인 생명이, 지금, 내 앞에서 최후를 맞고 있다. 억겁의 시간, 나 또한 한순간의 몸짓에 지나지 않음에 잠시 묵연해졌다.

몇 번이나 이 계절을 마주할 수 있을지, 숲과 하나가 되어 다가올 시간들을 헤아린다. 봄철의 훈풍, 한여름의 성숙, 가을의 조락, 그리고 겨울의 침잠. 영원한 계절의 수레바퀴 속에 오늘, 여기, 내가 앉아 있다. 삶은 지금이다. 있는 그대로 보아야 한다는데, 지금 이 순간 내가 볼 수 있는 것은 무엇인가?

잠자다 깨어나는 나무들, 마르다 흐르는 계곡, 깃들이다 솟구치는 새, 무화되며 소생하는 숲. 끊임없이 달라지고 있는 저들을 지금 나는 지켜보아야 한다.

달라지는 게 사는 것이다. 윤회인가, 귀의인가? 걷다 만 길은 아득하고 가 닿을 곳은 흐릿하다. 언젠가는 숲으로 돌아와야 한다.

(제주문학, 73집, 2017. 12)

등대를 이고 누운 섬

유행가는 즐거운 추억만으로 고향을 노래한다. 하나 내게 고향은 시련의 기억으로 아린 곳이기도 하다. 섬에서 태어난 탓이다.

제주도 동쪽 끝, 섬 속의 섬 우도. 옛 문인이 '누워 있는 소臥牛가 머리를 돌려 한라산을 바라보고 있는 형상'이라고 해서 생겨난 이름이다. 성산포에서 4킬로미터도 못 되는 마을의 집들까지 빤히 보이는 지척의 거리인데도 예전에는 돛을 셋이나 단 큰 목선이 한 시간 이상을 노 저어 다녀야 했다. 지금은 카페리로 10여 분밖에 걸리지 않는다. 한눈에 들어오는 한라산의 전경이며 해안의 깎아지른 단애와 음악회가 열리는 해식동굴, 그리고 산호사가 깔린 해수욕장 등, 우도의 팔경을 찾아 오늘날에는 관광객이 연 백만 명 이상 드나든다. 고도가 명소로 변했으니 상전벽해란 말이 그르지 않다.

중학교로 진학하면서 집을 떠났다. 6·25의 전화로 국토는 피를 흘렸고 열두 살짜리 소년은 날마다 혼자서 끼니를 끓여야 했다. 쌀이 떨어지면 빌려서 먹고, 그것도 여의치 않으면 굶는 일이 예사였다. 먹는 일이 내게는 또 하나의 전쟁이었다.

집을 다녀오는 것도 쉽지 않았다. 버스가 귀했던 시절이다. 버스나 군용트럭을 얻어 타 종달리나 성산포에서 내려, 게다가 배 시간을 놓치면 어디선가 또 하루를 버려야 했다. 돌아올 때는 찬거리며 쌀 한 짐을 지고 읍내까지 50킬로미터나 되는 길을 걸어 다녔다. 뱃멀미로 초주검이 되고 난 후 걷다가 날이 저물면 도중에서 새우잠을 자고 다시 새벽에 서두르던 흙먼지 길은 행군이나 다름없었다. 전시의 결핍이, 게다가 바다마저 어린 나를 짓눌렀다.

희망과 절망의 경계선이었던 바다. 봄날의 아침 바다가 호수 같다. 고향으로 향하는 뱃머리에서 어린 시절이 되살아난다. 아침마다 왁자지껄하던 포구에선 잡혀 온 볼락과 망치가 춤을 추었고 잡혀 온 상어는 갯가에 드러누워 피를 흘렸다. 은빛 갈치는 대바구니 속에서 움찔거렸고 멸치 떼가 몰려드는 날은 뜰채를 들고 신이 났다.

어린 시절, 여름 바다는 천국이었다. 기다리다 못한 우리는 상쾌한 수온이 그리워 늦은 봄부터 바다로 뛰어들었다. 뛰노는 물고기들을 쫓다 배 밑바닥을 솟구쳐 나오면 수평선이 숨 가쁘게 흔들렸다. 바위틈의 오븐 자기며 소라, 문어가 입맛을 돋울 즈음, 물새들은 밀물에 지워지는 모래 벌의 발자국을 아쉬워하며 하나둘씩 날아올랐다.

우도는 해녀의 고장이다. 일제 말, 당시 그들의 착취에 들고 일어나 맨몸으로 항거한 역사의 고장이기도 하다. 누나들은 돈벌이를 위해 해마다 난바다로 떠났다 가을이면 다시 선물을 가득 안고 등대를 찾아 돌아왔다.

밤이면 별들이 쏟아져 내리는 고향. 등댓불은 밤마다 온 섬을 샅샅이 뒤지고 어둠을 찾아 해원으로 파묻혔다. 등대는 우리에게 미래였다. 미술 시간에는 등대와 배로 화지를 채웠다. 화면을 나누면 위는 하늘이요 아래는 바다였다. 수평선을 오가는 배로 화지를 채우고 등대를 그리면 그뿐, 그것으로 끝이었다. 섬에서 태어난 소년들에게 수평선은 좌절이자 희망이었다. 저마다의 등대를 그리며 바다 너머 세상을 꿈꾸던 소년들, 그들의 인생은 고향을 떠나는 데서 시작되었다. 도시는 동경의 대상이었고 부산, 통영, 삼천포, 여수로, 그렇게 하나 둘씩 고향을 등지고 떠나갔다.

얼마 전, 우도에도 올레길이 이어졌다. 고향의 들길이 낯선 사람들로 분주하다. 그들을 따라 두 시간을 걸었다. 수평선 너머 추억이 한 겹 두 겹 트이면서 바다를 깔고 앉은 하늘이 다가온다. 보석 같은 밤하늘의 별들, 백 년을 밝혀온 등댓불, 불덩이 같은 아침 해, 섬을 휘돌아나가는 바람, 갯가의 잔물결, 모래 벌에 일렁이던 아지랑이, 길가의 풀을 뜯는 소. 고향이, 심향心鄕이 되살아난다.

<내 소년의 가이없는 꿈/ 내 친구 순형이가 태어난 곳/
한라산 우러러/ 뜻을 세워 뜻 키우며/
제주시로 서울로 미국으로 떠돌았으리//
가난과 한숨 속을 하얗게 내달리며// 가슴 속 깊숙이

우물을 파고// 이젠 풍요로운 삶 일궈 사느니//
우도 팔경이여 머흘머흘 혼을 흔들어/ 때로
불면의 밤이 깊어 가느니// 죽을 때 비로소 고향으로 돌아가느니>

내 친구 문충성 시인이 고향 떠난 나를 두고 우도를 노래한 시이다. 어른이 된 나는 이 시를 서두로 고향의 역사面誌를 엮었다.

꿈꾸던 바다가 오늘도 조수의 간만으로 하루를 지운다. 길이 아니면서 길인 바다, 오가며 그리고 지우던 바다가, 시간의 포말에 스러져간 젊은 날이 내가 돌아왔으면 한다.

성묘를 끝내고 등대에 올랐다. 아내를 잃고 세월이 흘러 등대를 찾은 램지 교수. 버지니아 울프의 『등대로』에서, 책과 공상에 빠져 살다 늦어서야 현실을 인식하고 자신을 찾아 마음을 열고 따뜻한 눈길로 사람들을 포용하며 참된 행복을 느끼는 그가 떠오른다. 철학과 인생, 가족과 사랑, 삶과 죽음, 그에게 등대는 불빛이요 마지막 구원이었던 것 같다.

우리는 저마다의 등대를 바라고 살아간다. 빛과 어두움 욕망과 좌절, 성공과 실패, 행복과 불행, 소망과 무상의 섬광들. 밤마다 어두운 해면으로 잠기며 고독을 삭이던 등댓불이 내게 타이른다. '섬을 떠나 항해하던 너도 이제는 어디서든 마지막 등대를 찾아 닻을 내려야 한다.' 마지막 바라고 나서야 할 항구는 어디인가?

'이제 집으로 돌아가리 험한 산 고개 넘어 끝없는나그네 길 이제

쉴 곳 찾으리라'

<귀향>을 노래하며 바라보는 저녁 노을이 빨갛게 사위어 간다.

(수필 문학, 통권 250호, <작가의 고향> 편, 2012. 5)

* 나는 산으로 바다로 간다. 거기에서 나 이전의 것,

나 이후의 것을 대한다. 곧 나의 바탕을 대한다.

\- 설창수

2부

나, 높고 소중한

* 인간이 도달할 수 있는 가장 높은 정상이 무엇인지 알아?

그건, 자신을 자아를 정복하는 거야.

그 정상에 도달하면 그런 다음에야 우린 구원을 받아.

- 카잔차키스

- C학점 이름
- 거울속의 잔상
- 동그라미 그리려다
- 할아버지의 꿈
- 드러난 뿌리
- 이성의 계단을 넘어
- '이다, 아니다'의 경계에서
- 장미꽃 한가지보다는

C학점 이름

내게는 본명 외에 몇 가지 이름이 더 있다. 서구曙求라는 호와 온라인상에서의 '구하는 이'가 그것이다. 때로는 새벽, 효서曉曙, 서재曙齋라 쓰기도 한다. 젊은 세대들을 가르치는 일이 주어진 소명이었기에 날마다 새벽을 벼르며 새로운 나로 강단에 서고 싶었다. 남을 가르치려면 계속해서 배우고 성장해야 했다. 교학상장敎學相長이다. 은사이신 서화가 해정海丁 박태준朴泰俊 선생님께서는 이를 휘팔해 서곡曙谷으로 써주시기도 했다.

곡谷은 골짜기를 뜻하는 말이다. 낮고 비어 있기에 언제나 물을 받아들이고 만물을 키워내는 생명의 모태이다. 노자는 '천하의 깊은 골짜기가 되어라'며 천하의 곡이 되면 상덕常德을 갖추게 된다고 했다. 선생님께서는 내게 골짜기의 어둠을 걷어내는 새벽의 여명처럼 젊은 이들의 무지를 밝히는 스승이 되라는 격려로 '곡'자를 써주신 것 같다.

일찍이, 반계磻溪 유형원柳馨遠이나 율곡栗谷 이이李珥, 그리고 고봉高峯 기대승奇大升 같은 대유大儒들도 자신의 심상을 계곡이나 봉우리 같은 자연에 기탁해 이를 정신적 지표로 삼아 자계했다. 산과 골짜기 같은 인간. 높되 낮아지며 모든 것을 포용하고 백성들의 어둠을 밝히고자 했던 선비들의 의지가 엿보인다. <사슴이랑 이리 함께 산길을 가며/ 바위틈에 어리우는 물을 마시면/ 살아 있는 즐거움의 저 언덕에서……> 시인 조지훈도 <빛을 찾아가는 길>에서 자신의 정의情意를 산수에 실어 노래했다. 사라봉 언덕을 오르내리며 한 시간 이상을 걸어 다녀야 했던 학생 시절, 나는 그의 시를 읊으며 십자가에서 희망을 찾았다. '동해 동녘 바다에 해 떠 오는 아침'은 내 어린 시절의 다짐인 듯, 내 마음의 표상이었고 '슬픈 구름 걷어가는 바람이 되라'는 마지막 구절도 평생의 직분이었던 교직의 은유 같아 즐겨 외웠다.

내가 태어나던 1938년, 에머슨은 일기에 이렇게 적었다. '온 세상을 생명력으로 가득 채우는 시간, 따뜻하고 생기 넘치는 그 시간은 나를 기쁘게 한다. 바로 새벽이다.'

새벽 서曙, 새벽 효曉, 새벽은 어둠을 몰아내고 아침을 연다. 그 빛은 후미진 계곡에까지 온기를 드리우고 꽃들을, 새들을, 뭇 생명을 약동케 한다. 새벽은 내일을 벼르는 하루의 시작이다. 일찍 일어나는 사람들은 건강하고 넉넉하다. 새벽을 모르는 사람이 인생을 제대로 살 수 없다며 아침마다 머리에 찬물을 뒤집어썼다. 새벽을 다짐하는 사람에게는 가난이나 좌절이 있을 수 없다. 내 공부방은 어디든 서재曙

齋였다. '마음과 몸을 가다듬다', 또는 '공부하는 곳'이라는 재齋자를 아호로 즐겨 쓴 선현들의 의기를 닮고 싶었다.

젊은 날의 5~60년대. 전쟁 전후의 어수선한 우리 사회는 국민 소득이 아프리카의 가나 수준에도 못 미쳤다. 열심히 일해도 보릿고개를 넘기가 버거웠고, 아홉 식구를 책임져야 할 나는 새벽부터 빨랫줄 같은 하루를 살았다. 그런 날들이 언제부턴가 설렘으로 바뀌었다. 사랑이 다가왔다. 떠오르는 아침 해를 바라보며 함께 걷는 시간은 모든 것을 가진 듯 희망으로 벅찼고 우리는 하나가 되어 후사를 얻었다.

자식은 부모에게 사랑의 열매이자 희망이다. 나는 애들에게 바람직한 성품과 성공적인 인간상을 그려, 남에게 덕을 베푸는 이로운 사람이 되기를 바라고 이름을 지어주었다. 이름은 저마다의 호칭이면서도 브랜드다. 그 속에는 부모의 정신적 유산과 철학이 담겨 있고 이름으로 하여 남과 구별되는 정체성을 지니게 된다.

가장 좋은 이름은 무엇일까? 한때, 명리학자가 내 연구실을 찾아왔다. 이름을 품평해 보겠단다. <이 순형李淳珩, 75점> 그 순간 나는 C학점 인간이 되고 말았다. 스스로도 내키지 않는 이름이었다. '순淳'자는 유약해 보이고 '형珩'자도 '넘칠 연衍'자와 비슷해 읽거나 부르기도 쉽지가 않다. 우편물도 '순행,' '순연', '순영' 등으로 헷갈린다. 그렇다고 어쩌겠는가, 어르신들이 지어놓은 이름인 것을. 선조들은 오래전부터 내 이름 하나는 '구슬 형珩'자로 정해 놓았다. 갑을병정의 순서에 따라 정丁자를 내 세대의 항렬로 정해 놓고 조상의 분신으로

서 혈연의 생물학적 정체성을 밝혀놓은 것이다. 고유한 이름이라면 가운데 글자인 '순박할 순淳'자 하나뿐이다.

순박淳樸, 淳朴, 醇朴함. 한자는 이를 여러 가지로 표기한다. 소박, 질박도 이와 상통하는 말이다. 모두가 '꾸밈이 없고 소박하다, 선량하고 인정이 많다'는 뜻으로, 견소포박見素抱樸이라 하여 도덕경에서는 이를 사람이 갖추어야 할 최고의 미덕으로 내세웠다. 아호에 소素자가 많음도 꾸밈없는 자질이나 품격이 선호되어 왔음을 말해주고 있다. 예로부터 순박함이나 소박함을 사람됨의 기본으로 여긴 탓이다. 선친께서도 내게 순박한, 즉 착하고 소박한 인간으로 살아가기를 바라신 듯하다.

어느 해 겨울, 중국의 계림을 들렀다가 노老 서가書家로부터 내 이름의 시 한 편을 지어 받았다. <이순형 성 李淳珩 誠>. 이름을 머리글자로 하고 이에 내 좌우명인 중용의 '성誠'을 덧붙여 지은 사행시다.

<이성자고 출영웅 李姓自古 出英雄/ 순박충후 예사공 淳朴忠厚 禮士恭
형온재지 언필신 珩蘊才智 言必信/ 성덕중의 군자풍 誠德重誼 君子風>

<예로부터 이씨 가문에서 영웅이 나왔다. 성품이 순박, 충후하고 예를 다해 선비를 공경한다. 구슬이 모이고 재주가 있고 지혜로우며 말에는 신의를 지킨다. 성심으로 덕을 베풀고 의를 중히 여김이 군자답다>는 뜻으로 읽힌다.

옛 어른들은 이름이 좋으면 복이 주어진다고 믿었다. 하지만 아무리 좋은 명품도 자신에게 맞아야 하고 복도 자신이 지은 것이 아니면 제 것일 수가 없다. 시류에 휩쓸리거나 명리를 탐하는 소인에 머물지 말고 남에게 베풀며 사는 군자, 즉 훌륭한 사람이 되라는 덕담으로 받아들여 이를 편액으로 걸어두고 있다.

평범한 이름. 아무러면 어떤가. 뜻을 잃지 않고 소박함으로 성심을 다해 살아간다면 인생 C학점은 면할 수 있지 않을지, 아호로나마 스스로 다짐하고 후생에도 또 다른 새벽이 열리기를 바라고 있다.

(제주문학, 75집, 2018. 6)

거울 속의 잔상

자신의 얼굴에 무관심한 사람이 있을까 싶다. 화장실에서 거울을 들여다보고 있을 때마다 거울 속의 내가 묻는다. '너는 누구냐?'고. 불가에서는 나我가 없다는데, 그런데도 '없는 나無我'를 생각하는 나는 무엇인가? 우선 표정부터가 마뜩치 않다. 그동안 많은 고비를 넘기며 살아왔다. 배우고 가르치고 믿으면서, 하여 모습만큼은 단아한 사람이 되고 싶었다. 하지만 가난과 역경은 세월의 무늬로 얼굴에 눌러앉았다.

우리 몸은 얼굴을 비롯해 근육세포까지 일 년도 못 돼 모두 바뀌고 있다. 피부며 표정도 한결같지 않고 내 안의 의식이나 생각, 정신상태도 끊임없이 달라진다. 누군가를 생각할 때 떠오른 것도 역시 얼굴이다. 얼굴이 곧 그 사람임을 말해주고 있다.

세계의 여러 나라를 여행하면서 온갖 사람들의 얼굴을 보았다. 피부색도 다르고 생김새며 인상 등, 누구 하나 같은 사람이 없었다. 지상에 오직 하나뿐인 내 얼굴, 나는 기적이었다.

얼굴은 자신의 상징이다. 저마다 삶의 희로애락이 스미어 있고 무슨 생각을 하며 살아가고 있는지 인상도 제각각이다. 수행하는 이들에게서는 남다른 품격과 특유의 해맑음이 느껴진다.

얼굴은 부모가 만들어준 작품이다. 그러기에 누구도 얼굴을 선택할 자유가 없다. 마음에 안 든다고 성형을 해도 바탕까지 바꿀 수는 없다. 얼굴이 지닌 미학이다. 언젠가 도쿄의 한 극장에서 가부키歌舞伎 연극을 보았다. 공연이 끝나고 배우들이 무대로 나와 가면을 벗고 인사를 하는데, 회칠한 여자 배역도 모두가 남자들이었다. 가면이 성性의 정체까지 숨기고 있어 그들의 분장에 속은 느낌이었다.

요즘은 남자들도 화장을 하는 세상이다. 얼굴을 돋보이려 안경도 쓰고 제 값 이상 대접을 받으려고 성형도 무릅쓴다. 그렇다고 해서 자신의 정체가 달라질 수 있을지, 서구화된 이미지의 규격화된 얼굴만을 좇아 자연의 아름다움을 저버리는 세태들이 미덥지 않다.

인기 있는 직종에는 우선 얼굴로 답안을 내밀어야 한다. 평생을 다듬어온 것이기에 얼굴에는 그가 살아온 내력이나 품격이 드러나 있다. 발자크는 말했다. '인간은 한 권의 책'이라고. 그래서일까, 화가들은 자화상을 그리며 많은 얘기를 남기고 있다.

반 고흐는 평생 40여 편이나 되는 자화상을 남겼다. 생 레미 정신병원에서 건강을 회복하고 난 뒤, 다시 그리기 시작한 것도 자신의 얼굴이었다. 뭔가 불안한, 꽉 담은 입술과 강렬한 눈빛으로 누군가를 꿰뚫어 보는, 세상을 증오하는 내면의 고통이 그대로 묻어나는 <얼굴

>(1889)은 무언가 많은 것을 말해준다. '자신을 아는 게 어렵다는 말들을 하는데, 하나만으로 자신을 그려낸다는 건 쉬운 일이 아니다. 더 심도 있는 초상을 탐구하고 있다.' 동생 레오에게 보낸 편지의 한 구절이다. 대가인 고흐도 자신을 제대로 그려내지 못해 어려움을 토로하였다. 왜 그렇게 많은 자화상을 그렸을지, 가난의 고통에 맞서고자, 아니면 꺾이지 않는 불굴의 정신을 그려두고 싶어서였는지 모르겠다.

얼마 전, 『죽을 때 후회하는 25가지』라는 책을 읽었다. 죽어가는 이들의 얼굴을 지켜본 호스피스들의 증언을 통해 그들의 마지막 염원이 무엇인지를 기록한 책이다. '내가 누구인지를 알았더라면'. 삶을 마감하는 이들이 전하는 말이 예사롭지 않다.

어느 해 봄날, 구산九山선사는 모처럼 가르침을 청하는 내게 이제부터는 수행자가 되어 참나眞我를 찾아보라고 했다. 그가 내린 화두를 들고 수행자로 살았더라면 내 얼굴은 지금과 많이 달라져 있을 것 같다. 스님의 문하에서 여러 해를 수행한 영국의 철학자 스티븐 배철러는 그 후, 환속해 내면의 고독에서 자기 자신을 발견하라고 한다. 정신이, 마음이, 속사람이 나임을 말하고 있다. 그동안 '나'라고 생각해 왔던 것들이 한때의 환영 같다. '나는 누구인가?' 이는 우리가 살아 있는 동안 누구나 꼭 해야 할 질문이요 모두가 해야 할 최고의 공부라고 독일의 철학자 리처드 프레히트는 말했다.

오늘도 산길을 내려오다 일몰과 마주했다. 하루를 끝내는 해가 장엄하다. 지난 삶에 얽힌 심상들이 하나둘 노을 따라 스러진다.

나는 누구일까? 언젠가는 얼굴의 희뿌연 구름을 걷어내고 해맑은 노동老童으로 다시 거울 앞에 서고 싶다.

(수필문학추천작가회 수필선집 21, 우리들의 은밀한 변신, 2011. 11)

동그라미 그리려다

언젠가 원주에서 세미나를 끝내고 강릉으로 내려가는데, 여기저기서 손님들이 내리고 나니 버스가 텅 비어 나만 남았다. 오가던 말끝에 차장이 대뜸 당신이 어떤 분인지를 알 것 같다고 한다. 우리는 웃어가며 스무고개를 시작했고 다섯 고개를 못 넘겨 내 정체가 드러나고 말았다. "목사 아니면 교수?" 얼굴에도 직함이 쓰여 있나 보다. 용모나 몇 마디 말에 내 신분이 드러나고 있음에 신언서판 身言書判이란 말이 그르지 않다.

가르마를 탄, 아직은 검은 머리에 왼쪽 눈을 비켜 간 흉터, 모나지 않은 턱, 그리고 주름진 얼굴. 고희의 내 모습이다. 상흔은 어렸을 적, 대동아 전쟁 때, 미군기의 폭격을 피해 방공호로 뛰어들다 얻은 훈장이다. 처음엔 거슬렸다던 이들도 낯이 익으면서 눈에 띄지 않는다고 한다. 귀엽다는 덧니에 눈웃음이, 어쩌면 지적인 분위기가 이를 가리고 있는 듯하다. 젊었을 때. 어느 선배는 영화배우 그레고리 펙 같다고도 했고 나이는 예나 지금이나 내려 보는 이들이 없지 않으니 인상은 보는 사람에 따라 각기 다른가 보다.

얼굴은 사람의 상징이다. 누군가 생각나는 것도 얼굴이고 사랑도 얼굴에 반해 꽂힌다.

작곡가 신귀복은 얼굴을 이렇게 노래했다.

<동그라미 그리려다 무심코 그린 얼굴/
내 마음 따라 피어나던 하얀 그때 꿈을/
풀잎에 연 이슬처럼 빛나던 눈동자/
동그랗게 동그랗게 맴돌다 가는 얼굴>

이루지 못한 사랑을 그리워하고 있음인 듯, 부르고 있으면 때로 눈시울이 따뜻해진다. 펴 오르다 스러지는 비눗방울처럼 지난날의 모습이 아련해지는 인생의 황혼 탓이다.

자신의 얼굴을 처음으로 그린 사람은 누구일까? 네덜란드의 화가 렘브란트는 자신의 자화상을 100여점이나 남겼다. 빈센트 반 고흐도 자신의 얼굴을 숱하게 그렸다. 세상에 대한 불만이 가득해 보이는 불안한 눈빛의, 한쪽 귀가 잘린 그의 자화상은 언제 보아도 독특하다.

몇 년 전, '내가 그린 자화상'이란 글을, 캐리커처도 함께 스케치해 보내 달라는 잡지사의 청탁을 받고 처음으로 자신의 얼굴을 그려보았다. 거울이 보여주는 대로 점에서 선으로, 선에서 각으로, 이어 동그라미를 그리자 순간 안과 밖이 나누어졌다. 그 안에다 눈, 코, 입술을 그려 넣고 덧칠을 하고 나니 무엇인가 빠져 있다. 엉성하다. 무엇을 더 그려 넣어야 할 것인가? 감정, 생각, 아니면 정신을? 자신을 그려보는 데생도 특이한 경험이었지만 심상을 묘사하려다 깨달은 것은 자신도 정작 그리려는 내가 누구인지 모른다는 사실이었다. 무엇보다도 동그라미를 그리기가 제일 어려웠다. 잠시 생각에 잠겼다. 나다움은 무엇일까? 생각하는 갈대, 아니면 고독한 나무?

니체는 인간은 나무와 같은 존재라고 했다. 이왕이면 많은 열매를 맺는 나무였으면 좋겠다. 한 그루의 나무로 서기까지, 그동안 수액을 빨아올리려 얼마나 힘들게 살아왔는가. 거목은 못 돼도 사회에 유익한 재목이 되고 싶었다. 해서 육영의 길로 들어섰다. 활자 속에 파묻혀 배우고 가르치며 살아온 세월이 반평생을 넘었다. 부족하지만 그런대로 자라나는 젊은이들이 기댈 수 있는 나무가 되고 싶었다.

다시금 거울을 들여다보았다. 생기도 없고 무뚝뚝함과 오만이 배어 있다. 미소도, 순박함도, 열정도 스러진, 낯선 누군가가 나를 쳐다보고 있다. 그래서일까, 언젠가 파리의 몽마르트르 언덕에서 기념 삼아 그려둔 내 얼굴이 보기 싫다며 아내가 치워버렸다.

이도 저도 아닌 얼굴. 하지만 마지막 노년의 모습은 하늘을 바라고 서서 기도하고 있는 나목이었으면 싶다. 더불어 숲을 이루고 꿈을 꾸고 있는 정정한 노송이고 싶다.

나이가 들어서도 후학들을 격려하며 진취적으로 살아가는 노사들이 부럽다. 긍지를 잃지 않고 세상을 걱정하며 살아가는 원로들의 모습은 얼마나 아름다운가.

넉넉한 잎으로 그늘을 드리우고 서 있는 거목처럼 온화하고 기품이 있는 노년이었으면 싶다.

내가 바라는 페르소나다.

(수필문학, 통권 239호, <내가 그린 자화상> 편, 2011. 5.)

할아버지의 꿈

때 이른 코스모스 위로 고추잠자리가 하늘을 끌며 시골집 담장을 넘나든다. 갯내음이 상긋하다. 아득한 시원부터 억겁을 다스려온 바다가 갯바위들을 다독이며 하늘을 바라고 누워 있다.

오랜만에 고향의 해수욕장을 찾았다. 썰물이 빠져 나가면서 군데군데 소금기가 하얀 백사장에 담백의 무늬들을 그려놓았다. 겹겹의 무늬 위로 게들이 넘나들고 모래구멍들이 숨을 쉰다. 모래 위를 거닐다 조개껍데기 하나를 주워들었다. 고단한 삶의 유수한 시간들이 줄무늬들로 정지되어 있다.

숭어가 갑자기 튀어 오른다. 수압의 구속을 털어내고 있음인가, 하늘에서 무엇을 구한 듯 다시 물속으로 사라진다. 가뿐한 노님遊이 해탈이었을 듯. 하늘이 있음을 의식하고 수직으로 날아오르는 녀석이 대단하다. 삶의 무게에 눌려 땅만을 바라고 붙박이로 살아가는 인간 따위는 아랑곳하지 않는다.

여름 바다 위로 햇살이 눈 부시다. 훌훌 벗고 물속으로 뛰어들었다. 바닷물의 속살이 몸속을 파고든다. 해방감이 더없이 쾌적하다. 바닷물을 베고 누워 하늘을 바라다본다. 구름 한 점 없는 하늘이 텅 비어 있다. 그런데도 우리는 하늘이 나를 내려다본다고 하고, 하늘의 뜻을 말하며 도움을 구하기도 한다. 성서는 태초에 말씀이 있었다고 기록했다. 말씀이 하나님과 함께 계셨으니 말씀이 곧 하나님이라고 한다. 파우스트는 태초에 뜻이, 힘이, 아니 행동이 있었다 말하고 공자는 지천명知天命을 말한다. 하늘이 명하는 바, 그 뜻을 알고 살아야 한다는데 그게 무엇인지, 이 생각 저 생각이 구름 따라 펴 오른다.

한껏 멀어진 하늘이 수평선에서 쉬고 있다. 유유히 수평선으로 내닫던 고래 떼가 경이로웠던 어린 날이 바다 위에서 깨어난다.

바다는 섬사람들의 일터다. 물때마다 어른들은 그물을 걷어 올렸고 누나들은 소라나 문어, 해삼 등을 잡아 왔다. 멸치 떼가 몰려오거나 볼락이나 자리돔이 그물 가득한 날이면 온 동네가 활기로 넘쳐났다.

바다는 인자하다면서도 때로는 잔인하다. 아낌없이 내주다가 성깔을 부리고 여름엔 태풍을 불러온 섬을 밀어붙인다. 한겨울엔 폭풍을 불러 뱃길의 우리를 초주검으로 몰아넣었다.

어느 해 겨울, 성산포를 다녀오던 할아버님은 장선葬船이 되어 돌아오지 않았다. 부모님이 삼 년이나 치성을 드렸음에도 바다는 한마디 말이 없었다. 폭풍에 배가 뒤집혀 포구 밖 물속에 여러 날 누워 계셨던 외숙의 주검을 보았을 때, 나는 비로소 바다의 속내를 알았다.

이후 나는 바다를 외면하고 어려서 고향을 떠났다.

섬에서 태어난 사람들에게는 떠남이 꿈이다. 부산으로 목포로. 뱃길에 갈리던 눈부신 수면들을 하염없이 바라보다 다시 기차를 타야 했던 젊은 날의 고단한 꿈들이 바다 위에 서려 있다. 인생의 고해를 헤엄쳐 나온 몸짓들이 한때의 일다 만 포말 같다.

대처로 떠돌다 돌아와 안긴 고향의 바다가 따뜻하다. 멀리 유럽 대륙의 서단, 포르투갈의 로카 곶의 물결이 떠오른다. <이곳에서 육지가 끝나고 바다가 시작된다>. 그 고장의 시인, 루이스 데 카몽이스가 바다가 신천지임을 밝혀놓은 십자가 탑의 글귀다. 그들의 도전은 지브롤터를 건너 카리브해에 이르렀고 신대륙을 발견한 대항해는 남미 대륙까지 진출해 세계의 역사를 바꾸어 놓았다.

바다는 어디서든 시작이고 어디든 끝이다. 이베리아반도의 서해안이 바다의 시작이라 생각했던 그들은 세계사의 주인공이 되었지만 해남을 땅끝이라 여겼던 우리 조상들은 역사의 낙오자로 밀려났다. 그들에게는 보길도나 흑산도, 제주도는 정적이나 유배시키는 영어囹圄의 땅, 그 이상의 아무것도 아니었다. 그들은 바다를 멀리하고 내밀한 궁궐에서 자신들만 영화를 누렸다. 조선은 『송시열과 그들의 나라』였고 중국만이 바라는 신천지였다. 권력만이 전부였던 그들만의 리그는 바다를 외면하고 끝내는 일본의 파고에 침몰했다.

그 무렵, 내 조상은 바다에서 희망을 보았다. 바다는 끝이 아닌, 남명南溟의 넓은 세상이었다. 어쩌다 바다에서 패배했을지언정 풍어를 꿈꿨던 민초들의 삶을 아무것도 이루지 못한 역사라고 할 수는 없다.

남미 여행길에 말년의 헤밍웨이가 낚시를 즐겼다던 쿠바의 아바나를 찾아가 보았다. 늙은 어부의 고귀한 삶을 그린, 그의 소설『노인과 바다』의 현장이다. 꼬히마르 포구의 한 구석, 턱수염의 흉상이 대서양을 지켜보고 있다. 핑카 히비아의 기념관에는 몇 권의 책과 앙증맞은 사자의 두상만이 주인을 기다리고 있었다. 산티아고의 노인에게 바다는 무엇이었을까? 바다에서 80여 일이나 싸우던 그는 드디어 바라던 청새치를 낚아 올렸다. 하나 그에게 주어진 것은 상어 떼에 뜯기던 뼈마디뿐이었다. 투지의 고독, 상실의 허탈, 끝내는 수마의 나락으로 떨어진 노년의 헤밍웨이의 흉상이 내 할아버지의 꿈과 포개지다 스러졌다.

섬사람들에게는 바다가 꿈이요 희망이다. 산다는 것은 꿈꾸는 일이요 그 꿈으로 미래를 연다. 한낮에는 대어를 꿈꾸고 밤에는 사랑을 꿈꾼다. 그러면서 죽음의 위험을 무릅쓰고 도전한다. 앙상한 청새치는 타나토스의 유혹이 있을지, 파멸당할 수는 있어도 패배할 수 없다던 헤밍웨이도 끝내는 스스로 파멸의 길을 택했다. 꿈꾸다 좌절하는 인간들. 그럼에도 다시 꿈을 꾸지 않고는 살아갈 수 없는 우리들. 인생은 살기보다는 차라리 꿈꾸는 일이 낫다는 마르셀 프루스트의 역설이 시니컬하다.

오늘도 바다는 수많은 영혼들을 파멸시킨다. 누군가는 떠나보내고 누군가는 돌려보내지 않는다. 만선을 꿈꾸던 할아버지의 출항은 그렇게 끝이 났다. 하나 그것은 파멸이 아닌, 가족과 후대를 위한 숭고한 의무요 선한 싸움이었다. 그 꿈이 나였음을, 그 꿈으로 하여 오늘의 내가 있음을, 고향의 바다가 나를 일깨운다.

노년의 바다. 이제 무엇을 더 꿈꾸어야 할 것인가?

(제주수필, 제22집, 2015. 6)

드러난 뿌리

산길을 오르다 넘어지고 말았다. 땅 위로 드러난 나무뿌리가 발끝을 낚아챈 것이다. 잠시 주저앉아 통증을 다스렸다. 고목이 허공에 뿌리를 드러낸 채 맥없이 누워 있다. 산비탈이라 뿌리를 제대로 내리지 못한 탓에 태풍에 뽑혀 넘어진 것이다. 메말라가는 몰골이 보기에도 흉물스럽다. 길 위로 드러난 잔뿌리들은 돌덩이들을 움켜쥔 채 행인들에 짓밟히며 시들어가고 있다.

오솔길을 따라 다시 걸음을 재촉했다. 서어나무의 붉은 빛 새순이 눈길을 끈다. 산갈나무, 때죽나무, 이나무 등이 하늘을 향해 뻗어 올랐다. 담쟁이 넝쿨도 나무 기둥을 따라 휘감아 올라갔다. 큰 나무들은 위로, 작은 나무들은 그 밑에서 안간힘 하며 서로 키 재기를 하고 있다. 오르막길 응달에도 나무들이 비집고 서서 햇빛을 바라고 있다. 메마른 비탈에서 그 많은 잎을 거느리고 있으려면 얼마나 힘이 들지, 어쩌다 척박한 곳에 터 잡고 살아가는 나무들에서 생의 고단함이 느껴진다.

파적 삼아 미모사를 꺾어 들었다. 손끝이 닫기만 해도 움츠러드는 녀석을 보니 아직은 의식이 있는 게 분명하다. 인디언들은 나무꾼이 다가가면 나무는 두려워 떤다고 한다. 길가의 소나무들이 지나가는 나를 의식하고 있을 것 같다. 백 년은 넘었을 나무가 정정하다. 그 기를 받고 싶어 큰 나무 하나를 껴안아 보았다. 경계하고 있음인 듯, 차갑고 뻣뻣하다. 발밑에선 잔뿌리며, 수염뿌리들이 땅속을 파고들며 수분을 빨아올리고 있을 것이다. 나무가 내주는 무상의 에너지를 놓치고 싶지 않아 잠시 기대고 앉아 호흡을 다스렸다. 신선한 대기가 폐부를 파고든다. 손끝으로 열감이 퍼져 간다. 피부로 스며드는 숲의 정기가 향긋하고 쾌적하다

페루를 여행하다 한때, 마추픽추의 정상에서 신기한 바위를 보았다. 제대祭臺로 쓰이던 인티와나Intihuana라는 이름의 바위를 둘러싸고 사람들이 그 위로 팔을 내밀었다 당겼다를 되풀이하다 뒤로 물러난다. 바위에서 기가 느껴졌다. 자연의 숨겨진 질서가 신비하다. 낭떠러지 계곡에선 짙은 음이온이 펴 오른다. 수천 미터의 고산들을 거느린 마추픽추 고원 전체가 하나의 거대한 암석인 듯, 온 산이 에너지로 넘쳐난다.

잠시 앉아 숨을 다스렸다. 애벌레 한 마리가 발밑을 기어간다. 내가 내려다보고 있음을 의식한 것일까, 갑자기 움직임이 빨라졌다. 애벌레도 무언가를 두려워하고 있다면 녀석의 의식 수준은 어느 정도일까? 데이빗 호킨스는 인간의 본질을 의식으로 규정하고 그 높낮이

를 100단위로 매겨 '의식의 지도'를 만들었다. 그에 따르면, 인간은 의식 수준이 낮을수록 분노, 욕망, 두려움 같은 부정적인 상태에 머물러 있고, 높을수록 이해, 긍정, 이성(400)의 단계를 넘어 점차 사랑과 평화, 그리고 궁극은 깨달음(700~1,000수준)을 지향하게 된다고 한다. 인간 예수나 고타마 같은 성자는 깨달음에, 즉 인간 의식이 지고의 상태에 이른 사람들이다. 우리도 자신의 정신 상태를 의식하고 그 수준을 높여나가면 깨달음에 이를 수 있음을 말해주고 있다. 그는 이를 '의식 혁명'이라고 했다. 모든 종교가 사랑과 자비를, 깨달음을 중요시하는 까닭이 여기에 있다.

깨달음의 길은 산사나 수행자들에게만 열려 있지 않다. 미국의 영적 지도자인 아디야샨티는 일상에서도 깨달음을 얻고 이를 책으로 펴냈다. 『깨어남에서 깨달음까지』. 그동안 그는 여러 차례 병고를 거듭하다 자신의 문제를 의식, 집착(에고)을 버렸을 때, 깨달음에 이르렀다고 한다. 근래, 어느 제자는 이혼을 거듭하다 삶의 무게를 견디지 못하고 까무러쳤다가 유체 이탈을 겪고 난 뒤, 하나님을 만났다며 자신의 신앙을 고백한 책을 보내왔다. 그녀는 지금 호스피스로서 봉사하며 사랑의 삶을 살아가고 있다.

보통 사람들도 신성의 불꽃을 의식하고 깨어나고 있다. 지금의 내 의식 수준은 어떤 상태일까? 후회와 미움, 근심과 이 무력감은 또 무엇인지, 부정적인 자신을 다스리는 게 쉽지 않다. 아집과 노둔에서 벗어나 긍정하고 포용하며 사랑의 온기로 살아가고 싶다.

숲속에 앉아 있음이 더없이 평온하다. 고요와 평화가 깨어 있으라고 한다.

생의 마지막, 그때 나는 무엇을 의식하며 눈을 감게 될까? 아득하다.

(제주수필, 19집, 2012. 11)

이성의 계단을 넘어

<크고 작은 나무들이 빽빽이 들어서서 바람이고 햇볕이고
초록으로 고이며 말없이 깊어지는 숲>

숲은 언제고 좋다. 상큼한 대기에 머리가 맑아진다. 기승을 부리던 더위도 한풀 꺾였다. 청아한 풀벌레 소리에 하늘도 멀어졌다. 저만큼씩 자란 나무들이 의젓하다. 가지들은 엇갈리며 뻗어 있고 양지의 잎들은 반지르르하다. 작은 나무들도 저마다 자리를 차지하고 서서 하늘을 바라고 있다. 크고 작은 나무들이 수관을 이루고 땅을 덮기까지, 무엇이 그들을 위로 향하게 하는 것일까?

오래전 일이다. 태풍에 넘어져 뿌리가 거의 뽑혀 누워있던 뜰 안의 매화나무가 다음 해 가지에서 새로 뿌리를 내려 똑바로 자라는 모습을 보았다. 신기했다. 생명의 위기를 의식하고 더 이상 무너지지 않고 스스로 일어서는 모습에서 식물도 의식이 있음을 새삼 실감했다. 식물도 두려움을 느끼면 화합물을 분비해 서로 위험을 알린다고 한다.

비좁은 터전에서 햇빛을 챙기려 서로 경쟁하면서도 함께 소통하며 살아가고 있다는 사실이 새삼스럽다.

의식이 없으면 사람은 죽는다. 의식은 생명의 본질이다. 호흡을 의식하고 깊숙이 숨을 들이쉬고 있으면 손끝이 스멀거리고 손발이 따뜻해 온다. 의념이 기혈을 움직이고 있는 것이다. 치유심리학자인 기코르노는 한때 암에 걸려 병원에 입원해 치료를 받았다. 하지만 그는 의사에게만 맡겨두지 않고 자신도 매일 환부에다 의식을 집중해 '암이 낫는다, 나았다'는 생각을 암세포에 주입하며 스스로 병고와 맞서 9개월 만에 암을 치유하였다고 한다. 환자가 의식을 놓으면 죽는다며 그는 '의식이 생의 마지막 순간에 우리가 마주해야 할 것'임을 일깨우고 있다.

퇴임하고 나니 생각이 많아졌다. 분주했던 일들도 시들해지고 소홀했던 일이며 가족들이 소중하게 다가온다. 하지만 자식들이라고 해도 더 이상 사랑스럽지만은 않다. 기대와 다른 녀석은 야속하고 남을 헤아리지 못하는 녀석에겐 미움이 앞선다. 그러면서도 용서해야 되고 그들이 있음에 힘을 얻는다. 애들 걱정은 평생 끝나지 않을 숙제 같다.

이따금 생각 없이 건넨 말에 집 친구는 자신의 감정 통장이 바닥났다며 토라진다. 퇴직하고 나서 세탁기도 돌리고 부엌에도 드나들기 시작했다. 끼니는 하루 두 번으로 줄였다. 내 작은 변화를 기뻐하는 아내에게서 가정의 온기가 느껴진다.

깨달음은 언제나 지각하게 마련인가 보다. 의욕은 꽃잎처럼 시드는데 욕망은 안개처럼 걷히지 않는다. 사들고 보면 자본의 유혹에 물려 있다. 이렇게 살아도 괜찮은 것인지, 외출했던 이성이 되돌아온다. 호흡을 가다듬거나 책을 읽는 동안만큼은 전등처럼 머리가 환해진다. 미움과 사랑이, 회한과 다짐이, 이성과 포용이 의식의 계단을 오르내린다.

오늘 조간신문에서 스님 한 분이 우리를 다독이고 있다. 산사에서도 두고 간 속세를 걱정하고 있는 글이 따뜻하다. 날마다 예불하는 그의 마음자리는 어떠할까? 삼보三寶에 귀의한 그는 이전에서 놓여나 지금은 남을 포용하며 자비로운 마음으로 살아가고 있을 것이다. 하지만 그도 우리처럼, 때로 화가 나거나 남이 못마땅해진다면 어떻게 할까? 옛 게송에도 붓다에게 올린 공양이나 선행이 아무리 많다 해도 깨달음은 한 번의 화로도 무너질 수 있다고 경계했다.

근래, 뒤늦게 신앙에 입문했다는 어느 교수의 글이 화제였다. 『이성을 넘어 영성으로』. 우리 시대의 지성으로 존경받는 그도 나이 들어서야 자신을 의식하고 믿음에 귀의하고 있다. 이성의 지혜만으로 살아가기에는 모자란 듯, 그도 영성을 의식하고 예수나 석가처럼 깨달음에 이르기를 바라고 있다.

오늘도 감정에 흔들려 애를 나무랐다. 실망과 미움에 휘둘리고 나서 마음이 편치 않았다. 하루에 세 번은커녕 한 번도 자신을 돌아보는 것도 쉽지가 않다.

저녁 무렵, 숲속을 찾아들었다. 이리 굽고 저리 휘며 갖가지 나무들이 위를 향해 뻗어가고 있다. 나뭇가지를 넘나들던 새들이 높이 날아오르다 도로 내려앉는다. 새들처럼 나도 바닥을 의식하고 사랑을 가꾸며 평화롭게 살아가고 싶다.

저녁놀이 빨갛게 사위어간다. 아름다운 황혼이다. 이제부터는 느낌표가, 마침표가 중요하다. 이성의 계단을 넘어 더 높이 사랑과 평화의 자리에 이르러야 한다.

남은 삶은 깨달음이다.

(제주문학, 68집, 2016. 10)

'이다. 아니다'의 경계에서

여행을 하다 보면 그 기념으로 무언가 하나를 사들게 된다. 훗날 언젠가는 기억을 되살리고 싶어서였다. 추억거리 이상의, 이왕이면 의미 있는 것을, 하지만 무게며 가방의 여지도 생각해야 하고 그러다가 지갑까지 망설이면 그것은 늘 조그맣고 앙증맞은 소품이 되고 만다.

2002년 월드컵 축구가 한창일 때, 런던대학에서 한 학기를 지내다 챙긴 것도 고작 그림 한 점이었다. 멀리 나가보기는 쉽지 않고 가까운 대영박물관에, 쉬기도 할 겸 구경삼아 자주 들렀다. 기억에 남아 있는 것이라고는 아프리카관의 거대한 람세스 2세의 흉상이나 웅크린 채 누워있던 어린애 같은 미라 정도이지만, 15만 점이 넘는다는 방대한 유물에 압도되어, 하여 그저 특이한 것들을 보았다는 기분으로 돌아왔다. 모처럼 찾아본 한국관은 청자 외에 몇 점의 문화재뿐, 그 이후는 시내의 미술관을 찾아다녔다.

마침, 테이트 모던 미술관에서는 앙리 마티스의 특별전이 열리고 있었다. 작품 이름이 익숙하기도 했거니와 지갑도 부담이 없어 복사본 하나를 사들었다. 그 유명한 <푸른 나부 The Blue Nude IV>. 선과 형의 기본적인 요소만으로 빚어낸 청색의 나신이 다리를 꼬고 앉아 왼 무릎을 세운 채, 왼손은 발목을, 오른손은 머리에 얹고 얼굴을 숙여 밑을 굽어보고 있는 그림이 그것이다. 요가의 자세처럼 무언가 골몰하고 있는 모습에서 진지함이 느껴졌다. 여인의 운명을, 아니면 성性으로부터의 자유를 바라고 있는 것일까, 자신을 초월하려는 듯, 몰입의 의지가 나를 사로잡았다.

우리도 저마다 무엇엔가 붙잡혀 살아간다. 몸뚱이는 하루도 어김없이 섬겨야 하고 정해진 일과는 우리를 쳇바퀴마냥 몰아간다. 그러면서도 한편으론 그 굴레를 벗어나려 쾌락을 탐하고 또 한편으론 누에처럼 머리를 쳐들고, '좋다 나쁘다, 옳다 그르다, 이다 아니다'를 가리며 거기에 묶여 살아간다.

그런데, 무엇이 나를 구속하는가? 옳고 그름, 많고 적음, 높고 낮음, 아니면 행·불행? 세상이 부조리하다고 생각하는 사람은 삶에 의미를 찾아 고뇌하고 삶이 고통스럽거나 허무하다고 생각하는 사람은 신불에서 위안을 찾고 있다. 실존은 본질에 앞선다고 했던가, 사르트르는 삶이 무엇이건 그 억압에서 벗어나 자신이 선택하고 책임져야 한다고 했다.

여기와 저기의 세계, 벽 하나 없는 차도인데도 건너가 보지 못하는 길. 나는 남아공화국의 케이프타운에서 그 실증을 보았다. 도로 하나를 사이에 두고 동쪽은 백인의, 서쪽은 흑인의 주거지역으로, 통행이 허용된 뒤에도 그들은 좀처럼 그 길을 건너가지 않는다고 한다. 한쪽에는 슬레이트나 판자 등으로 엮은 누더기 같은 집들뿐이고 다른 한쪽에는 경비병까지 지키고 선 화려한 주택들이 늘어서 있다. 같은 하늘 아래서도 도로 하나를 사이에 두고 각기 다른 삶을 살고 있다. 흑인 지역은 비포장으로 흙먼지가 날리고 날고기를 걸어놓은 살풍경한 정육점이나 섬유제품 따위를 파는 구멍가게가 전부였다. 영국으로부터 독립한 뒤에도 그들은 백인 우위의 인종차별정책에 묶여 벽 없는 감옥에서 살고 있었다. 1994년, 넬슨 만델라가 승리한 뒤에 그들은 공화국의 주인이 되었지만, 그들 앞에는 만델라가 말한 『자유를 향한 머나먼 여정』이 기다리고 있었다.

케이프타운 대학에서 세미나를 마치고 사든 기념물도 조그만 공예품이었다. 나비의 천연색 날개 조각들을 붙여 만든 여인상이 토속적이면서도 특이했다. 어린애를 업고 머리에는 장바구니를 이었으나 고단한 삶의 무게에도 굽히지 않고 허리를 곳곳이 편 채 희망을 안고 살아가는 그녀의 의지에 끌려 선뜻 사들었다. 머리에 기름병을 이고 걸어가는 박수근의 <기름 장수 여인>(1953)의, 그 인고의 의미지와 너무나 닮았다.

지구촌 이곳저곳에서 사든 내 여행의 모뉴망들. 그들은 지금 거실의 남방아통 유리 탁자 안에 함께 모여 산다. 파리의 에펠탑, 스페인의 투우며, 페루의 나스카 사막의 불새, 뉴질랜드의 희금속 조각들,

남태평양 해저의 갖가지 조개껍질과 소라 고동, 타지마할 사원 등등. 지팡이를 짚고 선 간디의 조상彫像은 진리를 말하고, 투우는 투지를, 불새는 비상을, 보석은 과욕寡慾을, 사원은 영원한 사랑을 가르친다. 커다란 소라 고동은 내게 자신의 목소리를 내며 당당하게 살아가라고 한다.

유리판 밑에 갇혀 지내는 녀석들은 때로 나를 향해 당신은 언제까지 우리를 구속할 셈이냐고 항변하는 것 같다. 당신은 자유를 모르느냐고, 우리 모두는 이 굴레에서 놓여나 자유로워지고 싶다고. 너도 소유로부터, 문자로부터, 교의로부터 벗어나 영혼의 자유를 누리며 살아가라고 일깨운다.

오늘도 거실에서 탁자 속에 유폐돼 있는 그들과 마주했다. 밤새 그들은 무엇을 생각하며 지냈을까? 이제는 유리 천장 넘어 제 고향으로 돌아가고 싶어 하지 않을지, 저마다의 표정이 정겨워 보이면서도 그들의 인고와 자유의 염원을 떠올리면 나도 돌아가야 할 정처에 생각이 미친다.

내가 돌아가야 할 곳은 어디일까? 이미 떠나온 고향이다. 지구촌 곳곳을 돌아보아도 내가 안주할 곳은 아무 데도 없었다. 어디에서나 나는 아웃사이더였고 돌아와도 지금 여기이다. 나는 나, 너는 너, 이것은 옳고 저것은 옳지 않다며 '이다, 아니다'의 굴레에 묶여 살아가고 있다.

언젠가는 놓아버려야 될 것들이다. 남은 날은 많고 적음, 옳고 그름, 긍정과 부정, 그리고 신불의 경계에서 놓여나고 싶다.

옳고 그름의 생각 너머에 들판이 있다/ 그곳에서 당신과 만나고 싶다/ 영혼이 그 풀밭에 누우면/ 세상은 충만해 말이 필요 없고/ 생각, 언어, 심지어 '서로'라는 단어조차/ 그저 무의미할 뿐이다.

이슬람의 시인 잘랄루딘 루미가 영혼의 고향을 찾아 나서라고 권고한다. 그의 고향 이슬람의 중동을 다녀오고, 예루살렘의 성전을 돌아보고 나면 마지막엔 자유로워질 수 있을지, 얼마 전, 선방에서 깨달음을 구하다 하나님을 만났다는 구도자의 책을 만났다. 누구는 『종교 너머, 아하!』를 말하고 누구는 '이리도 홀가분한 것을' 말하고 있다. 어느 햇살 눈 부신 날에 나도 그들처럼 자유로워지고 싶다.

굴레 넘어, 경계 넘어, 내 '영혼의 자유'를 위한 곳은 어디일까?

(제주문학, 83집, 2020. 6)

장미꽃 한가지보다는

장거리를 달리던 버스가 한적한 시골 정거장에 잠시 멈춰 섰다. 차를 세우자마자 운전기사가 버스에서 내리더니 앞 좌석의 승객을 향해 욕설을 퍼붓는다. 승객이라고는 십 명 남짓, 나머지는 흑인들로 모두 뒷자리에 앉아 있다. 중간은 완충지대처럼 텅 비어 있다. 한 승객만이 오른쪽 맨 앞줄에 앉아 넓은 유리창 너머 전망을 즐기고 있다. 그게 못마땅했던 것일까, 운전사는 차를 내리자마자 그를 향해 욕을 퍼붓기 시작했다. 그런데도 그는 그저 들어 넘기고만 있다. 그가 만일 한마디라도 대꾸했다면 그 다음은 어떻게 되었을까?

이는 내가 80년대 초, 미국의 지역사회교육센터의 워크숍에 참석하기 위해 미시간주 플린트로 가던 중에 겪은 일이다. 그 순간 인권운동가인 로자 팍스의 얘기가 떠올랐다. 그녀는 시내버스 앞 좌석에 앉았다가 뒷자리로 옮기라는 백인 운전사의 명령을 거부해 강제로 하차당하고 벌금까지 물어야 했던 흑인 아줌마다.

60년대 초까지만 하더라도 미국 사회는 흑인들을 멸시하고 그들을 비인간적으로 차별했다. 버스나 식당은 말할 것도 없고 화장실이며 심지어는 학교 같은 공공시설조차 법은 각기 따로 사용토록 규제하고 있었다. 당시 이에 격분한 알라바마주의 몽고메리 시민들은 시내버스를 외면, 승차 거부 운동을 벌였고 마틴 루터 킹 목사의 인권운동으로 비화, 이후 미국은 인종 차별을 금지하는 특별법(시민법, 1964)을 제정하고 오늘에 이르렀다.

역사는 많은 페이지가 영웅들의 이야기로 넘쳐난다. 하지만 소시민의 조그만 몸짓에도 역사는 달라지고 있다. 남아프리카공화국 더반에서의 간디의 굴욕이 후일, 인도 독립의 뇌관이 되리라고 누가 상상했겠는가. 지난해 미 의회는 로자 팍스의 생일 백 주년을 맞아 불의에 맞선 그녀를 기려 동상을 제막했다고 한다. 시민법 제정 반세기 만에 미국인들은 오늘날 흑인도 대통령으로 선출하고 있지만, 비非 백인에 대한 그들의 편견이나 차별의식은 크게 달라지지 않았다. 나도 미국을 드나들면서 입국 심사대에서부터 이를 경험했다.

서구인들의 식민지 지배는 바로 인종 차별의 역사였다. 백인들은 우월감으로 자신들을 환대한 인디언들을 몰아내고 아프리카의 흑인들은 데려다 노예로 부렸다. 이어 남미와 인도까지 진출, 그들을 정복하고 빈곤과 후진의 뿌리를 심어 놓았다. 자기 민족, 자기 종교만이 옳다는 그들의 오만과 편견은 오늘날 중동에서도 종교 간 갈등을 일으켜 증오의 테러가 끊이지 않고 있다.

편견은 특히, 성차의 면에서 두드러지게 나타난다. 고대의 그리스인들도 예외가 아니었다. '프로타고라스의 편견'이란 말이 생겨났을 정도로 인간을 만물의 척도라고 주장했던 프로타고라스도 여자에 대한 편견은 버리지 못했다. 당시의 희랍인들은 그리스를 세계의 중심이라 여겼고 그 중심에는 남자들만이 있었다. 오죽했으면 플라톤도 남자로 태어난 것을 행복의 첫째 조건으로 여겼을까 싶다.

오만의 장벽은 타인을 밀어내고 편견의 색안경은 진실을 보지 못하게 한다. 존 오스틴의 소설, 『오만과 편견』은 이를 잘 말해준다. 이후, 조 라이트 감독도 이를 영화(2005년)로 만들어 진정한 사랑이 무엇인가를 우리에게 되묻고 있지만, 오만과 편견은 인간이 피하기 어려운 함정인 것 같다.

18세기 말, 산업혁명 이전의 영국 전통사회에서는 상류층이라는 이름 그 자체만으로 그들은 특권을 누렸다. 당대 런던 재력가의 아들 디아시가 시골 처녀 엘리자베스를 사랑한다는 것은 자신의 파멸은 물론 가문에 대한 배반을 의미하는 것이었다. 그럼에도 그는 굴하지 않고 '그동안 나는 우리 상류 가문이나 가족들의 기대, 그리고 사회적 지위가 당신과는 걸맞지 않다는 잘못된 생각들과 싸워 왔다. 이제 당신만이 나를 이 고통에서 구해줄 수 있다'며 뜨거운 사랑으로 모든 것을 녹여버렸다.

인간은 사회적 지위나 계층의 면에서 상대적으로 격차가 없을 수 없다. 소유의 다소, 지위의 고하, 또는 능력의 우열 등, 여러 면에서 인간은 균등하지가 않은 게 사실이다. 사랑도, 신념도 이에 따라 달라지고 있다. 개인의 성격이나 가치관도 마찬가지다. 인권과 기회는 평등하지만 능력과 성취는 동등하지 않다. 세상 어딘가에 나와 똑같은 사람이 있다는 것은 상상만으로도 황당하다.

그러나 차이는 차별과 다르다. 차별은 인간을 등급화시키지만 차이는 그만이 지닌 특성으로 우리 자신을 '나다움'에 이르게 한다. 다름은 창조주의 섭리요 축복이다.

캐나다의 한 초등학교에 들렀을 때의 일이다. 교사들은 음악 시간에도 인간은 모두가 평등함을 가르치고 있었다. <바나나는 파랗다, 노랗다, 빨갛다/ 너도 바나나, 나도 바나나/ 우리 모두는 바나나다>. 그렇다. 노랗든, 빨갛든 우리 모두는 똑같은 인간이다.

없다는, 보다 못하다는 이유만으로 우리 사회에서는 오늘도 숱한 젊은이들의 사랑이 삐걱거리고 있다. '있는 그대로'의 차이를 받아들이지 못해 오해와 편견이 서로를 불행하게 만들고 있는 것이다.

나와 똑같은 옷을 입고 있는 사람을 보면 왠지 맘이 편치 않다. 패션이나 골프가 좋다고 해서 나도 따라 해야 한다면 이는 남을 복제하는 이상의 무슨 의미가 있는가. 살아가는 데는 할 수 있는 것 못지않게 하지 않는 것도 중요하다. 남다름이, 차이가 나를 돋보이게 한다. '따라 하기'보다 '남다름'이 '나다움'에 이르는 길이다.

속사람보다는 학력을, 소유나 사회적 지위 등을 '그 사람'이라 여기는 세상에서 우리 모두는 편견으로 하여 서로 '먼 그대'가 되어가고 있다. 차별이나 우월감은 남에게 고통과 미움의 씨앗을 키울 뿐이다.

차별이 아닌, 차이가 존중되는 사회, 각기 다른 재능이 조장되는 사회. 여기에서만 우리는 저마다의 잠재력을 꽃피울 수 있고 이런 세상만이 우리를 살맛 나게 한다.

남다름, 다문화, 다종교. 장미꽃 한가지보다는 갖가지 꽃들이 피어있는 정원이 더 아름다운 법이다.

(제주문학, 61집, 2014. 12)

* 나를 이끄는 것은 바깥의 무엇이 아니라

내가 무엇을 생각하고 있는가 하는 그 의식이다.

세상에서 가장 확실한 것은 나 자신, 그에 관한 의식뿐이다.

- 톨스토이

3부

믿음, 그리고 저 너머

* 신앙은 개인 구원의 기초 위에서 사회 구원, 역사 구원에까지 이르는 신앙이 되어야 한다.

- 김 진홍

- 오, 브루투스 너마저도
- 어디를 가겠다고
- 남길 게 있다면
- 상상 너머, 그 어딘가에
- 그래야만 할까?
- 서 있는 성자
- 회의하는 신앙
- 오름에서 나눈 이야기
- 절은 성경일 뿐

오, 브루투스, 너마저도

인생의 여정엔 좋은 길벗만 있지는 않다. 친한 친구나 따르던 이들도 나를 배반하고 때로는 곤경으로 몰아넣는다. 배신은 지울 수 없는 상처를 남기고 죽음으로까지 내몰아, 크게는 역사의 흐름을 바꿔 놓는다. 줄리어스 시저의 얘기도 그 하나다.

캐나다 빅토리아 시티의 어느 중학교에서 영어 수업을 참관했을 때의 일이다. 셰익스피어의 희곡작품, <줄리어스 시저>란 희곡을 학생들이 공부하고 있었는데, 팀별로 나누어 각기 연기하면서 등장인물들의 심리를 이해하는 연극 수업이 흥미로웠다. 원로원 의원이나 기자 등으로 분장한 학생들이 시저를 죽인 브루투스와 시저의 명예를 회복시키려는 안토니우스를 향해 묻는다. “브루투스, 왜 당신은 시저를 죽였는가?” “안토니우스, 당신은 왜 로마의 공화정을 쇠퇴시킨 시저를 옹호하는가?” 연기자들의 주고받는 문답에 교실은 이따금 웃음바다가 되었다. 교사는 그들의 연기 못지않게 대화가 얼마나 창의적이고 재치 있는가를 평가하는 듯, 나도 웃어가며 함께 지켜보았다.

줄리어스 시저(100~44 B.C.). 그는 "왔노라, 보았노라, 이겼노라." 란 명구로 잘 알려진 로마 공화정 말기의 장군이다. 원로원 의원이면서도 그에 만족하지 않고 권력을 추구해 황제의 자리에까지 올랐으나 끝내는 부하들에 의해 최후를 맞는다. 그때 그가 친자식처럼 사랑하던 브루투스가 배신자들 틈에 끼어있는 것을 보고 놀라 소리친다. "오, 브루투스, 너마저도……." 팀마다 외치는 학생들의 목소리는 내게 심복 김재규의 총신을 마주한 박정희의 마지막 일성이 무엇이었는지를 묻고 있는 듯했다. 권력과 배반은 가까운 친구임을 역사의 수레바퀴는 되풀이해 일깨우고 있다.

그 어려운 60년대, 나는 어느 목사의 '마이 카' 구입에 보증을 섰다가 몇 년을 은행에 시달렸다. 자신의 안락을 위해 교인들의 주머니를 이용하던 그는 나마저 배신하고 끝내는 옥고를 치렀다. 지금은 서울의 어느 교회에서 목회를 하고 있다는데 아직까지도 그는 내게 아무런 보상이 없다. 배신한 자가 더 괴로워해야 할 터이다. 그런데도 고통을 당한 내가 아픔과 미련을 곱씹고 있다. 배신의 역리가 씁쓸하다. 그때의 고통으로 하여 이후, 나는 인간에 대한 불신의 그림자를 지우지 못하고 있다.

성직자들마저 인간을 배신하는 세상이다. 그들은 '이웃을 네 몸처럼 사랑하라'면서 자신들은 교권 때문에 주먹다짐을 하고 '하나님과 재물을 겸해 섬기지 못한다'면서 자신들은 종교단체의 장이 되려고

금품을 주고받으며 권력의 흉장을 탐하고 있다. 승려들도 호텔까지 빌려 도박을 하고 있다고 뉴스는 전한다. 위로는 신불을 모시고 깨달음을 얻어 중생을 구하리라上求菩堤 下化衆生 서원한 이들이 속인들과 마찬가지로 행동한다면 우리는 어떻게 그들을 믿고 따를 수 있겠는가?

그들은 마음이 인간임을, 영혼을 무엇보다도 소중하게 여기는 사람들이다. 삶은 고통이요 불의로 가득 차 있음을 누구보다도 잘 알기에 그들은 사랑으로 우리를 구하고자 스스로 자신을 성소에 유폐시킨 선각자들이라 할 수 있다. 그런데, 물질이나 권세가 자신을 부리지 못하도록 스스로 다짐한 사람들이 왜 세속의 유혹을 이기지 못하는지, 장삼이사張三李四에 다를 바 없는 그들의 행태를 보며 말을 잃는다.

잭 콘필드는 『깨달음 이후의 빨랫감』에서 득도한 이후에도 빨랫감은 쌓인다고 했다. 깨달음이 과거 완료형일 수는 없다. 속사에 걸려 넘어지지 않으려면 이후도 깨달음은 일상의 삶 속에서 완성되어야 할, 그 무엇임을 말하고 있다.

종교지도자들이 성속을 드나드는 것은 그들이 맘몬의 신에 포로가 돼 있기 때문이다. 16세기 교황청은 성 베드로 대성당을 짓기 위해 면죄부를 팔아 지방의 대주교들과 나눠 사치를 누렸다. 그들은 자신의 평안을 위해 신과 우리 관계를 비즈니스로 변질시켰다. 오늘날도 교회에서는 '하나님께서는 없이 내는 이를 어여삐 여긴다'며 헌금을 많이 하는 것을 독실한 믿음의 징표로 내세운다. 돈으로 신의 사랑을 살 수 없다는 루터가 다시 태어난다면 그는 이를 두고 무엇이라 말할 것인가?

2017년. 4년 뒤면 종교개혁 500주년을 맞는다. 독일을 들렀을 때, 나는 그 역사의 현장인 비텐베르크의 슐로스교회를 찾아가 보았다. 구원은 '오직 믿음'으로써만 이루어진다는 프로테스탄트 신앙의 진앙지다. 당시 그들은 같은 교회에 속해 있으면서도 예배는 오전, 오후로 나눠 각기 따로 드렸다고 한다. 묵도를 하고 앉아 있는데, 누군가가 성직자들이 돈을 마다하지 않는 한, 또 하나의 루터가 다시 태어날 것이라고 중얼거리며 지나갔다.

신앙의 토대는 영성과 진리에 있다. 초대 교회는 건물이나 위계가 없었다. 예수의 가르침을 진리라 믿고 따르는 자들의 '모임'이 곧 교회였다. 석가나 예수님의 가르침은 오직 하나, 즉 자신이 누구인지를 깨닫고 서로 사랑하며 살아가라는 그것이다. 그 많은 교파도, 각기 절대라는 교리도, 이후 자신들의 믿음에 구속력을 부여하기 위해 인간들이 규정해 놓은 소산일 뿐이다. 지금도, 건물이나 헌금 없이 예배하는 교회가 없지 않다. 그들에게는 신학교도 목자도 없다. 교당이나 산사에 소속되어 있지 않다고 해서 믿음이 없다고 말할 수는 없다. 예수는 계율에 얽매이는 율법주의를 무엇보다도 경계했다. 하지만 지금도 세계 곳곳에는 교리나 계율에 순종한다며 많은 이들이 소중한 목숨까지 버리고 있다. 신자이든 아니든 그 이전, 우리에게는 국적이 있고 지켜야 할 조국이 있다. 나라가 군항을 짓는 일조차 거부하면서 교회 제도에 순응하기를 바란다면 전하는 바, 그들이 말하는 진리는 우리에게 무엇일지 믿음이 가지 않는다.

믿음으로써만 우리는 더 나은 세상을 꿈꿀 수 있다. 미국의 서정 시인 빈센트 밀레이는 세상을 움직이는 것은 진리가 아니라 믿음이라고 했다. 믿음이 우리를, 세상을 바꾸고 있다.

자신을 죽이지 않는 목자들로 하여 길 잃는 양 떼들이 늘어가고 있다. 돌을 던지는 나 또한 누구인지, 성직자들만을 믿고 믿음의 사다리를 오르기가 힘들어져 간다.

(수필문학, 통권 259호, 2013. 3.)

어디를 가겠다고

장마철의 산책길에서 달팽이 무리들과 마주쳤다. 기이하다. 어디서 나왔는지 수백 마리의 민달팽이 떼가 햇볕이 내리쬐는 아스팔트 위를 무작정 기어가고 있다. 4차선의 넓은 차도를, 건너가 봐야 거기엔 메마른 들판이 기다리고 있을 뿐이다. 앞선 무리 가운데는 이미 적지 않은 녀석들이 지나는 차에 깔려 길바닥에 널브러져 있다. 몸을 말리는 일이라면 보도 위에 나와 있는 것으로도 족할 터이다. 그런데도 가만있는 놈은 하나도 없고 모두들 전신을 오므렸다 폈다 하며 앞선 녀석들을 따라간다. 새로운 세상을 찾아 나선 민달팽이 무리의 출애굽기인 듯, 한동안 서서 그들의 일사불란한 행렬을 지켜보았다.

한때, 포르트갈의 파티마 성소를 찾았다가 대성당을 향해 오체투지를 하며 걸어가는 구도자를 보았다. 이곳은 백여 년 전, 양치기 어린이들 앞에 성모가 나타났다 하여 이를 기념해 세워놓은 가톨릭의 성지이다. 성지 순례가 그에게는 필생의 소망인 것 같다. 30만 명이나 수용할 수 있다는 드넓은 광장에, 그것도 성당의 제대까지는 상당

한 거리가 남아 있다. 어디서부터 출발한 것일까? 몇 걸음 걷고 나서 무릎을 굽히고, 엎디어 절하고 나서 다시 일어나 나아간다. 보살피거나 뒤따르는 사람도 없다. 이곳에 이르기까지 얼마나 고통스러웠을지, 숱한 시간을 감내하며 수행하고 있는 몸짓이 더없이 치열해 보인다. 하나님을 바라고 하는 고행은 복된 일인가 보다. 어떻게 저런 믿음에 이를 수 있는지, 차츰 멀어져 가는 뒷모습을 눈여겨보던 기억이 지금도 잊히지 않는다.

사도 바울은 그리스도의 복음을 전하면서 로마의 교우들에게 자신이 겪는 고통을 다음과 같이 전했다. '장차 우리에게 나타날 영광에 비하면 지금 우리가 당하는 고통은 아무것도 아닙니다. 고통을 당한다고 낙심하지 마십시오. 고통을 당해도 구원을 받을 수 있습니다'라며 그들을 격려했다.

고통과 생명의 위험을 무릅쓰고 어디론지 향해 가는 달팽이 떼들의 바람은 무엇일까? 죽임을 당한 동료들도 아랑곳하지 않고 나아가기만 하는 녀석들이 안타깝다. 앞에는 보도 블럭이 가로 놓여 있고, 건너가 봐야 거기엔 자갈밭뿐인 것을, 그들은 알고나 있을지, 가도 가도 거기서 거기까지다. 잠시 쉬며 하늘이라도 쳐다볼 수 있으면 좋을 텐데, 위로는 새들이 그들을 노려 하강하다 다시 날아오르고 있다.

집에 돌아오니 조간신문에서 김원각의 시 <달팽이>가 기다리고 있다. <다 같이 출발했는데 우리 둘밖에 안 보여/ 뒤에 가던 달팽이가 그 말을 받아 말했다/ 걱정 마 그것들 모두/ 지구 안에 있을 거야>. 비행기에서 창틈으로 내려다보던 분주한 차량들의 행렬이 떠오른다.

삶은 출발부터 고통이었다. 뒤뚱뒤뚱 걷다 넘어지고, 일어서서 다시 걷고 '거기'까지는 닿아보겠다며 끝내는 서고 걸음마를 배웠다. 일찍이 집을 떠나 무리들 틈에 끼었다. 더 넓은 세상을 바라고 학교 문턱을 넘어 줄곧 나아가다 기껏 이른 곳이 지금 여기다. 이제 어디로 더 가야 할지, 세파에 치여 먼저 간 친구들이 생각난다. 어디든 그들 모두는 지구 안에 있을 것이다.

추수가 지난 노년의 들판에는 돌무더기들만 널려 있다. 엄동이 멀지 않았는데, 지금 여기까지 이른 것도 축복이다 싶다.

노년의 하루가 저물어간다. 함께 하던 이들이 제만큼씩 사라진다. 앞에는 무엇이 기다리고 있을까? 돌아갈 수 없는 길. 나선 길이니 어디로든 가야 한다. 하지만 이제부터는 쉬면서 나아가자. 하늘도 쳐다보고 가는 곳이 어디인지는 알고 나아가자.

달팽이의 상념에 젖는 아침, 물기 어린 차로에 반짝이는 햇살이 눈부시다.

(수필문학추천작가회 연간 사화집, 23호, 2013. 12)

남길 게 있다면

미국의 남해안을 여행하다 함께 하던 여교장이 뉴올리언스의 공동 묘지를 가보지 않겠냐며 우리를 안내했다. 들어서자마자 긴 직사각형 석관들이 눈길을 끈다. 눈높이까지 층층이 쌓여 있는 게, 후손들이 선친의 무덤을 차례차례 위에 얹으면서 만들어놓은 가족 묘지라고 한다. 묘라면 지하에 매장돼 있어야 하는 게 아닌가. 선입견을 접고 유심히 살펴보았다. 묘탑 같다. 미국의 개척 초기, 이곳에 정착한 프랑스계 주민들의 장묘 방식이라는데 특이했다.

언젠가, <먼로 위에서 영원히 함께 잠드세요>라는 외신 기사를 보고 뉴올리언스의 묘지 풍경이 생각났다. 어느 미망인이 빚을 갚기 위해 먼로의 무덤 위에 자리해 있던 남편의 묘를 옮기려고 온라인 경매에 내놓은 게 무려 45만 달러나 챙겼다고 한다.

마릴린 먼로의 묘는 로스앤젤리스 웨스트우드 빌리지의 메모리얼 파크에 안장되어 있다. 그 옆자리는 플레이보이 창업자 휴 헤프너의 자리로, 먼로 옆에서 영원히 함께 지낸다는 것은 너무 감미로운 일이라며 7만 5천 달러나 주고 사들였다고 한다. 납골당 한 자리가 수억 대라면 이는 금발의 섹시함으로 케네디 대통령까지 매혹시킨 그녀의 아름다움 때문일 것이다. 저승에서도 이름값을 톡톡히 하고 있다.

먼로가 죽은 지도 50년이 넘었다. 그녀는 생전, 불멸의 야구선수 디마지오와도 재혼해 사랑을 불태웠다. 하지만 사랑도 그녀에게는 더 이상 구원일 수 없었던 것 같다. 한때, 시카고의 도심에는 <마릴린이여, 영원하라 Forever Marilyn>는, 그녀의 초대형 조각상이 세워져 있었다. 그러나 남성을 미혹한다는 시민들의 평결로 철거되었다가 그 후, 다시 캘리포니아의 팜 스프링에 되살려놓았다. 뉴욕 지하철의 환풍구 위에서 갑자기 드레스 자락이 날리는 바람에 스커트 자락을 양손으로 잡아 누르면서 가슴이 드러나는 코믹한 영화, <7년 만의 외출>(1955)에서의 바로 그 장면이다. 감춘 듯 드러나는 풍만한 가슴과 도발적인 입술, 출렁이는 금발, 섹시하면서도 천진하게 웃는 그 모습은 영화사상 명장면으로 남아 있다. 먼로의 미모는 우리에게 영원한 로망이다. 그녀는 죽어서도 죽지 않았다. 그녀의 사랑은 우리 모두에게 남자도 여자도 성의 문제를 진지하게 생각해보라고 충고하는 것 같다.

묫자리는 누구에게도 관심사다. 좋은 묫자리란 본디 풍수론에서 비롯된 것으로, 근래 풍수론은 시민대학을 비롯해 일부 대학원에서도 강좌가 개설되어 있고 풍수인테리어까지 등장하고 있어 주목된다.

풍수론은 사후의 유택도 길지이어야 한다는 명당론이 핵심이다. 예로부터 우리 조상들은 땅도 살아있는 생태로 여겨 좋은 묫자리는 먼저 지기地氣를 얻어야 하고 주변 산세와도 조화를 이뤄야 한다고 믿었다. 그래야 자손들의 재물이 넉넉해진다며 음택陰宅에도 안장 이상의 의미를 부여했다. 최근에는 급경사의 분묘는 절손絶孫이 많다며 조상을 잘 모셔야 한다는, 현대과학의 기법까지 동원한 연구로 발전하고 있다.

오늘날, 명당은 숨겨진 땅이 아닌, 보완해 만들어야 한다는 신풍수론으로 바뀌고 있다. 좁은 국토에 그런 명당은 더 이상 남아 있을 리 없기 때문이다. 어찌 보면, 명당론은 숭조사상 이상의, 묘지도 자연과 조화를 이루어야 한다는 자연친화적 사상이라 할 수 있다.

몇 해 전, 성묘의 편의를 위해 열 자리가 넘는 선영을 한 군데로 모셨다. 이묘를 하다 보니 풍수에 관한 속설들이 그릇된 것만이 아님을 실감했다. 안장에 대한 예는 인륜의 대사임을, 하여 정성을 다해 모셨다. 짐을 벗은 듯, 홀가분했다.

명당 답사기를 읽고 풍수론을 한 학기 수강했다. 풍수론이 주역에 바탕을 두고 있다는 것도 처음 알았고 어디가 혈처穴處인지 현장을 답사하는 것도 흥미로웠다. 묘지에 빈부나 권세가 드러나고 있음도 예사롭지 않았다. 좋은 옷도 누구에게는 어울리지 않듯이 명당도 망자의 생년월일에 따라 다르다는 선인들의 지학地學이 부질없어 보이면서도 우리의 주거나 마을의 입지도 이와 무관하지 않음을 보게 된다.

산행을 하다 보면 도처에서 묘비며 비음기碑陰記들이 말을 걸어온다. 이승을 떠난 영혼들의 생애가 몇 마디로 요약돼 있는가 하면 사후의 염원을 드러낸 십자가나 만卍자도 눈길을 끈다. 치장한 장묘나 망인의 직함은 후손들의 긍지인 듯, 조상으로 하여 발복을 기약하는 후세들의 염원이 느껴진다.

왜 우리는 사라져버린 삶을 말하려 드는 것일까? 그들 앞에 서면 영혼에 불이 켜진다는 어느 문인의 묘지 기행을 읽으며 내 비명기碑銘記를 상상했다. 성서는 부활과 하늘나라를 말하고 티벳트인들은 죽을 때의 마음 상태가 영혼의 미래를 결정한다고 말한다. 하지만, 스위스의 문인이요 철학자였던 앙리 아미엘은 내 무덤가에 늘어놓는 어떠한 말도 모두 헛되다고 했다.

언젠가 비치미 오름을 내려오다 산자락에 누워 있는 지인의 묘비와 마주했다. <모차르트와 비엔나커피를 사랑한 B선생, 여기 잠들다.> 산과 음악을 좋아했던 고인의 낭만이 이끼에 배어 있다. 산에서 주어온 황곰 뼈를 방구석에 늘어 두고 탐라의 기원을 설하던 기인. 동굴 탐사와 한라산의 식물 연구에 평생 매달렸던 선생의 마지막 소망은 무엇이었을지, 음악 감상실에서 밤을 함께 했던 선생의 비문이 따뜻하다.

먼로는 미모를, B선생은 한라산이 식물의 보고임을 알리고 갔다. 영화와 학문이 그들에게 구원이었다면 내게 그것은 무엇일까? <살고

사랑하고 썼다>. 스탕달이 자신의 묘비에 새겨 놓은 비문이다. 명예도 부귀도 권세도 끝내는 무화되고 마는 것을. 하지만 한 줌의 부토로 돌아간 비명碑銘들은 죽어서도 이름만은 죽음을 초월할 수 있음을 말하는 것 같다. 비명이라도 남았으니 우리는 죽어서도 죽지 않았다고 할 것인가?

그동안 써놓은 숱한 글들, 한 줄의 글이라도 비명에 남길 수 있다면 다행이다 싶다.

(제주수필, 20집, 2013. 11)

상상 너머, 그 어딘가에

남해안의 거문도 해역에서 희귀종의 해마가 발견되었다고 한다. 전 세계 50여 종 가운데서 우리나라에는 다섯 종이 살고 있다는데 바닷가에서 자란 나도 아직껏 그 실물을 본 적이 없다.

해마란 말을 처음 들은 건 60년대 초였다. "여러분, 해마를 본 적이 있나요? 크기는 얼마나 될까요? 무엇을 먹고살까요?" '해마가 뭐지? 이름으로 봐서는 바다에 사는 말일 것 같은데, 고래 말고도 바다에 그렇게 큰 동물이 살고 있나? 아니면 하마나 악어처럼 아프리카 오지 강가에서 물고기들을 잡아먹고 사는 동물인가?' 그 순간, 머릿속에는 기괴한 동물들이 헤엄쳐 다녔다.

60년대 초 미국의 교육사절단이 우리나라에 진보주의 교육을 도입, 생활 중심의 시청각교육을 보급할 때의 일이다. 한 강사가 강단에 서자마자 대뜸 해마에 대해 질문들을 쏟아냈다. 모두가 의아해하는 가운데, 막상 그가 보여주는 표본을 보니 어이가 없었다. 10센티미터도 못 되는, 희고 노랗고 얼룩덜룩 점이 찍혀있는 조그만 물고기였다.

손가락 하나 크기에도 못 미치는 주제에 거창한 이름이라니. 녀석은 내 상상을 비웃고 있었다.

인간의 뇌 속에도 해마란 조직이 있다. 대뇌변연계를 구성하는 조직의 하나로서 새로운 사실을 학습하고 기억하며 이를 토대로 상상력과 같은 복잡한 사고 활동을 하도록 돕는다.

상상의 세계에서는 온갖 생각이 난무한다. 현재가 미래와 만나고 당연시되는 규범도 모순으로 부정된다. 중세의 암흑시대에도 토마스 모어는 <유토피아>를 상상하며 경제적으로 평등한 세상을 꿈꿨다. 「인형의 집」에서의 노라의 상상은 현실이 된지 오래다. 컬럼버스는 인도를 상상하다 미 대륙을 발견했다. 1969년, 루이 암스트롱이 달에 첫발을 내딛던 순간, 나는 흥분하여 텔레비전 앞을 떠나지 못했다. 소설 한 권이 여성을 해방시키고 이태백이 놀던 달도 이제는 우리도 나들이할 수 있는 세상이 되었다.

인류 문명은 모두가 상상의 산물이다. 과학기술도, 예술도 모두가 인간의 상상력이 빚어낸 산물이다. 미지의 세계에 가닿으려는 우리의 상상력은 이제 지구와 가까운 행성들의 베일을 벗기며 먼 우주로 뻗어가고 있다.

하지만, 아무리 상상해도 우리가 미치지 못하는 곳이 있다. 신의 존재와 죽음 이후의 세계가 그것이다. 예로부터 수많은 예술작품들이 천당과 지옥을 그려내고 있지만 우리는 자신이 어디서 왔는지조차 모르면서 살아간다. 영국의 대사제요 신학자인 캔터베리의 대주교 안젤무스는 '신은 그보다 더 큰 어떤 것을 생각할 수 없는 그런 분'이라고 하여 상상으로 신의 존재를 증명하려고 했다.

지난 12월, 덕수궁의 한국 근대화 백선 전시회에서 김환기 화백의 <우리는 어디서 무엇이 되어 다시 만나랴>(1970)라는 작품을 만났다. 점과 점의 끝없는 행진들. 점 하나를 싸안은 사각형이 각기 다른 또 하나의 사각형으로 이어지며 가로, 세로로 계속해서 뻗어나가고 있다. 광활한 우주에서, 밤하늘의 별처럼 하나의 점인 내가 생명을 얻어 우리 모두 서로 이웃해 살다가 언젠가는 다시 어디론가 사라지는 다크 불르dark blue의 세계가, '어디서 무엇이 되어 다시 만나랴'는, 한 점 소망으로 끝없이 이어진다. <저렇게 많은 별 중에서/ 별 하나가 나를 내려다본다/ 이렇게 많은 사람 중에서/ 그 별 하나를 쳐다본다/ 밤이 깊을수록/ 별은 밝음 속에 사라지고/ 나는 어둠 속에 사라진다/ 이렇게 정다운/ 너 하나 나 하나는/ 어디서 무엇이 되어/ 다시 만나랴>고, 시는 그림이 되고 유심초의 노래는 우리를 다시 상상의 세계로 이끌어 간다.

1940년대, 뉴욕의 뒷골목을 누비던 젊은이들도 아메리칸 드림이 파멸되는 순간, 내세의 어딘가에서 만나자고 약속한다. 백인과 푸에르토리코계 젊은이들의 텃세 싸움에서 주인공 토니가 마리아에게 달려가다 총을 맞고 그녀의 품 안에서 숨을 거두는 영화, <웨스트사이드 스토리>의 마지막 장면에서 마리아는 토니의 시신을 안고 울부짖는다. <우리를 위한 곳이 어디에 있어. 어딘가 우리를 위한 곳이 있을

거야, 평화롭고 활짝 열린 그곳이, 어딘가에서 우리를 기다리겠지.>

죽음 앞에서는 인간의 어떤 것도 무화되고 만다. 하지만 우리의 상상력은 삶의 일회성을 부인하고 그 '어딘가'에서 인연(사랑)이 이어지기를 바라고 있다. 미시의 세계에서 보면 모든 존재가 입자와 파동으로 연결되어 있다는데, 우리가 죽으면 육체를 떠난 입자가, 그 점점이 영혼의 실체가 아닐지, 천식으로 투병하던 말년의 아미엘도 '나의 주인은 오직 영혼뿐'이라고 술회했다.

숲속에 앉아 눈을 감고 호흡을 헤아리고 있으면 의식이 밸브를 켜고 이런저런 상념이 날개를 단다.

상상 너머 아득한 세상, 우리의 영혼은 어디로 여행하는 것일까? 우주 속의 인간, 전생과 현생의 그 점점들. 어디서 무엇이 되어 우리는 다시 만나는 것일까?

(수필문학. 통권 270호, 2014. 3)

그래야만 할까?

얼마 전, 산길을 내려오다 미끄러져 발목을 다치고 말았다. 혼자서 나선 길이라 난감했다. 부축해줄 사람도 없고 주차장까지 어떻게 걸어 나왔는지, 그렇게 먼 길은 처음이었다. 병원에 도착하고 보니 토요일 오후였다. '우선 엑스레이를 찍자고 할 것이다. 수술은 꼭 해야 할까, 앞으로 운동을 못 하게 되면 어떻게 되지?' 앉아 기다리고 있으려니 침울함이 나를 나락으로 끌어내렸다.

살다 보면 우리는 여러 가지 문제에 부딪히게 된다. 문제는 어떻게든 해결해야 하고 대안도 고민해야 한다. '그래야만 할까, 그래야 한다.' 베토벤은 그의 현악 4중주곡 16번 마지막 4악장에서 '어렵게 내린 결정'이라며 이렇게 써놓았다. 밀란 쿤데라의 『참을 수 없는 존재의 가벼움』에서도 주인공 의사 토마시는 여자들과 섹스를 즐기며 고민한다. "테레사는 순결해서 부담스럽고 사비나와는 가벼워서 좋다. 이게 사랑일까, 누구와 사랑을 해야 하나?" 프라하의 봄, 조국 체코가 탱크에 짓밟히는 와중에서도 그는 성과 사랑, 육체와 영혼, 개인과 국가 사이에서 가벼움과 무거움의 경계를 넘나들며 고민하고 있다.

내 뇌리에도 하루에도 몇 번씩 가벼움과 무거움의 추가 넘나든다. 쾌락과 고통, 이성과 포용, 그리고 믿음과 회의의 추가 오락가락한다. 이게 영혼의 무게인가, 과학자들이 말하는 영혼의 무게는 21그램밖에 되지 않는다. 그런데도 삶이 주는 고통은 왜 그리 무거운 것일까? 젊음을 주체하지 못해 머리가 무거웠던 한때, 나는 그 무거움을 덜어 보려 십자가를 찾았다.

오래전, 영어 성경을 공부하다 외국인 선교사 한 분을 만났다. 호주에서 온 금발의 여선생님이셨는데, 맑고 따스한 얼굴에서 남다른 영성이 느껴졌다. 반기는 미소와 더불어 함께하던 어느 날, 갑자기 창 너머 벽이 환해 보였다. 색다른 체험이었다. 나중에 알았지만, 그녀는 사도 바울처럼 평생 그리스도의 가르침을 전하는 하나님의 종이었다. 그들에게는 교파도 신학교도 예배당도 없다. 모임이 교회다. 하나님이 명하는 바가 무엇인지만을 간구하고 성서에 관심 있는 이들이라면 누구든, 어디든 찾아간다.

그들을 모시고 몇 번 시골에 따라가 보았다. 한 분은 팔순을 목전에 둔 노인이었고 또 한 분은 목장에서 일하는 젊은이였다. 한 시간여를 달려가 한 일이 고작 그들의 영혼을 위해 기도한 것이 전부였다. 아흔아홉 마리 양보다 한 마리 양이 소중하다는 성서의 가르침 그대로였다.

이들은 따르는 이들을 형제라 부르며 서로 사랑을 베푼다. 교환교

수 프로그램으로 외국에 나가 있을 때도 외국인 형제들은 나를 자신의 집에 머물게 하며 보살펴주었다. 그들의 영혼에 감전된 이후, 나는 그들의 사랑에서 놓여나지 못한다. '그 분'의 목소리가 들릴 때마다 고민한다. '다시 모임에 나가야 할까?' '그래, 그래야만 한다.'

그들을 알고 난 후, 정치를 말하고 신도들의 헌금으로 건물이나 키우는 교회는 더 이상 믿음이 가지 않는다. 스페인의 화려한 성당들에 들렀을 때도 그 위용이 은총으로 다가오지 않았다. 데이빗 호킨스는 '순진한 구도자들은 교당의 장식과 장엄한 예배에 매료되지만 영성의 핵심은 소박함과 침묵 속에 있다.'고 했다.

제도권 신앙은 오직 그 길 만인 것 같다. 빠짐없이 출석하고 설교를 듣고 헌금을 많이 하고. 그래야만 한다고, 그 길만이 진리라고 강단으로부터 몇십 년을 듣고 따랐다. 하지만 행함이 없는 믿음은 죽은 믿음이라는 생각이 절실해지고 있을 때, 입술로만 사랑을 말하는 강단은 어느새 멀어져 버렸다.

나 자신도 평생 '이것이 옳다,' '그래야 한다'고 가르치며 살아왔다. 언제까지 자신만을 믿고 살아갈 수 있을지, 세네카는 어떻게 사는가를 배우는 데는 전 생애를 요한다고 했다. 따라야 할 믿음이 아득하다. 노년의 무게다. 그래도 마지막, 믿음의 진리만은 놓치고 싶지 않다.

오늘도 몸무게를 덜어내다 저녁노을과 마주했다. 어정쩡한 황혼의 흐릿함이 내 몸짓 같다. 빠알간 해넘이처럼 그렇게 타다 갈 수는 없는 것일까? 잠시 후면 칠흑 같은 어둠이 모든 것을 삼키고 말 것이다.

돌아가야 할 시간이다. 렘브란트의 <탕자의 귀환>이 떠오른다. 제멋대로 살다 모든 걸 잃고 나서야 남루한 모습으로 돌아온 아들을 껴안고 그를 축복하는 아버지의 자애로운 모습을 그린 그림이다. 페루의 빈민들과 함께했던 예수회의 사제, 헨리 나우웬은 이후, 신학 교수직에서 더 이상 영혼의 안식을 찾지 못하고 말년에는 캐나다의 장애인공동체로 들어가 행동하는 신앙이 무엇인지를 몸소 보여 주었다. 그가 『집으로 돌아가는 길』에서 우리에게 자신의 영적 귀로를 되돌아보라고 권고한다.

인생의 데드 엔드. 노년의 막다른 길목에서 다시 지도를 펼쳐 든다. 그래. 이제는 알 것 같다. 길은 내 안으로 나 있다. 그 길로 가야 한다.

'그래야만 할까? 그래, 그래야만 한다.'

(제주수필문학선집, 더불어 가는 길, 2015. 11)

서 있는 성자

10여 년 전, 말로만 듣던 브라질의 삼바축제를 구경하기 위해 남미를 찾았다. 3월 초, 리우 데 자네이로의 하늘은 구름 한 점 없이 맑았다. 세계 3대 미항의 하나라는 리우 데 자네이로. '1월의 강 Rio de Janeiro'이라는 이름처럼 산과 섬으로 둘러싸인 구아바라만이 호수처럼 잔잔하다. 코파카바나 해변으로 밀려오는 파도가 하얗게 부서지며 섬들을 깨우고 있었다.

리우의 명물인 예수상을 만나보기 위해 코즈메베로 역에서 빨간 전동차를 타고 코르코바도산 정상을 올랐다. 장대한 위용이 양팔을 벌려 리우를 감싸 안고 코카카바나와 이빠네마 해변을 내려다보고 있다. 장난감인 듯, 레고처럼 쌓아 올린 시가지의 마천루들이 파란 바다와 어우러져 한 폭의 그림을 펼쳐낸다.

포르트갈 리스본의 벨렝 항구의 거대한 기념탑이 떠오른다. 브라질은 포르투갈 사람들이 대서양을 항해하다 처음 발견한 곳이다. 포르트갈 정부는 이를 기려 엔히크 왕자 사후 500주년(1960)을 맞아 그를 비롯한 바스코 다 가마와 아프리카 남단을 발견한 디아스, 그리고 인도, 중국, 일본까지 찾아가 선교했던 신부 하비에르 등, 대서양을 향했던 그들의 조상彫像을 만들어 놓았다. 남미대륙에 도착한 포르트갈의 정복자들은 금은을 착취하고 원주민들의 언어는 물론, 신앙까지 바꾸어 자신들의 식민지로 만들었다. 오늘날 라틴아메리카는 자신들의 추기경을 교황으로 모시기에 이르렀지만, 그들의 돈독한 믿음에도 불구하고 압제자들이 심어 놓은 후진의 뿌리는 쉬 뽑히지 않고 있다.

<예수상>은 브라질이 1931년, 포르투갈로부터 독립 100주년을 기념해 만들어 놓은 것이다. 38미터의 높이에 양팔의 길이가 28미터, 무게는 무려 1,100여 톤에 이른다. 웬만한 남자 키의 20배나 되는 엄청난 조상이다. 거대한 성상이 해발 700미터가 넘는 산상에 서서 시민들의 일상을 지켜보고 있다.

브라질은 오랫동안 부패와 낮은 교육수준, 소득 불평등으로 빈곤에 시달려 왔다. 그런데도 그들은 지금 남미 최초로 올림픽을 개최하고 해마다 삼바 축제를 열어 삶에 대한 의욕을 북돋고 있다. 거리가 온통 오색 불빛과 깃발들로 장식한 차량의 행렬로 술렁인다. 차 위에서는 팀마다 화려한 의상의 무용수들이 갖가지 동물의 가면을 쓰고 타악기의 리듬에 맞춰 온몸을 흔들고 환호성을 지르며 지나간다. 각기 뒤질세라 수천 명이 펼치는 경연들이 격렬하고 현란하다. 행진을 끝낸 댄서들이 삼삼오오로 흥분을 가누며 흩어져 내려온다. 그 열기

에 휩싸여 나도 관중석에서 뛰어 내려가 그들과 섞여 함께 걸었다. 짙게 화장한 그녀들의 체취가 후끈 밀려온다. 흥분이 채 가시지 않은 거친 호흡에서, 삼바 춤의 열정이 브라질의 동력과 희망으로 전해 왔다.

지금 리우에는 하계 올림픽이 한창이다. 이곳 빈민가인 파벨라 출신의 소녀 시우바가 유도에서 금메달을 땄다는 소식이 고통받는 이웃들에게 새로운 소망을 안겨주고 있을 것 같다. 파벨라는 흔히 '신의 도시'라 불리는 우범지역이다. 한낮에도 출입이 어려울 정도라니 성상 뒤에 가려진 파벨라는 신이 버린 도시인 듯하다.

모처럼, 시우바의 영예가 그들을 고무시키고 있다. '하나님은 내가 얼마나 고통을 받고 있는지 알고 계신다.' 그녀의 오른팔에 새겨져 있다는 문신이다. 그녀는 신을 잊지 않고 있는데 산상의 예수는 그녀가 지금 무엇을 했는지 알고 계실지 궁금하다.

창세기에 하나님은 인간의 조상 아담을 부르며 "네가 어디에 있느냐"고 물었다. 하나, 니체 이후, 신은 우리에게 더 이상 네가 어디에 있느냐고 묻지 않는 것 같다. 무신론의 시대에 이제는 우리 스스로 자신이 어디에 서 있는지를 확인해야 한다.

최근, 이븐 알렉산더가 쓴, 『나는 천국을 보았다 : 그 두 번째 이야기』를 읽었다. 그는 2008년 박테리아성 뇌막염으로 뇌사에 빠졌다가 천상의 세계를 경험하고 7일 만에 살아난, 하버드대학 출신의 정신과 의사이다. 첫 편과 달리 이번에는 임사체험자들의 증언을 책으로 모아 경의로 가득한 신비의 세계를, 내세에 대한 그의 확신을 우리에게 전하고 있다. '내가 무엇이며 어디로 가고 있는지, 다시 생각하지 않을 수 없다.' 죽음을 체험한 그의 신앙 고백이, 인간의 지혜란 지렁이의 시야에 다를 바 없다는 그의 깨달음이 신선하다. 우리가 사는 세상보다 더 큰 세상이 있다는데, 그의 증언은 죽음을 종말이라 여기는 우리에게 하나님의 품으로 돌아가자는 선지자의 메시지 같다.

오늘도 노인대학의 강단에서 나는 그들과 함께 <귀향>을 노래했다. <서산의 해 뉘엿뉘엿 갈 길을 재촉하네/ 저 눈물의 언덕 넘어 이제 집으로 돌아가리/ 길 잃은 철새처럼 방황의 길목에서/ 내 영혼 쉴 때까지 나 소망을 노래하리>. 눈시울이 따뜻해져 온다. 노년의 황혼을 의식하고 있는 듯, 노래하고 있는 표정들이 진지하다.

올림픽 내내 텔레비전에서 클로즈업되었던 리우의 성자상. 그는 천상에서 시우바를, 아니 내가 지금 무엇을 하고 있는지 지켜보고 계시리라 믿고 싶다.

'내 안의 참 나를 만나라.' 자신의 영성을 의식하고 깨달음에 이르러야 한다는 데이빗 호킨스의 충고에 마음이 무거워진다.

(수필문학, 통권 299호, 2016. 10)

회의하는 신앙

날마다 새벽을 벼르며 내일만을 바라던 젊은 시절, 나는 새벽 기도로 하루를 시작했다. 세상을 바로잡는 일에 쓰이는 유용한 그릇이 되게 해달라고. 그 무렵 우리 사회는 4·3사태를 거쳐 정부 수립 이후도, 6·25 전쟁과 4·19 혁명을 겪으며, 좌우의 대립과 빈곤과 부패로 모두가 고통을 겪었다. 이어 5·16의 군부 집권으로 온 국민이 억압받던 격동의 5·60년대, 그때는 믿음만이 소망이었다. 그 소용돌이 속에서 나는 교육에서 밝은 미래를 내다보고 일찍 교직의 길로 들어섰다 다시 학업을 잇기 위해 상경했다. 믿음도 확신이 필요하였기에 이 교회 저 교회를 드나들다 장충동의 경동교회에서 강원용姜元龍 목사를 만났다.

캐나다와 미국에서 신학을 공부한 그의 설교는 참신하고 진보적이었다. 그는 우리의 기독교 신앙도 서구의 방식을 그대로 따라 하기보다 한국의 문화와 역사적 상황에서 성서를 어떻게 해석, 그 복음을 실천해야 할지 고민해야 한다며 우리에게는 추석이 추수감사절이라 일깨우기도 했다.

그는 '피 흘리는 예수님'을 자주 상기시켰다. '예수님이 지금, 여기에 와 계신다면 그는 어떻게 행동할까를 자문해 보라. 행함이 없는 믿음은 죽은 믿음이다. 신앙은 교회 출석이나 기도로만 끝나는 게 아니다. 복 받기만을 바라지 말고 기독교 신앙의 어두운 역사를 돌아보며 깨어 행동해야 한다.'라고. 개인의 구원이나 내세를 강조하는 전통적인 교회의 분위기와는 달리 긴장이 넘쳐났다.

그의 목회는 신도들의 영성을 다스리는 일에만 머물지 않았다. 인간의 삶은 자연과 공동체로부터 분리될 수 없다며 개인만이 아닌, 사회의 구원을 강조했다. 당시 우리나라는 경제 발전과 근대화를 서두르는 과정에서 환경 파괴와 노동, 인권 등, 새로운 사회 문제들로 신열을 앓았다. 이에 교회 또한 지역사회의 문제 해결에 앞장서야 한다며 크리스천 아카데미를 설립하고 대화를 통해 우리 사회의 갈등을 해소하려고 노력했다. 당시 수원에서 가진 그의 중간 집단 프로그램에 참가했을 때, 그는 청소년 지도자의 역할을 강조해, 나도 한때 그 길을 걸었다.

제주도 관광 개발이 가시화되자 성산포에서도 세미나를 열고, '주민이 주도하는 지역사회개발이 아니면 주민은 소외될 수밖에 없다. 제주의 천혜의 환경을 지키기 위해서는 개발과 보존의 조화를 고민해야 한다'며 자연 보전에 대한 필요를 역설하기도 했다. 그의 선견은 지금 현실이 되었다.

교회는 그동안 복음이라는 이름으로 경전의 메시지를 전해왔다. 하지만 성서의 이해나 가르침도 교단에 따라 다르고 인간이 규정한 것도 교리라 하여 가르친다. 성경도 영역본은 20여 본이 넘고 한글판도 개역을 거듭, 십수 편에 이른다. 신·구교 외에 수백 개로 나뉘어 자신들의 신앙만이 절대 진리라고 가르친다.

성서의 독해도 목자에 따라 다른 것 같다. 성서는 일점일획도 틀리지 않는다는 신자가 있는가 하면, 평생 강단을 지켰던 목사 한 분은 최근 『바울신학의 오류』를 펴내고 자신의 설교가 잘못되었음을 고백했다. 슬로베니아의 철학자인 슬라보예 지젝은 『죽은 신을 위하여』에서 '오늘날 우리에게 시급한 과제는 예수를 신비화한 기독교의 전통으로부터 진짜 예수를 부활시키는 것이다.'라고 했다. 경전의 생명은 그 정신에 있으므로 끊임없이 고쳐 해석하여야 한다는 신학자 폴 틸리히의 주장도 이와 다르지 않다.

생전의 강목사의 가르침을 되새기고 싶어 그가 쓴 『내가 믿는 그리스도』를 사들었다. 여기서도 그는, 성서에 대한 오해나 교리의 경직성으로 한국 기독교의 행태에 실망하고 있는 교인들에게 믿음도 회의하고 질문해야 성숙해질 수 있다며, 자신도 기독교의 이해와 신앙에 변화의 진통을 겪어 왔음을 고백하고 있다. 회의란 단순한 의심이나 부정이 아니라 신의 가르침이, 그 참뜻眞義이 무엇인지를 끊임없이 묻고 답하는 과정이다. 크리스토프 슈렌 프흐도 회의가 없는 곳에는 참된 신앙이 없다고 고백했다.

연구실을 지키면서도 나는 한때, 중학교에 진학하지 못한 불우한 청소년들을 가르치다가 교회의 야간 고등공민학교를 맡아 운영한 적이 있다. 그런데 교회는 몇 년을 못 되어 학교 문을 닫아버렸다. 하나님의 사랑과 사회 정의를 말하는 교회가 인간다운 삶을 살아갈 수 없는 이웃들에게조차 제대로 손을 내밀지 못한다면 신앙이란 우리에게 무엇인지, 이후 헌금을 강조하는 설교는 공허하고, 복을 달라는 기도와, 입술만의 사랑을 말하는 강단은 언제부턴가 내게서 멀어지고 말았다.

외국을 드나들면서 예수의 가르침만을 전하는 이들을 만났다. 자신들을 하나님의 종이라 부르며 예수의 메시지를 전하는 분들이다. 그들에게는 말씀(성서)만 있을 뿐, 교리도 회당(건물)도 헌금도 없다. 하나님 안에서 우리 모두는 형제라며 따르는 이들을 섬기고 낯선 이들에게도 즐겨 사랑을 베푼다. 그들의 신앙은 말씀과 사귐과 섬김, 그리고 사랑이 전부다.

K목사가 오늘도 메일을 보내왔다. 진정한 교회는 말씀과 성도의 사귐, 그리고 섬김, 이 세 가지를 갖추어야 한다고 한다.

때로 은밀한 목소리가 내 영혼의 깊숙한 곳에서 속삭인다. '말씀에 너를 굴복시켜라. 너 자신보다 세상이 네게 원하는 바가 무엇인가에 응답하라'고 한다. 언제면 올바른 믿음을 찾아 굳건히 나아갈 수 있을지, 믿음의 실상은 보이는데 날은 저물고 갈 길은 아득하다.

흔들리는 믿음. 믿음은 의지가 아니라 은총인 것 같다.

(제주문학, 88집, 2021. 10)

오름에서 나눈 이야기

산행을 재미와 의미로 구분하는 이들이 있다. 삼십 대에는 청소년 단체 활동을 하면서 서울 근교의 산이며 한라산을 자주 오르내렸다. 함께 다니며 체력을 다지고 새로운 산을 익히는 재미가 그 후, 주말의 오름 산행으로 이어졌다. 산행이 즐거울 수만은 없다. 오를수록 힘이 들고 힘든 만큼 고통스럽다. 하지만 심신을 다스리는 데는 산행 이상 좋은 게 없다.

인간의 영원한 안식처 산. 산길은 들어서면서부터 활력이 솟는다. 회색빛 추위에 새봄의 생명을 잉태하고 있을 숲속으로 들어서면 물아가 하나인 듯, 충만하고 평화롭다. 숲속에는 온갖 지혜들이 넘쳐난다. 성장의 욕구와 흔들리지 않으려는 의지가 느껴지고 초록의 기다림이 있고 인내의 열매도 있다. 찢기고 상처 난 아픔이며 조락의 슬픔에서 다시 소생하는 소망이 있다. 영국의 시인 윌리엄 블레이크는 한 송이 들 꽃에서 천국을 본다고 했다.

제주는 오름의 고장이다. 크고 작은 삼백여 개의 오름들이 한라산의 품에 안겨 여기저기서 하늘을 바라고 있다. 그중에서도 우도의 섬머리오름은 바다로 떨어져 나와 한라산을 그리워한다. 성산포 일출봉과 종달리 지미오름을 좌우로 식산봉을 마주 보며, 너머 또 너머 오름들을 손짓하고 있다. 그런가 하면 산과 악, 봉, 오름들은 저마다 바다를 내려다보며 비와 구름을 어르며 제주만의 희귀한 들꽃과 열매들을 키워내고 있다.

지난 십여 년 동안, 웬만한 오름은 거의 찾아다녔다. 걷는 게 좋다. 좋아한다기보다 우정 걷는다. 걷고 있으면 온몸의 찌꺼기가 빠져나가고 번다한 뇌리도 물 흐르듯 씻긴다. 잠시나마 숲에 안겼다 돌아오면 그 후련함이, 이 이상 좋은 웰빙의 기술이 없다.

오늘은 새별오름을 올랐다. 한라산이 아득하다. 건너편에서 바리메오름이며 왕이메오름, 북돌아진오름이 오랜만이라고 반긴다. 남쪽 비탈길로 내려오다 공동묘지와 마주했다. 양지쪽에 옹기종기 모여 있는 유택들이 생과 사를 일깨운다. 죽음이 멀리 있지 않다고. 무관한 듯 지나치고 있으려니 죽음 이후의 삶을 외면하는 것 같아 찜찜했다.

나는 굳이 무덤을 피하지 않는다. 묘위墓位의 풍수도 가늠해보고 묘비며 집안의 내력을 살피는 것도 심심치 않다. '언젠가'라는 생각에 숙연한 마음으로 그들을 뒤로하고 내려온다. 무덤은 우리의 유택이요 미래의 정처다. 보들레르는 「악의 꽃」에서 무덤이 우리를 기다린다고 했다.

죽음에 대한 책들을 읽으면서 언제부턴가 여행길에 무덤을 카메라에 담기 시작했다. '죽음과 함께하기'이다. 외국의 공동묘지들은 우리와 다른 점이 많았다. 모양이며 크기며 그중에서도 역사가 있는 묘소들은 흥미로웠다. 인도에서는 세계에서 가장 아름다운 무덤, 타지마할 사원을 보았다. 무굴 제국의 황제인 샤 자한이 죽은 왕비를 잊지 못해 20여 년에 걸쳐 지었다는 대리석 유택이 아름답기가 그만이다. 50여 미터 높이의, 묘라기보다는 거대한 궁전 같은, 좌우대칭의 조화가 완벽하다. 덴마크의 공동묘지에선 묘석을 비스듬히 누인 삼각형의 잔디 묘들이 친근했다. 미국의 뉴올리언스에서 본 가족묘는 서랍식이었다. 그 중에서도 스페인의 세비아대성당 안의 콜럼버스의 묘는 특이했다. 그의 공적을 기려 네 명의 왕들이 어깨에 떠메고 서 있는 공중의 묘관은 배 모양 그대로였다. 아르헨티나 페론대통령의 영부인이었던 에바의 묘는 견고한 대리석 건물로, 재산이나 명예 같은 건 환상일 뿐이라며 <아르헨티나여, 나를 위해 울지 말라>고 국민들을 위로했던 젊은 국모의 유택은 대리석으로 차디찼다. 오래전, 서울의 시공관에서 조영남이 <에비타>를 열창할 때, 그녀의 묘엔 싱싱한 꽃들이 넘쳐나리라 상상했었는데 굳게 닫힌 철문으로 삭막했다.

영혼들의 정처 북망산. 우리도 언젠가는 그곳으로 가야 한다. 제주의 오름은 처처마다 사자들의 천국이다. 곳곳의 무덤들이, 비석에 새겨 놓은 명부冥府의 사연들이 지나는 과객에게 삶을 이야기한다. 거대한 비석들엔 성공적인 세대교체를 자랑하려는 듯, 후사들의 이름을 줄줄이 새겨 놓았다. 대부大夫며 정경부인貞敬夫人의 비석이 눈길을 끈다. 지하의 세계에서도 벼슬이 자랑이다. 사회적 지위와 타인의 존경이 소중한 것이기에 사후까지 메고 온 것이리라. 십자가도 보인다. 누구는 과거를 붙들고 있는데 누구는 미래를 바라고 있다. 죽어서도 내세를 기원하는 영혼이 존귀하게 느껴진다.

죽음은 종말이 아닌, 건너감이었으면 좋겠다. '마음이 가난할 때는 오름을 오르라. 오르되 혼자 오르라. 그곳에서 네가 기다리고 있다.' 오름 속 풍경들이 산 자에게 위안을 전한다.

오름을 내려오는 발걸음이 헛헛하다.

(제주의 오름, 수필문학의 향연 14호, 2018. 12)

절은 성경일 뿐

제사상을 차린 뒤, 영전에 절을 올리려고 보니 중학생 아들이 보이지 않는다. 애는 밤 9시가 넘어서야 집에 들어왔다. 선생님께서 죽은 조상에게 절을 하는 것은 미신이라고 하여 일부러 밖에 나가 있었다고 했다. 나도 한때, 교회의 그런 가르침을 따랐던 터라 씁쓸했다.

부모님 생전, 우리 집은 열한 번의 제례를 지냈다. 아버님께서는 평소 귀한 육류나 생선은 제물로 아껴두었고 제사를 앞두고는 며칠 전부터 집 안팎을 대청소했다. 예복도 미리 손질해 두고 궂은일을 겪지 않으려고 나들이도 자제하셨다.

당시, 제사는 5대까지 모시는 게 상례였다. "없는 집에 제삿날 오듯 한다."고, 없으면 냉수 한 그릇을 떠 놓는 정성, 그 자체만으로도 제사였다. 어려웠던 시절이다. 어려서 할아버님을 여의고 평생 그 숱한 제사를 드리며 친족들과 함께 나눌 제물을 마련하느라 얼마나 무심하셨을지, 제사를 모실 때마다 근신하던 부모님의 정성이 새삼 실감된다. 그게 그 세대 우리 어버이들의 온 삶이었다. 고희를 접으며 아버님께서는 내게, "예수를 믿든 말든, 너는 배울 만큼 배웠으니 알아서 하라"며 제사를 넘기셨다. 가장의 의식에 그때부터 제례의 의미가 새롭게 다가왔다.

기일이 가까워지면 우선 몸을 가다듬게 된다. 제수도 미리 마련해야 하고 모처럼 한복을 차려입고 배례하고 있으면 혈통과 선조의 내력이 되살아나 내가 누구인지, 새삼 내 정체를 되돌아보게 된다.

제주에 처음 입도하신 우리 조상은 성종대왕의 5대손으로 당시 당쟁의 화를 피해 제주에 정착하셨다. 권신들의 파쟁으로 수 대에 걸쳐 수난을 당하신 후, 이에 목숨을 보전코자 스스로 자신을 고도에 유폐시킨 것이다. 그 고조되시는 분은 명종 대의 을사사화로, 부친은 인조 때 심기원 옥사에 엮여 참혹한 화를 당했다. 이후, 제주로 낙향해 낙백의 아픔을 달래야 했던 선조들의 비운은 오늘에 이르러 내 운명의 분깃이 되어 있다. 이에 제삿날은 조상의 얼을 받드는 이상으로 한편으로는 집안의 내력을 되돌아보는 시간이기도 하여 온고지신하는 마음이 각별해진다.

예로부터, 제례는 민족의 공동체 의식을 다지는 중요한 행사였다. 고구려의 제천의식도 그렇고 조선왕조도 종묘와 사직을 받들어 관제를 드렸다. 마을의 제사나 집안의 가제도 이를 따라 행해온 것이다. 영상으로나마 경상도 지방 종가의 가례를 지켜보고 있으면, 제례는 후손들을 함께 묶는 한편으로 가문의 영예를 다짐하고 있어 새삼 그 의의를 되새기게 된다.

고대인들은 신이나 선조에 대한 충성과 자신들의 죄를 사하려 목숨까지 바쳤다. 유대인의 조상 아브라함은 아들 이삭을 제물로 바치려 했고, 멕시코의 옛 부족들도 인신 공양을 마다하지 않았다. 유카탄 반도의 치첸이트사 신전에 들렀을 때, 구내 일원에는 당시 제례의 흔적이 그대로 남아 있었다. 그들은 한쪽 벽의 돌구멍에 공을 던져 넣는 경기를 한 후, 진 팀 주장의 심장을 꺼내 신전에 바치고 축제를 벌였다고 한다. 제물로 선정된 자는 신을 위한 희생을 영광으로 여겼나 하고, 포로를 제물로 바치려고 전쟁도 마다하지 않았다고 한다. 그들의 신에 대한 외경과 제의가 지극하다 못해 얼마나 치열했을지, 남미를 돌아보는 내내 신의 화두는 나를 떠나지 않았다.

인간에게 신은 무엇일까? 신에게는 가장 소중한 것을 드려야 한다고 해서 생명까지 바쳐야 한다면 그 제의는 축복 이전의, 재앙이었다 싶다.

천주교도 한때, 우리의 제사를 미신이라 하여 신유박해를 자초했다. 오늘의 기독교도 이와 다르지 않다. 그들은 기도만이 올바른 제사라며 이를 미신이라 가르친다. 살아계셨던 조상을 '귀신'이라 한다면 있지도 않은 귀신을 말하는 그 자체가 미신이 아닌지, 신위란 위패는 사진으로 대신하면 그만일 터이다.

절이 미신이라는 관념은 본래 유대민족의 유일신 신앙에서 비롯된 것이다. 그들은 여호와를 경배하는 외에 일체의 신을 배격한다. 기독교인들은 추석이 있음에도 추수감사절을 따로 드린다. 추수감사절은 미국인들만이 지내는 명절일 뿐이다. 기독교의 신앙 방식도 미국식 문법이어야만 옳은 것인지, 생전의 강원룡 목사께서는 신앙도 역사와 정체성을 지녀야 한다고 말씀하신 바 있다.

사람을 만나면 악수하듯, 절이란 생사와 관계없이 조상에게 드리는 존경과 사랑의 의례요 존엄한 인간의 인륜적 가치를 지켜나가는 섬김의 몸짓에 지나지 않는다. 악수만이 인사이고 허리 굽혀 절하면 인사가 아니라 할 것인가. 양복이나 한복도 모두 의복일 뿐이다. 의식주의 방식이 그러하듯, 절도 하나의 행동 방식, 즉 우리의 고유한 문화에 지나지 않는다. 문화와 신앙은 구별되어야 한다.

우리 조상들도 영혼의 불멸을 믿었다. 돌아가신 분의 넋을 혼과 백으로 구분하고 백은 죽어도 영은 죽지 않고 하늘나라로 간다고 믿었다. 생전의 강원룡 목사는 세시 풍속과 관혼상제 등, 우리의 민족정신을 형상화한 최명희의 소설 『혼불』을 읽고 그를 후원한 바 있다. '네 부모를 공경하라. 이것이 약속 있는 첫 계명이니.' 기독교 신앙도 그 근본에는 효도가 자리해 있다.

제사는 살아있는 영, 즉 죽은 자와 산 자의 만남이다. 제사 때 나는 묵념을 하고 절을 올린다. 내게 생명을 주셨음에 감사하고 후손을 지켜봐 주십사고 기원한다. 의례는 죽은 자와 산 자를 하나로 이어준다. 절은 조상에게 자신을 헌신하는 후손의 정성이요 경의誠敬일 뿐이다. 예로부터 숭조의식은 저마다의 정체를 다짐하는 정신적 뿌리로서 그 바탕에는 생명 존중의 의식이 자리해 있다.

얼마 전 제사에도 나는 촛불을 밝히고 절을 올렸다. 제삿날엔 오늘의 나를 있게 한 조상의 얼이, 면면들이 되살아난다. 그 유전자가, 영혼이 내 안에 살아 계시기에 오늘도 나는 남이 아닌 '나'로 살아가고 있다.

(제주문학, 64집, 2015. 10)

* 영성은 정신의 생명이다. 호흡이 육체의 생명이듯이.

- 발타자르 그라시안

* 종교가 없는 과학은 절름발이라면, 과학이 없는 종교는 장님이다.

- 아인슈타인

4부

사랑, 에로스와 아가페의 사이에서

* 사랑은 언제나 삶의 커다란 테마란다.

- 캐시 C. 스펄맨

- 왼손이 모르는 일
- 초콜릿 선물
- 말하는 보석
- 시간이 없어
- 이나마도
- Mary 여사
- 사랑의 언어들
- 사람은 무엇으로 사는가?

왼손이 모르는 일

밤 10시가 넘었는데 벨이 울린다. 전혀 모르는 사람의, 그것도 여자의 목소리이다. 그녀는 나를 확인하고는 지금은 눈이 너무 많이 내려 모시러 갈 수 없다며 내일 아침 일찍 찾아뵙겠다고 한다. '이상하다. 시카고에는 나를 아는 사람이 아무도 없는데, 그것도 웬 여인이.' 이런저런 생각으로 뒤척이다 세상모르고 곯아떨어졌다. 다음 날 미명인데도 그녀는 아침 일찍 눈보라를 뚫고 찾아왔다. 비싼 호텔에 머물지 말고 자신의 집에서 쉬었다 가라며 나를 초대했다. 시카고 호반을 따라 윌멧 지역으로 차가 한 시간 이상을 달린다. 차창 밖으로 쏟아지는 순백의 눈보라가 여독을 씻어준다.

내가 미국에 온 것을 그녀는 어떻게 알았을까? 나중에 안 일이지만 서울에서 나를 환송해 준 G가 미국의 친구에게, 그가 다시 그녀에게 전화를 해준 것이었다. 당시 국제 전화는 요금도 비싸고 핸드폰도 없던 시절이다. G는 휴전선에 근무하는 미 공군의 헬리콥터 조종사다. 몇 해 전 그가 제주를 찾았을 때, 하루 벗해준 일이 있을 뿐인데, 이른 아침인데도 그는 김포공항까지 나와 나를 배웅해 주었다. 잘 다녀오라는 인사 말고는 별다른 말이 없었다. 우리 같으면 미국에 처음 가는 사람을 두고 '시카고에 가면 누군가가 마중을 나올 게다. 걱정 말고 잘 다녀오라'고 했을 것이다. 그런데도 그는 손만 흔들고 돌아갔다.

1985년 1월 중순. 미국을 처음 방문하던 날은 유난히도 눈이 많았다. 비행기에서 내려다본 산야는 온통 은백색 벌판으로 창밖은 아침 햇살로 눈 부셨다. 미국의 3대 공항의 하나라는 시카고의 오헤어 공항은 듣던 대로 엄청 크고 복잡했다. 서툰 영어로 이제부터는 혼자서 부딪쳐나가야 한다고 생각하니 머리는 온통 다음 행로에 대한 불안으로 가득했다. 아침 10시 반에 비행기에서 내렸다. 그러나 워크숍에 참석하기 위해 이틀 뒤, 미시간주의 훌린트로 다시 비행해야 했으므로 시차도 극복할 겸, 곧장 출구로 나가지 않고 구내를 익히느라 돌아다니다 저녁 무렵에야 공항에서 빠져나왔다.

호텔로 향하는 도로변에는 치워 올린 눈덩이들이 허리께만큼이나 쌓여 있었다. 차창 밖으로는 계속 폭설이 쏟아진다. 여행의 설렘은 어느새 불안으로 바뀌고 있었다. 호텔에 들어 다음 일정에 대한 걱정으로 잠을 설치고 있는데, 그 무렵 낯선 여인의 전화를 받은 것이다.

뒷날 오후, 그녀의 아들인 대학생 T가 귀가했다. 그는 목례만 하고 자기 방으로 올라갔다. 아들이냐고 묻자, 그제야 그녀는 '쟤가, 어제 선생님 이름을 쓴 피켓을 들고 공항에서 10시부터 오후 4시까지 기다리다 그냥 돌아왔어요.'라고 말하는 게 아닌가. 놀라웠다. 그 긴 시간을, 그것도 얼굴도 모르는 나를 종일이다시피 서서 기다렸다니. 그동안 얼마나 조바심으로 노심초사하였을까. 내가 떠날 때까지도 그는 자신의 노고를 한마디도 꺼내지 않았다. 후에 들은 얘기지만, 그는 등굣길에 갑작스러운 복통(맹장염)으로 신음하는 급우를 병원에 데려다주노라 중간고사를 놓쳐 한 학기 유급을 당한 적이 있는 친구다. 당시, 미국인 학우들은 그에게 환자를 떠맡긴 채, 모두 학교로 가버렸다고 한다. 중학교 때 영어 시간에 배운 <선한 사마리아인>의 이야기가 떠올랐다. 누가 네 이웃인가, 고통을 당하는 사람이 있으면 누구든 외면하지 말고 도움을 베푸는 것이 올바른 믿음임을 가르치는 성서의 이야기이다. 학우를 돌보느라 한 학기조차 포기했던 그의 희생적인 인간애에 가슴이 뭉클했다.

이튿날, 연구 자료를 챙기기 위해 인근의 노스웨스턴대학으로 향했다. 바쁜 출근길임에도 그의 부친은 나를 대학 도서관까지 데려다주며 자신이 신고 있던 덧신雪靴을 벗어주고 갔다. 미처 치우지 못한 대학 구내의 눈밭이 내 구두를 엉망으로 만들고 있었던 탓이다.

훌린트에 도착한 뒷날에는 초면인 미국인 신사가 호텔로 나를 찾아와 저녁에 초대했다. 풍성한 음식과 나를 배려하는 느린 대화와 피아노 연주까지, 온 가족의 따뜻한 환대에 그간의 피로와 긴장이 눈 녹듯, 사라졌다.

귀국 길에 하와이에 들렀을 때도 전혀 예기치 못한 일이 나를 기다리고 있었다. 호놀룰루공항의 출구를 나서는 내게 어린이 둘이 불쑥

다가와 꽃목걸이를 걸어주는 것이 아닌가. 그들의 환영에 어리둥절하면서도 말로만 듣던 하와이안 레이에 한순간 황홀했다.

캐나다와 미국에서 교환교수로 지낼 때도 이 같은 이들을 여럿 만났다. 그들은 나를 모르는 데도 자신의 집에서 유숙도록 보살펴 주었고 여러분이 나를 초청해 환대해 주었다. 기쁨으로 사랑을 실천하는 '믿음의 형제'들이다. 그들은 내게 '오른손이 하는 일을 왼손이 모르게 하라'는 예수의 가르침을 그대로 보여주었다. 사랑은 말 없는 언어요 우리를 하나로 묶는 끈이다. 사랑이 있기에 우리는 저마다 힘을 얻고 살아간다.

노자는 말했다. '참으로 아는 이는 말하지 않고 행하는 자는 이를 알지 못한다. 행하는 자는 말이 없고 말하는 자는 행하지 않는다'고. 믿음과 행함은 하나요, 행함이 없는 믿음은 죽은 믿음임을, 최초의 미국 방문은 크나큰 깨달음으로의 여행이었다.

한때, 야간 수업에다 자원봉사활동으로 불우 청소년들의 학습지도까지 맡아 하루 아홉 시간을 가르쳐 본 적이 있다. 목에서는 가끔 피가 섞여 나왔다. 남들이 알아주지 않는 일을 언제까지 감당할 수 있을지, 하여 그 일은 접고 말았다. 이후 타인에 대한 배려나 사랑은 더 이상 자라지 않았다.

하나의 지체인데, 오른손이 하는 일을 왼손이 모르게 할 수 있을까? 베풀되 자기를 내세우지 않는 그들의 사랑을 떠올릴 때마다 별것 아닌 일에도 마음을 비우지 못하고 남에게 인정받기 위해 살아온 삶이 부끄럽다. (수필문학, 통권 215, 2009. 3)

초콜릿 선물

새로운 사람을 알고 지내는 것은 살아가는 즐거움 가운데 하나이다. 처음 만나는 사이인데도 관심이나 취향이 비슷하면 서로 통할 것 같은 기대감으로 명함을 건넸는데, 뜻밖에 책자나 선물을 보내오는 경우도 없지 않다.

어느 해 연말이다. 캐나다에서 보내온 소포가 보기에도 깜찍했다. 빨간 색상의 겹겹 포장이 뜯기조차 아까웠다. 열어보니 황당했다. 수첩만 한 크기의 초콜릿 몇 판이 전부였다. 우리의 가나 초콜릿 같은, 선물이라기에는 약소한 것이었지만 외국에서 보내온 물건임에 그 마음을 헤아렸다. 고디바 초콜릿의 진한 색상이 따뜻한 온기로 다가온다. 카드를 접고 한 알을 까 들었다. 먼 나라까지 날아온 초콜릿의 맛은 그 여행을 상상하는 것만으로도 즐거웠다. 어쩌다 만나 돌문화공원을 안내해주었을 뿐인데 잊지 않고 선물을 보내주어 고마움이 더했다.

초콜릿을 처음 먹어본 게 언제였는지, 혼자서 미국을 처음 방문했을 때의 기억이 날개를 단다. 호텔 방을 들어서자 순간, 하얀 시트 위에 빨간 점 하나가 선명하다. 다가가 보니 초콜릿 두 조각이었다. 침대 위에 웬 초콜릿이? 그것은 둘이서 사랑을 나누라는 배려임을 나중에야 알고 웃음을 머금었던 일은 지금도 즐거운 추억으로 남아 있다.

초콜릿의 주원료는 카카오다. 멕시코 원산인 카카오나무의 씨앗으로 고대 멕시코에서는 최음제로, 한때는 화폐로도 대용했을 만큼 귀한 물건이었다고 한다. 스페인이 멕시코를 점령한 후 이를 들여오면서, 이후 초콜릿은 유럽인들이 즐기는 기호식품으로 자리 잡았다. 먹으면 달콤하고 기분이 좋아지는 게, 보는 것만으로도 유혹을 느낀다. 게다가 설탕이나 커피, 바닐라 등의 향신료가 첨가되면서 부드럽고 감미로운 식품으로 변신해 언제나 입맛을 사로잡는다. 우리에게는 어쩌다 사 먹는 몇 조각 기호품에 지나지 않지만, 남미나 아프리카 빈민들에게는 그들을 먹여 살리는 중요한 수입원으로, 서구 식민 통치의 쓰라린 역사가 스며있는 식품이기도 하다.

초콜릿은 모양도 다양하다. 과자같이 네모 반듯한 게 있는가 하면 조개 모양이나 동그란 경단 등, 이런저런 모양으로 칸칸이 들어앉아 주인을 기다리고 있는 모습은 보기에도 깜찍하다. 크리스마스나 웨딩홀을 장식한 '사랑love'나 '행복happy' 등, 문자화된 초콜릿의 변신은 보는 것만으로도 정감을 불러일으킨다.

초콜릿의 묘미는 무엇보다도 먹고 난 뒤에 있지 않나 싶다. 까 들자마자 메마른 입안에 달콤한 침이 돌고, 더 이상 안 되겠다 싶으면서도 아쉬워 또 손이 간다. 과자 따위에 무너지는 패배감이 싫지 않으면서 동승한 이와 한 조각 나누며 차를 몰고 있으면 마음만은 부자인 듯 느긋해진다.

주는 이는 복이 있다고 했다. 남의 마음을 얻으려면 커피라도 한 잔 먼저 사야 한다. 도덕경은 주는 삶이 먼저임을 가르친다. 주어도 바라지 않는 마음, 심득心得은 무위에서 주어지고 있다.

돌아보면 평생 받기만 하고 살아온 것 같다. 아침에도 숲속에서 신선한 대기를 맘껏 들이고 왔다. 일용품도 그렇고 지식이며 사랑 등, 남들로부터 주어지지 않는 게 무엇이 있는지, 일상으로 누리는 혜택조차 모르는 이들의 수고에 기대어 있다는 사실이 새삼스럽다. 초콜릿 한 조각만인가, 이승에서 허여된 인연들이 모두가 주어진 선물임에 이 또한 큰 복임을 깨닫는다.

또 한 해가 저물어 간다. 성탄절을 맞아 서울시장이 아내에게 만 원짜리 반지를 선물했다는 뉴스가 신선하다. 추위를 이기며 한 겨울 내내 벗해주는 동백꽃이 창 너머로 붉게 타오른다. '당신을 사랑합니다.' 동백이 전하는 꽃말이다. 어쩌다 만나 더불어 사는 귀한 인연들인데, 우리 모두 베풀다 가자고 말하는 것 같다.

언젠가는 빈손으로 갈 목숨이다. 50대 50 따위는 잊어야 한다. 김수환 추기경은 사랑이 머리에서 가슴으로 내려오는 데 70년이 걸렸다고 말했다. 그동안 잊고 지냈던 이들에게 이번 연말엔 오랜만에 카드라도 써 보내야겠다.

모든 것이 움츠러드는 고독의 계절. 초콜릿 한 조각이나마 서로 주고받을 수 있다면 세상은 한결 더 따뜻해질 것 같다.

(제주문학, 65집, 2015. 12)

말하는 보석

몇 해 전, 대만의 밤거리를 구경하다 보석 가게에 붙잡혀 시간을 잊었다. 특이한 경험이었다. 남자 셋이서 보석 가게를 찾았다는 것도 그렇고 한 시간 남짓 우리에게 보석 얘기를 늘어놓은 주인의 친절(?)도 예사가 아니었다.

저녁을 즐긴 후, 중국의 서화나 구경할까 해서 들른 터였다. 아니다 싶어 되돌아 나오는데, 중년 여성이 차나 한잔하고 가라며 상냥한 웃음으로 우리를 붙들었다. 산수화를 찾았으니 그녀는 우리가 보석을 살 사람들이 아님을 진작 알아차렸을 것이다. 그런데도 그녀는 여기저기 진열장을 열어가며 끝내는 우리를 매대 앞에 앉혔다.

갖가지 보석들이 한 눈에 들어온다. 희한한 보석들에 눈동자가 커져간다. 부자가 된 기분이 이런 것일까, 느긋했다. 중국의 보석상들은 손님의 동공이 확대되는 정도를 보고 가격을 결정한다고 한다. 어쩌다 하는 질문인데도 나중엔 영국에서 공부했다는 아들까지 전화로 불러내 영어로 응대했다. 영화 <색·계>의 왕자즈의 핑크빛 다이아몬드 얘기며 서태후의 비취 사랑 등, 그가 엮어내는 보석의 러브 스토리들이 줄줄이 이어진다. 마지막엔 백여 년 전, 아프가니스탄 북부의 고산지대에서 발견된 것이라며 금고에서 원석까지 꺼내왔다. 라피스 라줄리lapis lazuli라고 했던가, 감청색 광택이 투명하고 강렬하다. 금은색 돌가루가 깊숙이 박혀 있는 게 희한하면서도 진기했다. 갖가지 보석들을, 그것도 한꺼번에 많은 보석을 구경한 것은 대단한 호사였다.

보석은 화산활동 같은 지각의 끊임없는 변동 과정에서 지열과 지압을 견뎌내며 변형된 암석의 결정체다. 쉽게 금이 가거나 깨지지 않아야 하고 광채와 색상 또한 아름다워야 한다. 얼마 전 스리랑카에서는 천사백 캐럿이 넘는 세계 최대의 블루 스타사파이어가 채굴됐다는데, 산지나 유통경로 또한 보석의 역사가 되어 그에 따라 가격이 달라진다고 한다. 최근에는 인도와 파키스탄이 각기 엘리자베스 여왕의 왕관의 다이아몬드를 돌려달라는 요구가 뉴스로 전해졌다. 이는 과거에 영국의 동인도 회사가 무굴제국에서 빼앗아 증정한 것으로 21.6그램밖에 안 되는 돌임에도 1억 파운드(약 1,740억)나 나간다고 한다.

오랜 세월, 인간들은 자연의 조화로 빚어진 희귀한 광물을 소유함으로써 자신이 원하는 바, 부나 권력을 누려 왔다. 왕관의 보석은 권력의 상징으로 우리 위에 군림한다. 서구인들의 식민지 개척도 금과 다이아몬드 광산을 찾아 나선 야욕에서 비롯되었다. 금은과 다이아몬드 등, 보석은 미국의 지도와 남아공의 역사까지 바꾸어 놓았고 오늘날은 경제생활의 척도로 국력을 좌우하기에까지 이르렀다.

오늘날 보석은 그 자체로 사랑의 대명사다. 반지나 팔찌, 진주 목걸이 등, 장신구는 여자들에게는 분신이나 다름이 없다. 오도리 헵번은 티파니 보석상에서 눈요기를 하며 맨하탄의 여인을 꿈꾸었고 엘리자베스 테일러는 리처드 버튼의 에메랄드 반지에 무너졌다. 요즘은 남자들도 반지나 목걸이를 하고 있다. 아름다움에 대한 동경과 소유는 여성만이 아닌, 인간 모두의 근원적 욕구인가 싶다.

나는 어렸을 때, 누나들이 갓 따온 전복 속에서 해말간 진주를 본 적이 있다. 맑고 뽀얀 게, 몸 안에 틈입한 진주질을 전복이 감싸면서 만들어낸 은회색의 광채는 누가 보아도 마음을 사로잡는다. 남의 애를 키우듯, 내치지도 못하고 이물질을 자신의 정수로 체화시켜 빚어낸 진주의 조화는 신비, 그 자체다. 인고의 세월을 품고 빚어낸 사랑의 결정結晶이 비길 데 없이 우아하다.

보석의 가치는 견고함과 광채, 그리고 희귀함에 있다. 하지만 아무리 귀하다 한들 인간의 존귀함에 비길 수 있을 것인가. 세상에 나는 하나뿐인 존재다. 어느 가수는 인간이 꽃보다 아름답다고 노래했다. 외모에다 마음씨와 행동까지 아름답다면 인간은 저마다 세상에 단 하나뿐인 희귀한 보석이 아닐 수 없다. 말년의 엘리자베스 테일러가 마더 테레사를 조금이라도 닮았더라면 그녀는 우리에게 구원의 여성으로 남아 있을 것이다.

원석이라고 해도 모두가 보석일 수는 없다. 원석도 정교하게 다듬어져야 하고 디자인도 돋보여야 한다. 인간의 아름다움도 마찬가지다. 각기 지닌 재능을 갈고닦아 잠재력을 드러내야 하고 고매한 정신도 깃들어 있어야 한다. 고승의 사리도 치열하게 갈고 닦은 영혼의 결정체다. 고수들의 정신적 고결함이야말로 인간 보석이 아닐까 싶다.

보석 가게를 뒤로하고 나오면서 문득 떠올렸다. 내게도 귀한 보석이 있음을. 아내다. '누가 어진 아내를 얻을까, 그 값은 진주보다 더하다'는 <잠언>의 말씀이, '어진 훌륭한 아내만 곁에 있다면 가난과 헐벗음은 아무것도 아니야'라는 조르바의 한 마디는 아내가 보석임을 새삼 일깨워 주었다.

집 친구는 젊어서 예이츠의 시나 워즈워스의 시를 즐겨 낭송했다. 『일리아드』와 『오디세이아』 등을 돌려보면서 우리는 지기가 되었고 그녀는 지금도 책을 놓지 않고 글을 쓰며 자신을 가다듬는다. 자신의 영혼이 더럽혀질까 봐 텔레비전과는 담을 쌓고 산다. 경전을 곁에 두고 주일마다 자신의 부족함을 간증하고 사랑을 간구하는 그녀의 영혼은 순결한 보석 같다.

패물 따위는 예전부터 뒷전이었다. 수수함이 멋이었다. '당신은 안으로부터 솟아나는 아름다움을 지녔소.'라는 헌사에 그는 내게로 와서 꽃이 되었다. 내 미련함으로 평생을 시달렸기에 이제는 단단한 돌이 되어 산다. 라피스라줄리 원석의 무늬처럼 숨길 수 없는 주름살이 안쓰럽다.

저녁도 어김없이 상을 차리고 있다. 내가 지닌 모든 것은 평생 그녀의 헌신으로 하여 주어진 산물이다. 그 숱한 세월을 이겨낸 지혜와 사랑은, 그리고 영성은 나만의 진주다.

젊어서는 대중의 마음을 사로잡았던 마이크의 재원. 책을 읽고 담론을 즐기며 어쩌다 다투고도 먼저 말을 걸어오는 여자. 아내는 내게 말하는 보석이다.

(수필문학, 통권 294호, 2016. 5)

시간이 없어

“야, 오래간만이다.”

고등학교 동창들이 모처럼 한자리에서 모였다. 졸업 후, 홈커밍 데이home-coming day를 정해 50년 만에 다시 만난 것이다. 반백의 얼굴들에 시간의 흔적이 눌러앉았다. 거리낌이 없이 서로를 반기는 모습들이 보기에도 흐뭇했다.

우리가 다닌 고등학교는 남녀공학의 사범학교였다. 한 학년에 한 반뿐인 학교. 한 교실에서 3년을 함께 공부했음에도 당시는 여학생에게 말을 거는 것조차 어려웠다. 수줍기도 했거니와 호감이 있어도 자칫 속을 보일까 봐 서로 외면했다. 그랬던 그들이 오늘은 서슴없이 다가가 손을 잡고 서로 안부를 나누고 있다. 고희의 세월이 마음을 열어 새로이 우정의 다리를 놓아준 것이다.

세월이란 무엇일까? 사람에 따라서는 연륜의 길이일 수도 있고 체험의 두께나 정신의 높이일 수도 있다. 무엇이라 해도 그것은 덧없고 속절없다. 세수를 헤아리고 싶지 않은 이들에게는 나이란 살아갈 날이 많지 않음을 말해주는 숫자일 뿐이다. 1(초), 60(분), 24(시), 12(개월). 그동안 이들 숫자만큼 우리를 구속해온 건 없을 것 같다. 하지만 시계는 기계일 뿐, 시간의 단위란 순간을 알아채는 구두점에 불과하다. 그런데도 그 변이는 과거, 현재, 미래라는 이름으로 우리를 옭아매고 인간의 만사를 재단한다. 음양과 오행, 64괘의 수열로 『역경』도 만들어 놓고 삶의 길흉을 예단하며 이에 휘둘려 살고 있다.

시간에 쫓겨본 사람은 안다. 모든 일에는 때가 있다는 것을. 소중하나 흔히는 무심한 것, 이날저날 하다가 카이로스의 신이 달아나버리면 그제야 애가 탄다. 그래도 태양은 다시 뜨고 계절은 어김없이 돌아온다. 그런데도 우리는 때의 시작과 끝을 정해놓고, '시간이 다 됐어' '시간이 없어'라며 하루도 자신을 편히 두지 않는다. 주어진 삶의 무대에서 하루하루, 그러다가 그 배역도 언젠가는 끝난다는 것을 의식하고 있기 때문이다.

우리 모두는 인생의 배우다. 키케로는 노년은 인생의 왕관이며 연극의 마지막 장이라고 했다. 2009년 유엔은 인간의 수명을 호모 헌드레드Homo Hundred, 즉 백 세로 정했다. 세계적인 노화 학자인 유병팔 박사는 일찍이 『걱정 말고 125세까지 살아라』고 한다. 하지만 인생이 백 년이라 해도 그것은 일 회일 뿐, 대본 없는 연극에 지나지 않는다. 5막이라고 해도 마찬가지이다. 그 극본은 내가 쓰면서도 희극인지 비극인지 알 수가 없고 그 막은 언제 닫힐지도 모르고 살아간다.

칠순의 노사들이 한자리에 앉고 보니 면면들이 대견했다. 벌써 유명을 달리한 친구들도 없지 않음에 4막의 무대에 서 있다는 것만으로도 성공한 인생이다 싶다. 육영의 삶을 돌이키며 토로하는 인사말에서 저마다의 노마지지가 느껴졌다.

얼마 전, 선배 교장이 누워 지낸다고 해서 병원을 찾았다. 췌장암으로 얼굴이 사색이다. "형님, 매일 아침 4시면 일어나 산책을 나선다고 들었는데, 이게 웬 일이십니까?" "이 나이에 더 살아 뭐 하니, 삶의 질이 문제지." 삶이 질이라고 한다. 무엇을 말하고 있음일까? 누리는 삶, 행복한 삶, 아니면 의미 있는 삶? 침묵이 잡은 손을 갈라놓았다.

집을 떠나 끼니조차 부쳤던 전란기의 십 대. 빵이 절실했기에 나도 일찍 교직으로 들어섰다. 가난은 누구도 책임져주지 않았다. 자신이 주인공임을 다짐하며 차를 갈아타다 용케도 상아탑의 특급열차에 올라탔다. 대학 생활은 강의만이 아닌, 뼈를 깎는 연구가 일상이었다. 교수와 연구의 외길, 막스 베버가 말한 직업으로서의 학문의 길이다. 그 길은 시간의 블랙홀이었다. 연구실이란 유폐의 공간에서 지니고 있는 것은 집념뿐, 날마다 폐지만 쌓여갔다. 잿빛의 겨울이 가고 나면 캠퍼스는 벚꽃으로 화사했지만 지고 나면 그뿐, 해마다 봄날은 그렇게 갔다.

하지만 누군가에게는 거꾸로 가는 시간도 없지 않다. 벤자민 버튼의 시간이다. 그처럼 한 순간이라도 거슬러 살아볼 수 있다면 좋겠다. 그런데 25시는 없었다. 시계는 늘 5분 전이었고 사랑의 연기에는 연

습시간도 주어지지 않았다. '과거를 묻지 마세요'라고, 오늘도 장난삼아 노래하면 아내는 웃고 만다. 노년의 교차로를 지나고 나니 이제는 사랑도 서둘러야 할 것 같다.

아내는 때로 영혼의 시인, 라마르틴느의 <피안의 호수>를 즐겨 읊는다.

> <그렇게, 늘 새로운 해안을 향해 떠밀려가는// 우리는 단 하루라도 세월이라는 바다에/ 닻을 던질 수는 없는 것일까/ 그러니 우리 서로 사랑하자. 사랑을 나누자/ 덧없는 시간을 서둘러 즐기자/ 인간은 닻을 내릴 항구가 없고/ 시간은 가닿을 강기슭이 없는 것을/시간은 흐르고 우리들은 그렇게 사라져간다.>

가닿을 기슭이 없는 시간. 살아온 삶이 그리다 만 그림 같다. 못다 한 삶이라 해도 노년은 동양화의 경지처럼 아름다운 여백이었으면 좋겠다.

캠퍼스를 하직하고 저녁이 있는 삶을 되찾았다. 시집도 사 들고 음악회도, 전시회도 찾아 나선다. 충전하듯, 채우고 있으면 심성이 맑아지고 사랑이 살찐다. 박제되었던 시간들이 그동안 가보지 못한 길과 남은 일들을 일깨운다.

연말이 가까워 온다. 새벽 미명, 이웃 사찰의 종소리에 잠이 깨었다. 노승이 들고 있을 화두가 궁금하다. 때를 의식하며 사는 사람들에게는 시간이 없다. 아니다. 있다. 시계는 시계이고 시간은 시간이다. 마음이 시간이다.

오늘도 오는 날들을 헤아리며 체지방을 줄이려 나섰다. 시간이 전부가 되어버린 삶. 앨범의 지층에 묻힌 시간들은 졸고 있고 다가온 시간은 쏜살같이 달아난다. 이제는 사진을 찍는 일조차 내키지 않는다. 아쉬운 것들도 야드 세일처럼 내놓아야 한다. 바꿀 수 없는 것은 받아들이며 생각의 동굴에서 빠져나와 한 발자국이라도 디 빛에 다가가야 한다.

'내일 죽을 것처럼 살고 영원히 살 것처럼 공부하자.' 간디가 나를 다독인다. 4막 4장의 노년. 이제부터라는 깨어 있어야 한다.

사랑이 삶인 것을. 사랑으로 채워야 할 시간들이 감사하다.

(제주문학, 69집, 2016. 12))

이나마도

날마다 몸을 돌봐야 하는 일이 밀린 숙제 같다. 오늘은 바닷가 산책로를 돌아 사라봉을 올랐다. 항구를 갓 빠져나온 배들이 수면을 가르며 어디론가 향해 나아간다. 제주항이 발밑이다. 예전에는 하나뿐이던 서부두의 방파제가 지금은 이리저리 이어나가 크루즈선까지 맞고 있다. 방파제를 내려다보고 있으려니 젊은 날, 친구들과 함께 그 위를 거닐며 노래하던 꿈들이 되살아난다.

<내 고향 남쪽 바다 그 파란 물 눈에 보이네>. <저 구름 흘러가는 곳>은 또 어디였을지, 뻗어나간 방파제를 거닐고 있노라면 김동진의 <가고파>가 입술에서 맴돌았다. 태평양으로 이어지는 내 고향 남쪽 바다. 민들레 피던 동구 밖 모랫벌, 학교 길에 누워 있던 누우런 소, 친구들과 뛰어놀던 올레, 여름날의 장대비, 땅따먹기 하던 앞마당, 군고구마 냄새, 그리운 것이 어디 한두 가지인가. 바룻잡이 하던 갯가와 백사장의 물놀이, 포구의 돛단배, 등대 너머 사라져가던 배들. 수평선 위의 떠가는 구름. 바다는 내 어린 시절의 전부였다.

김동진의 아름다운 가곡들은 서양의 아리아에 못지않게 언제나 심금을 울린다. 생전에 선생님은 우리의 전통 음악을 발전시켜야 한다며 신창악 운동을 펴기도 했다. '아리랑 아리랑 아라리요'로 시작해 '초가집 산간을 저 산 밑에 짖고 흐르는 시내처럼 살아 볼까나'로 이어지는 그의 <신 아리랑>은 흥얼거리는 것만으로도 가슴이 후련하다.

한때, 세미나 자리에서 선생님을 가끔 뵈었다. 마주하면 언제나 한쪽 귓불을 잡아당기며 상대의 말을 놓지 않으려던 모습이 눈에 선하다. 연로해서였음인지 청력을 많이 잃은 것 같아 안쓰러웠다. 나이가 들어가면 누구든 지체를 하나씩 잃게 마련이다. 기억도 예전 같지 않고 정신도 흐릿해져 간다. 산 자들의 비극이다.

몇 년 전, 연금 공단에서 자원봉사자를 모집한다기에 지원해 하루를 보낸 적이 있다. 장애인을 돕는 봉사활동으로 그들과 함께 서귀포 해안을 따라 걸었다. 올레길 7코스. 바다가 한눈에 들어온다. 1월의 아침이 하늘은 맑고 햇볕은 따스했다. 짝에게 팔을 내주고 그와 더불어 걷고 있으려니 다정한 연인이 된 기분이다. 내 파트너는 마흔을 앞둔 눈뜬 시각장애인이었다. 가끔 돌덩이에 채이면서도 그는 내 팔을 놓지 않고 보조를 맞추느라 열심히 따라왔다. 태어나서 가장 먼 길을 걸었을 듯, 모처럼의 긴 보행이 쉽지 않아 보이는데도 내색하지 않았다. 지척인 범섬이 궁금하다는 그에게 어떨까 싶어 동백꽃을 쥐여주었다. 무언가 아른거릴 뿐, 아무것도 보이지 않는다고 한다. 뜻밖이었다.

그는 말했다. "저는 태어나면서부터 아무것도 보이지 않았어요. 불구자라 취업도, 결혼도 못 할 거라 생각했어요. 학교에 다니면서 나를 구해줄 사람은 오직 자신밖에 없다는 사실을 깨닫고 이후 스스로 일어서야겠다는 의지만으로 지금까지 살아왔어요." 방송통신대학을 나오면 어떻게든 교단에 서고 싶다고 한다. 부족하다고만 생각하고 스스로 가치 없는 사람이라 여겼다면 그는 더 이상 어둠에서 헤어나지 못했을 것이다. 눈을 뜨고 있어도 볼 수 없다니, 대학을 졸업하면 그의 인생은 분홍빛일까? 지체가 온전하다는 그것만으로도 우리는 얼마나 축복받은 존재들인가.

내게도 젊은 날은 잿빛이었다. 해방으로 '이름'은 되찾았으나 전란의 궁핍은 학교생활 내내 나를 옥죄었다. 60년대의 격변기, 대학을 나와도 법관이나 교직 등, 자격증을 요구하는 직업이 아니면 별다른 길이 없었다. 병역도 뒷거래되고 부정부패는 일상이었다. '못 살겠다 갈아보자.' 이는 당시 정치인들이 부르짖던 구호였다. 경제개발이 시작되면서 그 무렵 처음 라면이 시판되기 시작했다. 그럭저럭 보릿고개를 넘기던 시절이 엊그제 같은데 지금은 너나 할 것 없이 외식도 즐기고 차를 몰고 다닌다. 그런데도 가진 것은 초라해 보이고 욕망은 유리 천정처럼 높아져 간다.

필요나 욕구는 우리를 성장으로 이끈다. 하지만 얻을 수 없는 것에 마음을 뺏기고 있다면 그처럼 불행한 일은 없을 것 같다. <사람에

게는 얼마만 한 땅이 필요한가>. 과욕을 경계한 톨스토이가 우리에게 묻고 있는 글이다. 주인공 바흠처럼 많이, 또 더 많이 채우려다 파멸한 얘기가 남의 일일 수만은 없다. 행복의 파랑새는 내 집 안에 있음을 평소 우리 잊고 사는 것 같다.

되돌아보면 지금까지 내게 주어진 것들이 얼마나 많은지, 스스로 세 끼를 끓여야 했던 '혼밥'의 성장기, 먹을 것은 모자라고 점심은 호사였다. 대학은 우골탑이었다. 취업 후도 10여 년을, 그것도 해마다 이사를 다녔다. 떠돌던 20대, 앞이 보이지 않는 회색빛 구름으로 젊음은 몸도 마음도 그렇게 고달팠다. 그런데도 용케 학위를 얻고 평생을 후학들과 함께하는 보람을 누렸다.

이제, 라면 따윈 별미도 못 된다. 읽고 싶은 책은 그런대로 사들이고 답답하면 해외로 나갈 수 있어 마음만은 넉넉하다. 집 친구도 노년의 황혼에 함께 해주어 더 없이 감사하다. 아침이면 기지개를 켜고 햇살을 마주할 수 있는 일상이 그저 고맙기만 하다.

로망 롤랑은 말했다. "행복은 스스로 만족하는 데에 있다"고. 진정한 행복은 결핍이 없는 삶이 아니라 주어진 바를 어떻게 받아들이고 사느냐에 달려있는 게 아닌가 싶다.

안분지족을 일러온 선인들의 지혜가 부럽다.

(제주문학, 70집, 2017. 4)

Mary 여사

<방금 병원을 다녀왔습니다. 외국 여행을 앞두고 건강 상태를 점검해 보지 않을 수 없어 의사를 찾았더니 그가 여행을 말립니다. 그 몸을 가지고 어떻게 장거리 여행을 하느냐고요. 초청해 주심에 거듭 감사드리며. Mary Luise>

그녀에게 밴쿠버와 서울 간 왕복항공권을 전송하고 집에 돌아와 보니 메일이 기다리고 있었다. 한국을 올 수 없다고? 며칠 전까지도 그녀는 내 초청을 고맙게 받아들이며 기꺼이 오겠다고 하지 않았던가. 그런데, 갑자기 올 수 없다고 한다. 맥이 빠졌다. 전화로 확인했더니 보행기를 타고는, 게다가 도우미가 없이는 여행을 할 수 없다고 한다. 70을 접은 나이라 무릎이 안 좋은 것 같다. 계절의 여왕 오월에, 모처럼 보은의 기회를 마련하고 싶었는데, 그 간의 모든 발걸음이 헛수고가 되고 말았다.

몇 해를 벼르던 일이었다. 막상 그녀를 초청하려고 보니 해야 할 일이 한두 가지가 아니었다. 주소도, 전화도 바뀌어 있었고 그녀의 풀

네임도 확인해야 했다. 제삼자가 항공권을 구입하는 데는 어떤 문제가 있는지, 얼마 전엔 서울의 에어 캐나다 사무실까지 찾아가 보았다.

강물 같이 흘러간 시간들. 크리스마스 무렵이면 그녀는 매년 내게 안부를 전해왔다. 손자를 보았고 아들네를 다녀왔으며 어디를 여행했다는 등, 한해를 알뜰하게 산 얘기들이 세모를 따뜻하게 해주었다. 그런데, 언제부턴가 편지가 끊기고 말았다. 내가 제대로 답신을 하지 않은 탓이다.

메어리 루이스 더글라스Mary L. Douglass여사. 1995년, 내가 밴쿠버의 빅토리아 대학에서 한겨울을 보낼 때 우리는 처음 만났다. 같은 믿음을 지녔다는 인연만으로 그들 부부는 나를 자신의 집에 묵도록 배려해주었고 실비만으로 몇 달을 보살펴 주었다. 하루는 일과 중인데도 빠져나와 점심까지 챙겨주었다. 그녀는 초등학교 여교사였다. 자신의 수업 참관도 허락해주었고 동료 교사들과 학교 라운지에서 캐나다의 학교 교육에 대해 담론할 기회도 만들어주었다. 주 정부 장학관을 만나 캐나다의 교육 정책에 대한 자료를 챙길 수 있었던 것도 그녀의 도움이 있었기에 가능한 일이었다.

내가 머물다 온 이후에도 그녀는 어학 연수차 캐나다를 찾은 한국인 학생들을 여럿 도와주었다고 들었다. 남에게 베푸는 삶을, 외국인임에도 가리지 아니하고 계속 사랑을 베풀고 있는 그녀가 존경스럽다. 백인들은 피부색이 다르다는 이유만으로 우리를 꺼린다. 그런데도 그녀는 하나님 안에서는 우리 모두가 형제라며 낯선 우리를 감싸 안고 있다. 아가페의 사랑이다.

나는 그녀에게서 기독교인의 참모습을 보았다. 믿음은 사랑임을, 사랑은 거저 주는 것임을, 어쩌면 인간은 나누고 베푸는 가운데서 자신을 완성해가는 것인지도 모른다. 그녀는 상서가 말하는 진정한 '이웃'이었다. 마커스 아우렐리우스는 이웃에게 우애를 베푸는 일이 지고의 선이라고 했다.

영혼이 따뜻한 사람 더글라스 여사. 오늘도 서재 한구석의 그녀의 가족사진이 무척 행복해 보인다. 기념으로 그녀의 정원에서 챙겨온 꽃나무는 키 넘어 싱싱한데 그녀는 시들어가고 있다. 언젠가, 미국으로 향하는 길에 그녀를 찾아본 게 마지막이 되고 말았다. 인연도 끝이 있게 마련인가 보다.

이제 와서 보니 나는 참 좋은 사람들을 만나 살았다. 인생의 고해에서 사랑의 만남만큼 귀한 선물이 있을까 싶다. 이십 대는 이런저런 분들의 도움으로 학업을 이었고, 미국에서 지낼 때는 믿음의 형제가, 영국에선 David 교수가 대학기숙사에서 지낼 수 있도록 해주어 그 비싼 런던 생활을 어려움 없이 보냈다. 모두가 사랑의 선물이다.

그들에게 나는 무엇이었을까? 되갚고 싶어도 그동안 세상을 떠났거나 재회마저 여의치 않다. 회오의 정에 죄책감이 밀려든다.

'소중한 사람들과는 더 자주 연락하며 지냈어야 했다.' 어느 정신과 의사는 유쾌하게 나이 드는 법으로 회한 없이 살아야 한다고 처방한다. 하지만 후회 없는 삶이 가능한 것인지, 어떻게 살아야 할지는 잘 모르지만 무엇을 해야 하는지는 때가 지나면 알 것 같다. 범사에는 기한이 있고 천하만사가 다 때가 있다고 했다. 사랑을 받고 살아온 삶의 무게가 더없이 크게 느껴진다.

고희를 접으며 버킷 리스트를 하나씩 지우기 시작했다. 사람과의 만남, 내게는 사랑의 만남 이상 소중한 게 없어 보인다.

<나는 인생을 사랑합니다. 내가 믿고 좋아하는 소중한 친구가 있기 때문입니다. 경건한 마음으로 우러러볼 하나님이 계시기 때문입니다.> 이당怡堂 선생님께서 생전에 보내주신 <내 인생의 시>, 한 구절이 오늘도 못다 한 보은의 정을 일깨운다.

사람은 사랑의 힘으로 살아가는 게 아닐지, 은혜를 갚아야 할 사람이 있다는 게 행복하다.

(제주문학, 통권 79호, 2019. 8)

사랑의 언어들

지난해 여름, 다산茶山연구소 회원들과 함께 중국의 산시성을 견학하다 왕소군王昭君(기원전 1세기)의 묘소를 찾았다. 양귀비, 서시, 초선과 더불어 중국의 4대 미인으로 꼽히는 여인이다. 그녀의 무덤은 내몽골 자치구의 후오하우터시에 자리하고 있었다. 왕과 함께 말을 타고 달리는 기마상이며 솜털 구름이 번져가는 파아란 하늘을 배경으로 비각 속 석상이 그녀의 사랑을 되살려낸다. 30미터가 넘는 무덤, 거대한 청총青塚이 마치 높은 언덕 같다.

그녀의 이름은 장嬙, 소군昭君은 자다. 허베이성 흥산현 출신으로 한나라 원제의 후궁이었으나 오랑캐와의 화친을 위해 그녀를 내줌으로써 비운의 삶을 살았다. 당시 원제는 궁녀들의 초상화를 보고 맘에 드는 여인을 골라가며 지냈다는데, 그 가운데서 밉상으로 그려진 그녀를 택해 보낸 탓이다. 화공에게 뇌물을 바치지 않은 게 화근이었다. 떠나는 날에야 소군의 얼굴을 처음 본 원제는 그 미모에 놀라 이후, 자신을 속인 화공을 처형했다고 한다.

흉노의 왕, 선우의 후실이 된 후, 그녀는 아들 하나를 낳았다. 하지만 삼 년이 못 돼 왕이 죽고 그들의 풍습受繼婚에 따라 이후, 본처 자식의 왕비가 되어 딸 둘을 낳고 살다가 10년이 지나 그와 또한 사별했다. 꽃다운 나이에 궁녀로 뽑혔으나 승은은커녕, 이역만리에서 청상이 되어 세 아이의 어미로 평생을 보내야 했던 그녀의 정한은 어떠했을지, 운명의 여신이 가혹하기 그지없다.

평생 마주하고 살았을 변방의 땅. 일행들과 함께 말을 타고 거닐어 본 시라무런초원은 빈 하늘만 아득했다. 광활한 대지엔 듬성듬성 나무들 몇 그루뿐, 숲 하나 보이지 않고 이따금 바람이나 놀다 간다. 고적만을 잉태했을 서글픈 세월에 속절없이 타들었을 촛불 같은 사랑이 지평선에 걸려 있다. '봄은 왔는데 봄 같지가 않다春來不似春'. 후일, 당대唐代의 시인, 동방규東方叫는 <소군원昭君怨>을 지어 그녀를 위로했다.

그녀의 미모는 오늘날까지도 '낙안落雁'미인으로 회자되고 있다. 오랑캐의 왕을 따라갈 때, 비참한 심사를 읊던 비파소리에 하늘을 날던 기러기도 날갯짓을 잊고 땅에 떨어졌다 하여 붙여진 이름이다. 중국 최고의 시선 이백도 그녀의 비운을 두고 시 한 수를 남겼다. <살아선 돈이 없어 그림 잘못되더니만/ 죽어선 청총 남겨 비탄에 젖게 하네>. 후일 백거이, 두보 같은 문인, 화가들이며 근래에는 영화 <왕소군>(2007)에 이르기까지, 그녀는 전설을 넘어 예술로 승화되고 있다.

그녀의 사랑은 화인만 남기고 연기처럼 사라졌다. 버림받고 꺾이고. 모후로 대접받다 어쩌면 전처 아들과 다시 타올랐을 애욕의 사랑은 재가 되다 못해 물이 되었을 것이다. <물이어라//죽어도 딴 마음 / 가질 줄 모르는// 나를 잃지 않으면/ 너를 붙잡아 둘 수 있는// 물이어라>. <쑥쑥 자라는 아이들만 남았다// 지은 죄 많고// 불안한 하루하루// 가슴 밑에 고이는 업보 같은 사랑>. 김초혜의 <사랑굿>이, 김지하의 시구가 그녀를 위한 헌사 같다. 누가 사랑을 아름답다고 말하는가.

북경으로 향하던 길에 또 한 명의 미인, 초선의 고향집貂蟬故里을 찾았다. 미인계로 나라를 구했다는 삼국지의 사랑을 역사적 유적으로 되살려 놓은 곳이다. 연못을 앞에 둔 사랑탑이 특이하다. 손잡이가 달린 과일 바구니 모양의 탑 전면에 붉은 글씨의 사랑 '애愛'자가 선명하다. 기단의 후면에는 '뜻 정情'자가, 게다가 하트 문양을 깊숙이 파고 그 속에 감추듯 새겨 놓았다. 애와 정은 서로 다른 것인가, 사랑에도 표리가 있는 것 같다. 조조를 사모하다 동탁에게로, 다시 여포의 품 안에 안기던 그녀의 사랑은 어떠했을까? 영웅들을 미혹하던 그녀의 사랑은 '애'인가 '정'인가? 이 품 저 품으로 오가며 멍들고 고였을, 사랑이란 애와 정으로 쌓아야 하는 탑인가 보다.

도중에 고대 지하의 요새인 영석의 장벽고보張壁古堡에 들렀다. 땅 밑을 파고든 길이 높고 낮고 이리저리로 이어진다. 미로를 헤매다 지상으로 나오자 길가의 고목 한 그루가 우리에게 쉼터를 내준다. 천년이 넘는 회나무와 버드나무가 이어진 연리목이 하늘을 덮었다. 세월의 풍파에 부대끼며 서로 할퀴다 껴안은 거목이 쉬어가는 과객에게 사랑을 이야기한다. '상처 없는 사랑, 아프지 않은 사랑은 있을 수 없다. 사랑은 고통의 열매이다.'

고목을 두른 철책에는 사랑의 열쇠들이 주렁주렁 걸려 있다. 사랑을 난간에 맨 처음 달아맨 이는 누구일까? 프라하 카를교에 매달린 자물쇠들은 강바람에 녹슬어 칙칙했다. 황제 샤자한의 사랑은 타지마할의 아름다움으로 영원하고 '사랑하는 사람'이라는 이름의 도시, 슬로베니아의 류블랴나는 트로모스트베 다리에 열쇠들을 매달아 놓고 프레세렌 광장으로 연인들을 불러 모으고 있다.

영원을 다짐한 사랑들이 녹슬어간다. 누구는 열지 못하게 얽어매 놓고 누구는 풀 수 없어 운명처럼 살아간다.

기쁨과 슬픔, 희망과 고통, 행복과 불행의 변주곡 사랑의 언어들. 능묘, 탑, 나무, 궁전, 다리, 열쇠. 그리고 사진이며 보석, 반지, CD 등등. 사랑은 하나뿐이라는데 사랑의 사본은 갖가지이다. 사랑은 구원인가 속박인가?

지상의 많은 것들이 사라져간다 해도 사랑의 언어는 끝없이 이어질 것 같다.

(제주문학, 통권 80호, 2019. 11)

사람은 무엇으로 사는가?

'내려가자, 내려가자.'

몸이 그만 내려가자고 말한다. 정상까지 오르고 싶은데 체력이 예전 같지 않다. 한때, 산을 내려오다 다친 발목이 시큰거린다. 산은 오르기보다 내려가기가 더 어렵다.

쉬엄쉬엄 내려오다 곁길로 접어들었다. 한 무리의 꽃다발이 향연을 펼치고 있다. 순결한 흰 꽃들이 멀리서 보아도 산딸나무가 확연하다. 꽃잎 가장자리마다 연분홍 색조로 단장하고 나선 모습이 절정이다. 설앵초도 화장을 하고 조릿대들 사이로 얼굴을 내밀었다. 섬잔대도 순백으로 청초하다. 오래전, 따라비오름에서 처음 만나 그 신선함에 끌렸던 꽃이 반가웠다.

군데군데 길섶에 나앉은 풀꽃들에 셔터를 들이대다 다시 길을 재촉했다. 바위틈이며 숲속 여기저기에서 크고 작은 꽃들이 예보란 듯 손짓한다. <내려갈 때 보았네/ 올라갈 때 못 본/ 그 꽃>. 노시인의 <그 꽃>은 무엇이었을지, 걸으며 한참을 생각에 잠겼다.

100고지 인생. 팔 부 능선이 숨 가쁘다. 쫓기던 시간들도 느슨해졌다. 아침에도 설거지를 하고 부엌을 정리했다. 반 시간을 넘겼다. 아내의 시간들이 되살아난다. 새털 같이 뽑힌 날들, 수없이 죽어간 시간들로 패인 주름이며 거뭇한 반점들이 돌에 핀 이끼 같다. 평생의 죄업이었을 흔적들이 안쓰럽다.

아내는 가난을 마다치 않고 내 곁으로 왔다. 내가 공부하는 동안에는 혼자서 가계를 꾸렸고 퇴직 후도 삼십여 년 감귤 농사에 매달렸다. 육아로, 공무로, 사업으로, 농부로. 한 여인의 삶이 얼마나 신산했을지, 세월이 아픈지 총명도 흐려졌다. 제자 하나는 불편한 마누라를 대신해 일 년 동안 집안일을 하고 나서 그녀에게 큰절을 올렸다고 했다. 마누라를 바라보며 말했다. "감사합니다. 시지프스의 노역을 마다하지 않고 평생 감내한 당신이 존경스럽습니다. 사랑합니다."

오늘도 개수대 앞에 서 있는 뒷모습이 연민으로 다가온다. 요즘은 걷는 일조차 힘에 부친다는 그를 생각하며 설거지나 빨래 정도는 내 몫이어야 한다고 다짐했지만 그것도 어쩌다 하는 일이 되어버렸다.

이즈음, 내 곁을 지켜주던 이들이 하나둘씩 떠나간다. 지난봄엔 의사 친구마저 앞서갔다. 낙화 같은 삶들이 무상하다. 되돌아보면 오늘의 나는 모두가 그들로 하여 주어진 것임을, 용케도 건너온 핍절의 다리들이 아득하다.

숨 가쁜 세월의 문턱들. 정년의 터널을 지나고 나니 이제야 보인다. 사랑의 꽃들이다. 사람은 가도 사랑은 남는가 보다.

지난봄엔 돌아가신 이당怡堂 선생님이 그리워 강원도 양구의 '철학자의 집'으로 찾아뵈었다. 잔디밭 양지에 누워계신 선생님의 영전이 따뜻하다. 학위과정을 끝내고 실의에 젖어 있을 때, '이 동지'라 부르며 손을 내밀어주시던 선생님은 내 평생의 멘터이셨다. 『도산사상』이며 <학불염 회불권學不厭 誨不倦>의 도산의 비문과 <사무사思無邪> 등, 때마다 격려의 서한과 휘호들을 보내어 내 무지와 척박한 심성을 다독여 주셨다.

기념관으로 들어서자마자, <청무성 시무형聽無聲 視無形>의 편액이 나를 반긴다. '소리 없는 소리를 들어야 하고 없이 있는 것을 보아야 한다.' 무엇을 듣고 무엇을 보아야 하나. 하늘의 소리인가, 자비의 손길인가?

<사람은 무엇으로 사는가?> 선생님의 사랑이, 톨스토이의 가르침이 절실하다.

(제주문학 81집, 2019. 12)

* 늙어도 아직 모든 걸 다 이해하지 못하지만 사랑하고, 멀리 있는, 그리고 말할 수 없는 것과 하나가 되어 별에 이를 것이다.

-라이너 마리아 릴케

5부

또 하나의 책 읽기

* 세상은 한 권의 책이다.

여행을 하지 않는 사람은 책의 한 장만을 읽는 것과 같다.

- 성 아우구스티누스

• 유쾌한 낭비
• 또 하나의 책 읽기
• 지구촌 스케치 1
• 지구촌 스케치 2
• 신들의 나라
• 고야의 개
• 글씨가 예술이 되는 나라

유쾌한 낭비

'여행은 유쾌한 낭비라야 한다.'

여류 소설가 박기원朴基媛이 쓴 수필의 한 대목이다. 여행이 낭비라니, 게다가 낭비의 유쾌함은 또 무엇인지. 오래전, 일간지의 칼럼에서 접한 글귀인데도 비유의 역설이 잊히지 않는다. 어느 산사에서의 얘기였던 것 같다. 고작해야 지방의 경승지였을 것이다. 그때는 아무나 여행할 수 있는 형편이 못되었다. 여유가 있다고 해도 해외여행은 80년대에 와서야 자유화되었다.

오늘날 여행은 일상이 되었다. 매인 일과에서 벗어나기 위해 주말에는 산행을 하고 연휴에는 관광지나 해외여행을 벼른다. 언제, 어디를 가야 할지, 여행은 상상만으로도 우리를 들뜨게 한다.

회갑 무렵, 베트남 여행에서 여든이 넘는 어른 두 분을 만났다. 산수傘壽의 나이에도 해외까지 나들이하고 있는 노장들의 기개가 대단했다. 방콕에서도 가족의 도움을 받으며 휠체어로 여행을 나선 여든 여섯 살의 할머니를 만났다. 나도 80대 후반까지는 여행을 하리라고 다짐했다. 힘들어도 빡빡한 일정을 견디고 있으면 정신은 여울처럼 맑아지고 아직은 건강하다는 생각에 스스로도 대견해진다. 건강을 위해서도 노년의 여행은 즐겨할 일이 아닌가 한다.

여행은 일상에서의 탈출이다. 얽매던 일에서 놓여나 좋고 신기한 문물이며 대자연과 하나가 되어 경관을 즐기는 여정旅情은 더 없이 심신을 윤택하게 한다. 모처럼 곳곳에서 희귀한 물건을 사들며 보다 나은 생활을 꿈꾸게 되고. 마음은 부자가 되어 돌아온다. 유쾌한 낭비이다.

여행의 진수는 무엇보다도 미지의 세계에서 자신과 만나는 데 있지 않나 싶다. 밖에 나오면 활력이 생기고 자신이 들여다보인다. 여행은 나를 바라다보는 창이다. 도심을 질주하는 차량에선 삶의 속도가 느껴지고 노변의 가게들에서는 시지프스의 군상들의 고단한 삶의 무게가 느껴진다. 나도 이렇게 사는 것이 최선일까, 하고 되뇌어 보지만, 삶이 별것인가, 하고 다시 되돌이표가 되고 만다. 7년 동안 50개국을 홀로 여행한, 오스트리아의 언론인 카트린 지타는『혼자서 여행을 하는 이유』에서 누구도 한번은 자기만의 일과 사랑을 발견하기 위해 혼자서 여행을 떠나라고 권고한다.

루소는 이 넓은 세계야말로 우리가 배워야 할 '제2의 교과서'라고 했다. 온 세계야말로 가장 큰 학교다. 색다른 자연과 그들이 사는 방식, 즉 문화는 우리가 배워야 할 교과요 그들은 교사와 다를 바 없다. 여행은 나를 변화시키기 위한 좋은 공부다. 다양한 생활방식이며 역사와 지리, 풍습 등, 그들의 속살을 보며 활자가 아닌, 체험을 통해 더 많은 것을 배우고 깨닫는다.

여행을 다녀온 뒤엔, 그 나라에 대해서도 관심이 많아진다. 그중에서도 인도는 특별했다. 브라흐마, 비슈누, 시바, 그리고 라마신 등, 어디를 가나 잡다한 신상들이 자리해 있고 갖가지 탈 것과 행인들이 뒤섞인 행렬이며 쓰레기통을 뒤지는 비쩍 마른 소, 길거리에 널려 있는 소똥들을 보며 무질서의 질서가 친근하게 느껴졌다. 가난하고 누추해 보이면서도 정신만큼은 풍요로운 나라. 그들의 삶에 의문 부호는 소용이 없었다.

뉴델리에서 빠져나와 간디의 묘소를 찾았다. 무덤은 어느 곳에도 없었고 그를 화장했던 곳은 기념 공원으로 단장되어 있었다. 그가 남긴 마지막 말도 "오, 신이시어", 한마디였다. 평생 진리의 제단에 헌신하며 생전에 마하트마(성인)란 소리를 들었던 그였지만, 그에게도 한때 불편한 진실이 없지 않았음을 후일 책을 읽으며 알았다. 인간에게 완전함이란 있을 수 없나 보다.

가장 인상적인 여행지는 남미 대륙이었다. 고대와 현대가, 인간과 자연과 공존하는 그들의 삶은 어디를 가나 친근하게 느껴졌다. 쿠바의 자연은 평화롭기 그지없었고 멕시코의 시골 장터는 우리네의 정겨운 모습 그대로였다. 이과수 폭포의 장엄함과 브라질의 카니발에 취하다 안데스산맥을 넘어 페루에서 칠레까지, 한 달 가까이 7개국을 돌아보는 여행은 가난하지만 소박한 삶의 모습들이 그 어느 곳보다

푸근하고 따뜻했다.

하지만 장기간의 여행이 즐거움만일 수는 없다. 별이 여럿이라 해도 호텔은 편치 않았고 끼니는 낯설어 날마다 고역이었다. 어디서나 나는 에뜨랑제였고 날이 갈수록 집이 그리워졌다. 떠나보면 안다. 내 집 내 나라가 얼마나 좋은지를. 돌아와 봐야 닭장 같은 집이다. 그 밥에 그 김치요 그 얼굴들에 그 일이다. 그럼에도 그 음식, 그 사람, 그저 그런 일이 내가 부딪고 사랑해야 할 삶임을 깨닫는다.

여행은 내게 마법 같다. 못가 본 나라들은 궁금하고 닭장 같은 생활을 벗어나고 싶어 다시 가방을 싸 든다. 더 넓은 곳에서, 더 많은 것을 보고 배우며 자유를 누리고 싶어서이다. 여행은 낯섦에로의 일탈이다. 대자연의 비밀이, 역사가, 낯선 삶, 있는 그대로가 말을 걸어온다. 보면서 채우고 채우면서 비운다. 입과 눈은 호사하고 세상이 내 것인 듯, 마음이 열리고 부자인 듯 넉넉하다. 내가 누구인지, 삶이 무엇인지를 깨달으며 안목은 새로워져 돌아온다. 가는 곳마다 먹는 즐거움食味, 보는 즐거움觀味, 깨닫는 즐거움心味에 심신이 살찐다. 여행의 삼미三味이다.

하지만 여행은 어디까지나 별미이다. 비싼 지출도 무릅써야 하고 신기한 경관도 한때의 즐거움으로 끝이 난다. 비행기로 차로, 잠을 설치고 이리저리 돌아다니다 그러면서도 다시 돌아갈 날을 떠올리면 행복하다. 떠남보다 돌아감의 소중함이라니, 여행의 파라독스다. 상트페테르부르크에서 마주한 에르미타주박물관의 <탕자의 귀환>은 내가 돌아가야 할 영원한 집이 어디인지를 묻고 있었다.

4월의 언덕. 잠시 앉아 숨을 고른다. 수평선 위, 구름 꽃 위로 비행기가 날아오른다. 무언가의 기대를 안고 어디론가 향하는 인생들. 떠나고 돌아오고. 언젠가는 다시, 아니 영원히 지상을 떠나야 한다.

<이 세상 소풍 끝내는 날/ 가서 아름다웠더라고 말하려면>. 여행이 그 답의 하나가 아닐지, 인생의 여정 또한 유쾌한 낭비였으면 싶다.

(제주수필, 25집, 2018. 6)

또 하나의 책 읽기

플로리다 주립대학에 체류하고 있을 때의 일이다. 미국의 남해안 지역을 돌아보다가 점심으로 악어요리를 먹었다. 햄버거 따위로 손쉽게 때우던 끼니를 든든히 챙겨야겠다 싶어 중국 음식점에 들렀다. 종업원이 악어요리를 추천한다. 악어에게 먹히는 게 아니라 악어를 먹는다? 선입견에서 출발한 젓가락질은 어느새 호기심을 앞지르고 있었다. 처음으로 먹어본 악어요리는 고기라곤 별로 없었다. 말랑말랑한 덩어리들이 연골인 듯, 언뜻 상어의 연한 뼈마디를 즐겨 씹던 어린 시절의 기억이 포개어졌다. 특이한 소스가 맛을 더했다.

어촌에서 자란 내게는 상어도 익숙한 물고기의 하나이다. 상어라면 흔히 조스 같은 식인 상어가 떠오를지 모르지만 크기며 종류도 여러 가지이고 식용 상어도 적지 않다. 내장은 기름으로, 껍질도 칼집 등, 여러 가지 일용품을 만드는 데 유용한 재료로 쓰인다. 상어의 말린 지느러미로 만든 삭스핀 요리는 중국의 삼대 진미 중 하나로 꼽힌다. 어린 시절, 작은 상어의 껍질이나 지느러미를 끓는 물에 튀겨 초장에 찍어 먹는 맛은 별미 중에도 별미였다.

외국을 여행할 때는 끼니가 고민이다. 메뉴도 모르고 혹여 탈이라도 날까 조심하지 않을 수 없다. 음식만이 문제가 아니다. 잠도 편치 않고 낯선 일들로 날마다 긴장해야 한다.

사실, 여행은 낯선 것들과의 만남이다. 색다른 자연과 문화, 그리고 언어가 다른 사람들과 부대끼는, 그 '낯섦'에 바로 여행의 묘미가 있지 않나 싶다. 각기 다른 생활방식이며 아름다운 경관에 끌리고 있으면 마음은 빨래한 듯 산뜻해진다. 갓 깨어난 병아리인 듯, 신기한 것들에 몰입하고 있는 동안만큼은 그 이상 즐거울 수가 없다.

몽테뉴는 그의 편지에서 대자연은 학생에게 읽혀야 할 책이 되어야 한다고 썼다. 자연과 경물만이 아니다. 지역이나 인종, 의식주 등, 문화나 생활방식은 다르다 할지라도 그들 속에 섞여 있으면 인간은 모두가 하나임을 느끼게 된다. 책에서 읽힌 많은 지식들이 얼마나 피상적이고 단편적이었는지를 깨달으며 세상에 대한 근시안과 편견의 껍질을 벗고 한결 성숙해져 돌아온다. 넓은 세계야말로 우리가 열정을 기울여 읽지 않으면 안 될 또 하나의 책이다.

언젠가, 학교를 마다하고 아이들을 데리고 온 가족이 세계 여행을 나섰다는 기사를 보았다. 여행이 공부라는 부모의 교육철학이 신선하다. <이상한 나라의 앨리스>처럼 낯선 곳, 그리고 날마다 겪어야 하는 불편 속에서 몇 달, 몇 년, 힘든 일들을 이겨내고 다양한 삶의 방식을 익히다 보면 자녀들은 학교에서 못지않게 많은 것을 배우고 보다 성숙해져 돌아올 것이다.

여행은 요즘, 누구에게나 삶의 중요한 목표가 되었다. 만나는 자리에서도 다녀온 명소나 구경거리들이 화제다. 하지만 여행의 진수는 구경하는 재미 그 이상, 그들의 역사나 삶의 방식이 주는 교훈에 있지 않나 싶다. 호기심만으로 눈이나 맞추고 사진이나 찍으며 한때 스쳐 지나오는 여행은 그 이상 그들과의 진정한 관계를 맺기 어렵게 한다. 아는 만큼 보인다지만 보는 만큼 안다는 것도 남미 여행을 통해 절감했다. 자칫 겉핥기만으로 끝나는 여행이야말로 낭비가 아닐 수 없다.

페루와 파라과이에서 본 인디오들의 삶은 이후, 내 삶의 새로운 화두로 자리 잡았다. 자연과 더불어 사는 소박한 삶이 그것이다. 서구의 야만과 기독교의 폭력의 짜깁기 같은 도시 풍경들이며 아마존의 자연과 밀림 속 촌락 풍경은 그 어느 곳보다 이색적이었다. 단출한 농경이 삶의 전부인 듯, 인디오들의 가난과 애들을 거느린 십 대의 임부가 민망해 보이면서도 왠지 정이 가고 한편으로는 어린 시절, 시골에서의 삶이 되살아나 친근했다.

1500년대 중반, 스페인은 남미 대륙을 지배하면서 아즈텍과 마야, 잉카 제국의 문명을 무자비하게 파괴했다. 금은을 강탈하다 못해 언어와 종교도 바꾸고 그들을 혼혈로 만들어 놓았다. 이후 남미는 이들 메스티소mestizo들로 하여 라틴 아메리카가 되어버렸다. '라틴Latin'이란 스페인 및 포르트갈 민족을, 또는 그들의 문화를 뜻하는 말이다.

땅의 주인이 소외되어 있는 역사, 무지와 빈곤으로 고통 받고 있는 나라. 제럴드 다이아몬드는 이들 침략자들의 무기와 옮긴 병원균이 남미의 운명을 어떻게 바꾸어 놓았는지를 새삼 일깨우고 있다. 혈통과 언어, 그리고 전통마저 철저하게 궤멸된 오늘의 남아메리카에는 아직도 서구인들의 폭력이 짙은 음영으로 남아 그들의 앞날을 가로막고 있다.

남미 원주민들의 삶을 만나고 난 이후, 그들의 소박한 웃음소리는 내게 자성의 메아리로 돌아왔다. '네가 갖고 있는 것은 왜 그리 많은가, 입은 옷이며 네 의식과 사고, 행동 방식은 서구인의 그것과 무엇이 다른가, 그리고 정작 지켜나가야 할 것은 무엇인가?'고. 소박하게 사는 삶이 아름다움이라니. 페루의 고원지대를 돌아보고 있을 때, 이상하게도 나 자신이 통째로 드러나 보였다. 지금까지 내가 건져 올린 것들이 어쩌면 넝마일 수도 있음을, 그럼에도 나는 아직도 허욕의 그늘에서 벗어나지 못하고 있다.

여행이라는 또 다른 책을 읽고 있으면 소유가, 평화가, 그리고 내 정체가 무엇인지, 새삼 자신을 되돌아보게 된다.

(수필문학추천작가회 수필 선집, 사소한 몸짓의 그리움, 2009. 11)

지구촌 스케치 1

호모 사피엔스의 후손들. 우리 인간은 300만 년 전, 아프리카에서 유라시아로, 미 대륙으로, 다시 반도로, 섬으로 흩어지면서 이후, 주어진 환경에 적응해 각기 오늘날과 같은 삶의 방식을 지니게 되었다. 씨앗이 번지듯, 따뜻한 둥지와 풍부한 먹거리를 찾아 동서남북으로 이동해온 의 지구별 여행의 시작이다. 여행의 유전자DNA다. 보다 나은 삶을 위해 여기저기로 옮겨 다녀야 했던 호모 모빌리쿠스Homo Mobilicus들이 이제는 즐기고 여행하며 선대들이 살았던 유적이나 아름다운 경관을 찾아 지구촌 이곳저곳을 무릅쓴다.

어렸을 적, 나는 수평선에 갇혀 자랐다. 오사카에 살고 있다는 이웃집 형은 어린 시절의 우상이었고 70년대, 처음 일본을 다녀온 이후, 세계는 중요한 배움터로 자리 잡았다. 수교하자마자 찾아본 중국은 배고픈 걸리버였다. 이후도 중국은 여러 번 들러 우리 문화의 원류를 더듬고 있다.

미국은 학문이 앞선 나라여서 여러 번 드나들었다. 하나 미국이란 나라는 백인이 아닌 사람은 살만한 곳이 못 되었다. 곳곳에서 보이지 않는 차별이 느껴지고 거리에서도 맘 놓고 다니기가 어려웠다. 같은 국민이면서도 피부가 다르다 차별하고 빈부의 격차가 큰 그들을 보면 옛날 고트족을 멸시해 스스로 붕괴한 로마제국의 역사가 떠올랐다.

이웃한 캐나다는 보다 안전하고 친근하게 느껴졌다. 밴쿠버 아일랜드의 빅토리아대학에서 한겨울을 지내면서 길거리의 장승들이나 대학박물관의 병풍 같은 유물은 우리의 것 그대로였다. 고대 우리 민족의 일부가 알류산 열도와 알래스카를 거쳐 남미까지 이동했다는 얘기가 헛말이 아니었다. 후일 손성태 교수의『우리 민족의 대이동』이라는 책을 읽으며 이를 새삼 확인했다.

캐나다는 다민족 국가이다. 그런데도 그들은 영연방 국가의 하나임을 내세운다. 주 정부 장학관을 만났을 때도 그는 자기네 고장에서 영연방 올림픽이 열렸음을 자랑하며 내게 기념 메달을 나눠주었다. 국어도 그들에게는 두 가지이다. 모든 문서나 제품에는 영·불어가 병기되어 있고 불어권인 퀘벡주의 한 젊은이는 영어를 배우기 위해 빅토리아에 와 있었다. 그들은 언어가 다르다는 이유만으로 연방정부로부터 독립을 꿈꾸고 있다. 이에 비하면, 우리는 한 민족, 한 글자만으로, 그것도 세계에서 제일 우수한 문자를 지니고 살아가고 있다는 사실이 자랑이 아닐 수 없다.

서유럽은 런던대학에서 지낼 때 둘러보았다. 같은 기독교권 국가들이면서도 혈통도 언어도 종파도 다르고 군왕들의 정략적 결혼과 숱한 전쟁으로 그들의 역사는 복잡하게 얽혀 있다. 한때, 오스트리아의 합스부르크 왕가는 스페인에서부터 동유럽까지 7백 년 동안이나 전 유럽을 다스렸다. 영국은 대영박물관이 자랑이었다. 8백만 점이 넘는다는 유물들이며 박물관 초입의, 마르크스가 앉아 공부했다는 의자 하나는 그 사실만으로 특별한 물건이 되어 있었다. 한때 공산주의 동독의 상징이었던 베를린 장벽은 흔적뿐이었다. 그런데도 사회주의 중국이 비상하는 걸 보면, 그는 아직도 살아 역사하고 있는 것 같다. 비엔나 합스부르크 왕가의 쇤브른궁전과 파리의 베르사유궁전은 화려함의 극치였고 나폴레옹의 개선문은 역사의 흥망성쇠를 그대로 보여주었다.

이듬해 겨울, 또 하나의 영어 문화권인 오스트렐일리아 대륙을 찾았다. 정반대의 계절, 온화한 기후, 주인 없는 땅이라던 호주는 뒤늦은 원주민들의 목소리로 긴장하고 있었고 같은 영연방 국가이면서도 뉴질랜드는 호주를 경계하고 있었다. 어디서나 이웃 국가끼리는 서로 편치 않은 것 같다. 피오르드의 실개천 같은 폭포들, 드넓은 초지, 풀을 뜯는 양 떼들의 정경이며 뉴질랜드는 어디를 가나 평화로워 보였다. 지상에 낙원이 있다면 여기다 싶었다. 하나 잠이 올 정도로 지루한 천국이었다.

이듬해 인류 문화의 큰 줄기, 헬레니즘과 헤브라이즘의 원천이 궁금해 그리스와 이탈리아를 찾았다. 한때는 이슬람사원으로, 교회로,

그리고 터키의 화약고로도 쓰였다는 파르테논신전은 지구촌 가족들로 넘쳐났다. 기둥만 남은 폐허의 아픔이 영욕의 역사가, 고대와 나 사이의 거리가 침묵으로 정지된 시간만큼이나 아득하다. 그리스로마 신화가 옛 헬라인들의 지혜를 일깨운다. 제우스의 사랑을 받았다는 레토, 정실부인 헤라의 질투에 쫓겨 델로스 섬에서 태어났다는 아폴론. 신들도 욕망하고 사랑을 한다. 그들의 신은 너무도 인간적이다. 신이 인간을 창조했다는데 인간은 신화를 만들어낸다. 신화는 인간의 이상이다. 하늘의 신들을 지상으로 끌어내린 고대의 희랍인들은 얼마나 현명한가. 플라톤은 영혼의 불멸을 말하고 스토아학파는 이성과 금욕을, 에피쿠로스학파는 쾌락의 추구가 인간의 본질임을 말했다. 육체인가 영혼인가? 정신과 물질, 이성과 욕망, 쾌락과 금욕의 그 어느 것도 우리를 온전케 하지 못한다면 삶은 어차피 그 사이를 오가게 마련인가 보다.

아테네 시가가 발아래 누워 있다. 회백색의 건물들이 지중해의 태양으로 눈부시다. 아레오바고 언덕을 내려오다 소크라테스의 동굴과 마주쳤다. 아테네의 등애로 죽음도 마다치 않던 불굴의 영혼이 지금 자신을 찾아온 동방의 낯선 길손에게 말한다. '내가 아는 것은 단 하나, 그 하나는 내가 아무것도 모른다.'고 한다. 무엇을 알아야 하나? 평생 앎에 매달려온 내가 초라하다. 가까이에 표석 하나가 눈길을 끌었다. 사도 바울이 아테네를 찾아 에피쿠로스학파며 스토아철학자들과 만나 거짓 신을 논박했다는 <사도행전>의 유적이다. 뜻밖이었다.

온 땅에 천국의 복음을 전하려던 그의 소명이 내게까지 와 닿았음을, 잠시 묵도하고 돌아섰다.

성서의 권위로 세계를 다스리고 있는 신의 왕국, 다시 찾은 바티칸은 은총의 성소이기보다 시장터 같다. <천지창조>와 <최후의 심판> 등, 시스티나 성당의 벽화들은 천상의 삶을 말하고 헬레니즘은 지상의 삶을 찬미하고 있다. 천상인가 지상인가? 새로운 복음은 '하늘나라는 지금, 너희 가운데 있다'고 말하는데 그들에게는 천국이 따로 있는 것 같다.

서양 문화의 산실 지중해. 결혼기념일을 맞아 다음 해, 아내와 함께 크루즈 편으로 연안을 돌아보았다. 도시와 골목들이 어디를 가나 테라스의 꽃들로 따뜻하다. 남프랑스의 아비뇽에선 뜻밖에도 옛 교황청의 유적지를 만났다. 신의 계시를 받아 만들어졌다는 생 베네제 다리가 반만 남아 기독교의 성쇠를 보는 듯했다.

나폴리만을 돌아 소렌토에 이르렀다. 강렬한 태양, 잦아드는 햇살, 쪽빛 바다가 마음의 무게를 덜어낸다. 이탈리아 여행에서 자신을 되찾았다는 괴테는 이곳에서 무엇을 보았을까? '아름다운 저 바다와 그리운 그 빛난 햇빛.' 나폴리의 바다가 고향에 돌아온 듯 아늑하다. 수평선 너머, 그 무엇에도 얽매이지 않던 조르바가 떠오른다. '너는 네 삶의 주인으로 살아가고 있는가? 나는 자유다.' 자유를 쟁취했다는 그가 부럽다. 최상의 종교는 자유이다 싶다.

폐허의 도시 폼페이는 온통 흑색의 잔해들로 상상하기조차 끔찍했다. 소돔과 고모라를 멸망시켰다는 성서의 한 구절을 떠올리다 피렌체에 이르렀다. 미켈란젤로와 다빈치가 걸었을 두오모 광장이 이 거리, 저 거리를 불러 모은다. 거리마다, 건물마다 르네상스의 물결을 일으킨 메디치가의 지혜가 넘쳐난다. 세계에서 네 번째라는 메디치 성당의 높은 첨탑에서 숱한 영혼들의 기도를 읽다 아르노 강변으로 나섰다.

강바람이 시원하다. 서풍이다. '너 거센 정신이여, 내 정신이 되어라. 오오, 바람이여.' 새로운 세상을 꿈꾸던 셸리가 염원한 것은 인간의 자유와 역사의 새로운 봄이 아니었을까?

인류 문명을 일구어온 서풍. 지구촌엔 아직도 서구의 바람이 거세다. 외국어, 학문, 기독교. 평생 마주했던 서풍들이 시들해져 간다. 서풍은 내게 더 이상 무엇일까?

이제부터는 동풍을 맞아 보다 자유로워지고 싶다.

(제주문학, 76집, 2018, 10)

지구촌 스케치 2

창과 칼의 대결 ╁╲,남과 북의 전쟁, 미·소의 냉전.

중학교 역사 시간에 Y선생님은 열십자 두 개를 비스듬히 기대어 놓은 특이한 기호로 삼국지 얘기며 많은 전쟁 얘기를 해주셨다. 그때는 6·25전쟁이 한창이었다. 피난민들이 몰려와 우리 집도 방 한 칸을 내주어야 했고 교실도 전쟁고아들이 차지해 우리는 소나무 밑이며 축사를 개조한 교실에서 공부했다. 전쟁은 역사가 아니라 현실이었다. 일제 치하의 대동아전쟁에 이어 4·3사태와 한국 전쟁에 이르기까지, 그 무렵 우리 또래는 전란의 와중에서 나고 자랐다. '국민'학교에 입학하자마자 해방을 맞았는데, 당시 미군 비행기의 기총소사로 방공호로 뛰어들거나 이불을 뒤집어쓰던 기억이 지금도 생생하다.

인간과 전쟁. 인간의 역사는 전쟁의 연속이다. 우리와 중국, 일본과의 역사도 그렇고, 고대에는 페르시아전쟁이, 중세는 십자군 전쟁이며 1, 2차 세계대전에 이어 오늘날에는 중동이 화약고다. 스위스전쟁, 네덜란드 전쟁, 30년 전쟁은 신·구교가 갈등한 종교전쟁이었고 영국과 프랑스는 100년 동안이나 전쟁을 했다. 한때, 유럽 전역을 거느렸던 신성 로마 제국도 종교분쟁과 왕족 간 권력 투쟁으로 사라졌다. 이어 1·2차 세계대전으로, 그리고 미·소간 대립으로 한국 전쟁은 내 젊음까지도 구겨 놓았다.

발칸반도를 여행했을 때, 보스니아-헤르체코비나 곳곳에서 나는 콘크리트 건물 벽에 남아 있는 숱한 총탄 구멍들을 보았다. 8천여 명의 인종 청소가 벌어진 민족과 종교 간의 유고 내전의 흔적은 살벌했다. 당시 그들은 가톨릭교(크로아티아계), 동방정교회(세르비아계), 이슬람교(보스니아계) 등, 종교 간 갈등으로 이웃끼리도 총을 겨누며 싸웠다는 사실이 믿어지지 않았다. 민족과 국가, 정치와 종교의 변주곡 국경. 오늘도 트럼프는 멕시코와 장벽을 쌓고 네탄야후는 민족과 종교가 다르다는 이유만으로 원주민들을 쫓아낸다.

같은 기독교 문화권이면서도 유럽의 국경은 다양한 모자이크 같다. 런던에서 유로 스타를 타고 건너가 본 파리는 고작 두 시간 남짓이었다. 역사 이래, 국경을 두고 숱한 전쟁을 되풀이해온 그들은 오늘날 하나의 유럽 EU를 지향하고 있지만 영국은 브렉시트Brexit로 뒷걸음질 치고 푸틴은 계속 그들을 흔들어대고 있다.

10여 년 전, 현대사의 한 축, 모스크바를 찾았다. 공항에서부터 긴장이 느껴졌다. 차이콥스키, <1812년>, 톨스토이, 얄타회담, 그리고 공산주의 등등, 이런저런 상념에 젖어 있는데, 출입국 관리는 내 여권만 앗아가 톨스토이를, 도스트엡스키를 지워 버렸다. 인간을 증오와

전쟁으로 몰아넣은 레닌이며 스탈린의 묘가 자리해 있는 붉은 광장은 독재자들의 광기로 서늘했다.

이웃 나라 핀란드로 입국하는 데는 10분도 걸리지 않았다. 조그만 건물 하나가 국경 전부다. 바다를 낀 시벨리우스공원이 평화롭다. 그의 사후, 10주년을 기념해 만들었다는 거대한 파이프오르간이 독특하다. 러시아의 지배에 민족애를 일깨우던 그의 <핀란디아>가 안익태의 <코리아 환상곡>과 오버랩된다. 스웨덴을 거쳐 노르웨이로 향했다. 하얀 자작나무의 끝없는 도열이 오수를 불러온다. 가득한 햇살, 반짝이는 물빛, 내륙 깊숙이 파고든 피오르가 꿈을 꾸고 있는 듯, 시간이 멈추어 있다.

다음 해 동유럽을 찾아 나섰다. 도시들이 중세의 고풍으로 평화롭다. 다뉴브강을 껴안은 부다페스트의 시가가 고향에 온 듯 포근하다. 국회의사당 앞 코슈트 광장이 조용하다. 민주주의는 어디서나 피를 뿌려야 꽃을 피우고 있다. 56년 헝가리 혁명 당시, 소련군에 항거한 민주주의의 현장은 의외로 평화로웠다.

이튿날, 체코의 수도 프라하로 건너갔다. 도시 전체가 유네스코의 문화유산이다. 고도가 고딕, 르네상스, 바로크 양식의 육중한 건물들로 고색창연하다. 중세의 향기가 스며있는 골목의 기념품 가게들을 지나 카렐교에 이르렀다. 네포무크 신부의 동상 앞. 연인들이 몰려 있다. 왕비의 고해성사를 알려주지 않는다고 하여 블타바강으로 던져진 그에게 빌면 소원이 이루어진다고 하여 나도 그들처럼 그의 발끝을 매만져 보았다. 존재의 가벼움이라니, 잠시 쿤데라를 떠올리다 돌아섰다.

뒷날, 폴란드의 아우슈비츠수용소를 찾아갔다. 7백만 유태인을 학살한 역사의 현장. 이 방, 저 방, 안경과 신발, 목발 등, 희생자들의 유품들로 가득하다. 영화 <쉰들러 리스트>가, 베를린의 홀로코스트 기념관 앞 석비들이 클로즈업되어 다가온다. 텅 빈 가스실. 인간의 잔인함에 숨이 막힌다. 가슴이 먹먹했다. 옷 한 벌, 죽 한 끼, 혹독한 추위와 죽음의 망령 앞에서 삶의 의미를 캐묻던 빅터 후랭클의 방은 어디였을지, 아무것도 못 하고 오직 쭈그리고 앉아 최후만을 기다려야 했던 그들에 비하면 우리는 살아있다는 것만으로도 얼마나 큰 축복인가. 히틀러 치하와 같은 조직 속에서는 우리 누구도 악인이 될 수 있다는, 아이히만을 취재하고 난 한나 아렌트의 말을 곱씹으며 경내를 걸어 나왔다.

군주의 영화인가 백성의 행복인가? 스위스로 가는 길에 리히텐슈타인에서 잠시 쉬었다. 서울의 절반도 못 되는 소왕국이 1인당 국민소득이 13만 달러나 된다고 한다. 스위스와 모나코는 작고 부탄은 가난하다. 그런데도 그들은 세계에서 제일 행복하다. 우리에게 국가란 무엇일까? 군주의 야망으로 주름져온 국경의 장벽들이 오늘도 인간의 왕래를 가로막고 우리를 전쟁으로 내몰고 있다.

하긴 여행도 전쟁이었다. 새로운 문물, 언어, 생활 방식 등, 보이면서도 보이지 않는, 낯선 것들과의 싸움이었고, 사는 게 무엇인지, 어떻게 살아야 하는지를 되묻는 깨달음의 전쟁이었다.

지구촌 이웃. 곳곳을 드나들 때마다 나는 자유와 평화를 꿈꾸다 돌아온다.

(제주문학, 78집, 2019, 4)

신들의 나라

가톨릭의 나라 남미. 리우 데 자네이로, 부에노스아이레스, 리마, 산티아고, 어디를 가나 성당이 중심이다. 아즈텍, 마야, 잉카의 역사에서부터 오늘의 가톨릭 국가에 이르기까지 신의 화두는 그들에게 삶의 동력인 것 같다.

'영원한 승리를 위하여.' 남미 혁명의 영웅 체 게바라의 대형 초상화와 그 구호가 인상적이었던 쿠바의 아바나에서 하루를 쉬고 멕시코를 찾았다. 미국에서 지낼 때, 이곳의 세계비교교육학회에 참석했던 터라 테오티우아칸은 친숙했다. 태양의 신에게 인간의 심장을 바치고 제사를 드렸다던 피라미드의 제단이 오늘날은 관광객들의 놀이터가 되어 있다. 하늘로 이어진 계단을 오르내리는 관광객들이 색색의 점, 점 같다. 고대 아즈텍인들은 이곳 멕시코 평원의 좌우에 해와 달의 신전을 쌓아 놓고 20만 명이나 되는 사람들이 모여 살았다는데, 이들 모두가 어느 날 일시에 사라졌다는 사실이 믿어지지 않는다. 스페인 침략자들이 옮긴 병원균이 그들의 목숨을 앗아간 탓이다.

뒷날, 유카탄반도의 치첸이트사로 내려갔다. 입구에서부터 깊은 석회암 우물이 입을 벌리고 있다. 신에게 어린아이를 바쳤다는 우물이며 인간의 심장을 올려놓고 인신 공양을 했다는 신전이 을씨년스럽다. 루브르 박물관의 유화, 아브라함이 아들 이삭을 번제로 드리려 했던 <이삭의 희생>이 떠오른다. 인간을 제물로 요구하는 신은 그들에게 무엇이었을까? 신의 이름으로 사람을 죽이고 신의 영광을 위해 살았던 사람들의 신성한 터전이 회색빛 구름으로 음습하다.

이튿날 저녁, 브라질의 리우에서 삼바축제를 즐기고 아침을 맞았다. '짐 진 자들아 다 내게로 오라, 내가 너희를 쉬게 하리라'는 듯, 코로도바두산 정상에서 거대한 예수상이 양팔을 벌려 시내를 감싸 안고 있다. 모노레일을 타고 해발 700미터의 언덕을 올라 동상으로 다가갔다. 갈수록 동상이 높아진다. 발밑에 드러누워 동상을 올려다보았다. 어느 무신론자의 기도가 떠오른다. <좀 더 가까이 가도 되겠습니까? 당신의 성스러운 옷자락을 때 묻은 손으로 만져 봐도 되겠습니까?> 다가갈수록 보이지 않는 얼굴. 아무리 우러러도 보이지 않는 신. 신은 우리에게 그런 존재가 아닐지, 부질없는 생각에 젖다 내려왔다.

다음 날, 잉카문명의 발원지인 페루를 찾았다. 해발 3천 미터의 산악 도시 꾸스코의 아르마사 광장이 사람들로 북적인다. 침략자들이 잉카제국의 황금 궁전을 헐어 그 자리에 얹어놓은 산토도밍고성당의 주랑柱廊들이 늘어서서 나를 맞는다. 자신들의 신만이 정의인 듯, 궁전 안 내벽에서는 지우다 못 한 흔적들이 그들의 아픔을 되살려낸다.

깎아지른 화강암 봉우리들 사이의 아르밤바 강 벽을 버스로 기어올라 마추픽추의 정상에 이르렀다. 당시 침략자들의 살육을 피해 원주민들이 이곳으로 숨어들어와 외부와 절연해 살았다는 천상의 도시가 고색창연하다. 와이나픽추 봉우리를 배경으로 누워 있는 폐허의 벌판, 무너진 돌담 집, 손바닥 같은 다락논들이 경사를 따라 펼쳐져 있다. 척박한 환경에서도 생존의 의지를 불태운 그들의 지혜가 놀라웠다.

다음 해, 이들 제국을 정복한 에스파니아인들의 저력에 끌려 이듬해, 이베리아반도로 날아갔다. 남미대륙 침탈의 역사가 그들에게는 자랑인 듯, 리스본항에 세워놓은 높다란 선단에는 엔히크 왕자를 선두로 십자가를 들고 기도하는 성직자와 항해사들의 정복 의지가 넘쳐난다.

유럽대륙 서해안의 끝, 로카곶 등대를 찾았다. <바다가 이곳에서 시작된다> 대항해시대를 열고 해양제국을 꿈꾸던 바스코 다 가마 기념비가 황당하다. 바다에도 시작과 끝이 있다고? 인도로, 대서양으로 내달리던 그들에게 신은 신대륙을 선물했다.

헤밍웨이가 사랑한 절벽의 도시 론다를 돌아 나와 세비아성당에 이르렀다. 세비아성당도 예전의 모스크를 개조한 곳이다. 곳곳의 이슬람 흔적을 지워 놓은 성당 한 구석에는 네 명의 왕들이 배 모양의 컬럼버스의 관을 떠메고 서 있다. 성당이 성자도 아닌, 그것도 침탈자의 묘를 구내에 모시고 있다니. 나는 왜 냉정한 눈으로 그 관을 바라다보았을까? 폭력과 사랑의 공존이 아이러니하다. 금은으로 장식한 구내의 성물들은 역사의 그늘로 어두워 보였다.

마지막 날, 한때 무어인들의 터전이었던 남부의 그라나다 벌판에 이르렀다. 알람브라 궁전이 지중해를 넘나들던 무어인들의 영광을 되살려낸다. 연못에 잠긴 궁전, 이국풍의 왕실, 벽을 수놓은 아랍풍의 기하학적 문양들이 단아함으로 완벽하다. 타레가의 기타 멜로디가 들리는 듯, <알람브라 궁전의 추억>이, 기독교와 이슬람의 역사가 명암으로 교차한다. 이슬람 사원으로 바꾼다던 이스탄불의 성 소피아 성당은 그 후 어떻게 되었을지, 이슬람은 기독교를 지우려 하고 기독교는 이슬람을 지우려 한다.

이슬람과 힌두를 사랑으로 묶고자 했던 간디의 나라 인도가 궁금해 올봄, 북인도를 찾았다. 어디를 가나 요소에 자리하고 있는 신전의 사원들이 인간의 업보와 윤회를 일깨우며 인과응보의 삶을 이야기한다. 다신의 우상, 카스트의 족쇄, 가진 자와 못 가진 자의 모습들이 칙칙한 모자이크 같다. 전생의 업보를 숙명처럼 받아들이고 살아가는 그들에게 왜 불평등한가를 묻는 것은 우문이었다. 무굴제국의 알라신으로 하여 그들은 일찍부터 피를 흘렸고 오늘날엔 한 나라가 세 동강으로 토막 났다. 힌두교도는 인도에, 이슬람교도는 파키스탄으로, 파키스탄은 다시 방글라데시와 나누어져 그들은 서로 독립했다. 종교가 다르다는 이유만으로 어떻게 3천만 명 이상의 사람들이 삶의 터전을 옮길 수 있는지 믿기지 않는다. 신도의 대이동, 국민 교환의, 인도판 인류 최대의 엑서더스가 아닐 수 없다. 종교가 국적을 바꾸고, 교권이 동족을, 믿음이 서로를 밀어내며 국경까지 서로 바꾸어 놓았다.

지구촌엔 오늘도 민족과 종교 간 갈등으로 대립과 폭력이 넘쳐난다. 수백만 개의 은하계, 3천억 개의 별. 그 하나인 지구별에 하나님은 인간들을 창조하고 사랑하며 살아가라 하셨는데, 오늘도 곳곳에선 믿음이 다르다는 이유만으로 서로 다투고 죽이고 있다. 종교가 배타와 분쟁을 넘어 사랑과 평화를 이끄는 힘이 될 수는 없는 것일까?

지구별 여행자. 여행을 나서면 나는 지구별을 넘어 또 다른 별을 꿈꾼다. 타골은 말한다. "무엇을 가지고 그곳으로 가는지 묻지 말라. 나는 빈손이지만 기대에 부푼 마음으로 여행을 시작할 것이다"라고.

그곳이 어디일까? 신의 나라가 궁금하다.

(제주문학, 77집, <지구별 여행자> 게재, 2018, 12)

고야의 개

남미를 여행하면서 다음에는 스페인을 다녀와야겠다고 다짐했다. 그 큰 대륙을 유린한 그들의 저력이 궁금해서였다. 잿빛 하늘이 일상을 짓누르던 어느 해 겨울, 스페인의 상념이 용수철처럼 튀어 올라 암스테르담행 비행기에 몸을 실었다. 관련된 책 한두 권은 미리 뒤져보고 떠났어야 했지만 그렇게 서둘러 나선 여정은 처음이었다.

스페인은 가는 곳마다 성당이 우뚝하다. 안토니 가우디에 이어 2백 년 이상, 건축 중인 바르셀로나의 성가족 대성당이며 코르도바, 세비아 등, 어디를 가나 성당이 구경거리이다. 가톨릭 국가인 스페인은 성당이 역사 그 자체 같다.

남부의 항구도시, 세비아에 들렀다. 세비아는 오페라 <세빌리아의 이발사>의 무대다. 예술의 도시인가 싶었는데, 웬걸 대항해시대의 스페인 선단의 기지였었다.

세계문화유산의 하나라는 세비아성당, 세비아성당도 예전의 모스크를 개조한 건물이다. 넓고 어두운 성당 안에는 무거운 정적이 눌러

았았다. 폭력으로 강탈한 금은들(300년간 남미에서 강탈한 은만도 1억 킬로그램이 넘었다고 한다)로 치장한 성물들이 묘한 분위기를 자아낸다. 잉카인의 신은 그들에게 무엇이었을까? 얄팍한 정의감에 성당의 성물들은 내게 더 이상 은총으로 다가오지 않았다.

다음날 모로코로 향했다. 끝없이 이어지는 언덕 위 올리브나무들에 따사로운 햇살이 쏟아진다. 마을마다 하얀 집들이 붉은 지붕으로 따뜻하다. 처음 보는 코르크나무들이 인간의 희로애락과 함께해온 술의 역사를 궁금케 한다. 언젠가는 나도 따고 난 코르크 마개들처럼 덧없이 버려질 것이다.

지브롤터 해협에 이르렀다. 아프리카 대륙이 바로 코앞이다. 10여 킬로미터 거리의 모로코에 페리로 입국, 페스까지 달려 메디나의, 그 유명한 골목 시장을 찾았다. 이리 돌고 저리 돌고, 비좁은 통로가 미로 같다. 막다른 곳이 가죽공장이라니, 아랍의 이국적 풍물을 즐겨 보리라던 기대는 역겨운 냄새에 무너지고 말았다.

저녁 무렵, 아프리카의 서북단 카사블랑카에 이르렀다. 영화, <카사블랑카>에서 보던 풍경들로 낯선 듯 친근하다. "당신은 이곳을 떠나지 않으면 후회할 거요." 사랑하면서도 일리자(잉그리드 버그만)를 떠나보내야 했던 릭(험프리 보가드)과 안개 낀 공항의 마지막 장면이 떠오른다. 여기는 모스크가 중심이다. 신의 왕좌가 물 위에 지어졌다는 코란의 계시를 따라 바닷가를 메워 건립한 거대한 첨탑이 지중해를 내려다보고 있다. 무어인들의 힘의 원천이 우뚝하다. 그들은 코란을 들고 지중해를 건너가 800년 동안이나 스페인을 지배했다.

모로코를 빠져나와 그들의 마지막 보루였던 그라나다에 이르렀다. 알람브라 궁전이 무어인들의 영화를 되살려낸다. 부드러운 기둥과 아치, 그리고 벽을 장식한 기묘한 대칭의 아라베스크 문양들이며 시에라네바다 산맥의 물을 끌어모은 헤네랄리페 정원이 아열대의 꽃들로 향긋하다. 타레가의 <알람브라 궁전의 추억>이 들리는 듯, 아세퀴아 연못에 잠겨있는 이슬람 왕조의 영욕이 단조에서 장조로 바뀌는 기타의 여운만큼이나 아련하다.

세르반테스는 말했다. '역사는 진실이므로 성스럽다. 역사는 신이 주재하며 신성의 한 측면을 드러내는 것'이라고. 전쟁의 역사까지 성스럽다면 그것은 스페인의 오만이요 신에 대한 모독일 뿐이다. 향신료를 찾아 나선 그들의 탐욕은 남미 대륙에 피를 뿌렸고 이로써 서구 제국은 식민시대를 열어 경쟁적으로 역사를 유린했다. 후추 몇 알로 격동한 인류의 역사가 아이러니다.

마드리드로 달려 프라도미술관을 찾았다. 아침 비가 스산하다. 프란시스코 고야의 도발적인 <벌거벗은 마하>로 생기를 되찾다 그의 <개>와 마주했다. 선 하나로 양분된 화면 위로 머리만을 내밀고 있는 개. 개 한 마리가 그림의 전부다. 모래 언덕인 듯, 능선 위에는 황갈색 하늘 밖에 아무것도 보이지 않는다. 언덕을 기어오르다 기력이 다한 개가 지친 듯, 무엇인가를 갈구하는 눈빛이 처연하다. 시선은 위를 향해 있으나 거기엔 텅 빈 공간뿐이다. 개가 마지막, 아니 고야가 마주하고 있는 것은 무엇일까? 불안, 아쉬움, 회한, 아니면 죽음? 천상의 구원을 기다리고 있는 듯, 고야의 절망이 느껴진다.

바르셀로나로 향하던 도중, 버스 안에서 밀로스 포먼 감독의 영화, <고야의 유령>(2008)을 보았다. <중세 시대. 돼지고기를 먹지 않았다는 이유만으로 종교재판소가 이네스를 이교도라 하여 구속한다. 구치소에서 그녀를 겁탈했다 파문된 로렌조 신부가 프랑스 혁명군으로 개선하면서 그의 애를 출산한 그녀도 자유를 얻는다. 하지만 나폴레옹의 몰락으로 그가 사형되고 그 와중에 폐인이 된 이네스가 미친 듯, 누군가의 여아를 안고 로렌조의 이름을 부르며 수레(시체)를 따라간다>. 마지막 장면이 오랜 잔영으로 남았다. 신과 종교, 국가와 권력, 전란과 폭력이 스페인을 짓이기던 당시, 가톨릭의 도그마와 성직자들의 위선이 어떻게 인간의 영혼을 파괴했는지, 영화는 종교의 그늘을 보여주고 있었다.

노년의 고야는 중병을 앓다 귀가 먹어 적막의 세계에 갇혀 버렸다. 절망인 듯, 청력 상실로 누구와도 교류할 수 없었던 그의 그림들에 고독이 음영으로 가라앉아 있다. 안간힘하며 뭔가를 기다리는 <개>의 황량한 풍경이, 모든 영화가 사라지고 '검은 그림'들과 함께 궁극, 적막의 어둠과 맞서지 않을 수 없었던 고야가 영화의 분위기와 묘하게 중첩된다.

한 번의 마주침만으로도, 그래서 명화인 것인가? 그때는 몰랐는데 이후에도 화면이 계속 뇌리에 남아 어른거렸다. 궁정 화가로서 충

견처럼 곁을 지켰던 왕실의 몰락, 전란 속 민중의 수난, 더 이상 구원일 수 없었던 가톨릭의 위선. 이후 그의 인생에 남은 것은 무엇이었을까? 회의, 아니면 허무? 무언가를 기다리고 있는 <개>에게서 그를, 아니 내가 보였다. 두려움으로 허공을 응시하고 있는 두 눈이 언젠가는 감기고 말 것이다.

기다림이 인생인 것인가? 성공, 영예, 쾌락, 아니면 내세? 이제 더 이상 기다려야 할 것은 무엇인가? 스페인에서 돌아와 몇 주가 지났는데도 고야의 개는 나를 놓아주지 않는다.

(수필문학사, 연간대표수필선집, 2013. 3)

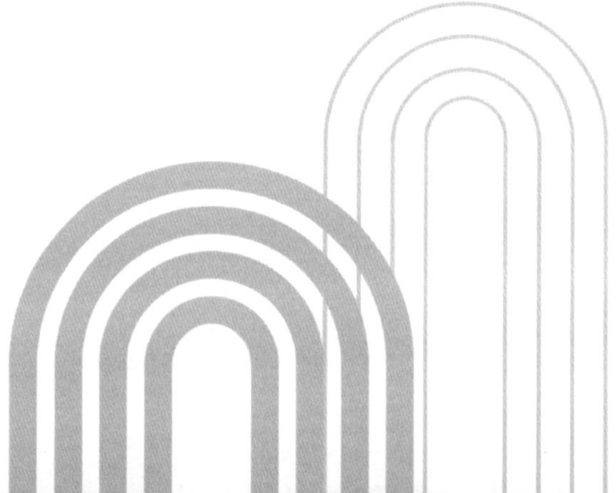

글씨가 예술이 되는 나라

중국은 어떤 나라일까? 다녀올수록 그들의 정신문화에 끌려든다.

중국 땅을 처음 밟은 건 93년 초여름이었다. 한중 수교가 이루어진 그해, 교육부가 주선한 교수단의 일원으로 백두산을 구경하기 위해서였다. 당시, 백두산 여행은 출발부터 긴장감으로 설레었다. 죽의 장막이라 하여 오래 닫혀 있던 적대 국가이기도 했거니와 백두산은 한국인이라면 누구나 가보아야 할 민족의 영산이 아닌가.

연길에 도착, 뒷날 백두산으로 향했다. 소나무, 자작나무, 사시나무 등, 울창한 침엽수들로 고원지대가 끝없이 이어진다. 하늘 아래 첫 동네라는 백두산의 관문 이도백하에서 잠시 쉬다 허겁지겁 산을 올랐다. 갑자기 거대한 호수가 눈 앞에 펼쳐진다. 말로만 듣던 백두산 정상, 천지의 그 절경과 장엄함에 한동안 입을 다물지 못했다. 장군봉 등, 기이한 바위들과 절벽의 줄무늬 같은 곡선들이 투명한 물빛에 잠겨 태고의 신비를 자아낸다. 에메랄드빛 호수의 청량함에 한없이 빨려들고 있는데 누군가가 옆에서 갑자기 "대한민국 만세" 하고 큰소리로 외쳤다. 너도나도 뒤따라 만세 삼창을 하고 제상을 차린 뒤 예를 올리고 내려왔다.

뒷날, 조선족 자치주의 긍지인 연변대학을 돌아보고 용정으로 향했다. 비암산의 일송정이며 광야를 적시는 해란강, 밤하늘의 별을 헤던 윤동주의 모교 대성중학이 고향에 온 듯, 포근했다. 옛날 간도를 다스렸던 옛 조상들의 웅지가 곳곳에서 되살아난다. <일송정 푸른 솔은 늙어 늙어 갔어도/ 한줄기 해란강은 천년 두고 흐른다/ 지난날 강가에서 말달리던 선구자>. <지금은 남의 땅, 빼앗긴 들에도 봄은 오는가?//입술을 다문 하늘아 들아// 내 맘에는 내 혼자 온 것 같지를 않구나>. 잃어버린 강토에서 백두산의 장엄함과 광야를 내달리던 선구자들의 시혼에 젖었던 최초의 중국 여행은 국토가, 국력이, 역사가 무엇인지, 그 소중함을 생생하게 일깨워 주었다.

그 후도 중국은 여러 차례 드나들었다. 6천 킬로미터가 넘는다는 만리장성에선 황제의 위엄을 보았고 서안의 병마용갱에선 군주의 끝없는 욕망을, 북경의 이화원에서는 인공의 극치를 보았다. 소흥과 의흥에서는 오늘의 중국을 일으킨 선각자들의 기개에, 계림의 이강에서는 산수의 아름다움에 젖었다. 여인의 젖무덤 같은 보드라운 산봉우리들과 물에 잠긴 그림자들이 동양화의 진경 그대로다. 세속과 명리를 멀리했던 옛 선인들의 이상향인 듯, 전원의 산하가 무욕의 경지로 다가왔다.

중국은 최남단 열대에서부터 동북 냉대에 이르기까지 서고동저의 지형이 다양한 산수와 비경을 자랑한다. 그중에서도 장가계 대협곡은 대자연의 극치다. 해발 300미터에서 1,200미터에 이르는 높고 낮은 봉우리들이며 천여 개의 못과 호수, 그리고 폭포 등, 일대가 뛰어난 경관이 유네스코의 자연문화유산으로 지정되어 있는 곳이다. 예전엔 이곳이 바다 밑 깊숙한 해저였다는데, 수직으로 깎아지른 V자형 골짜기에는 거대한 기암과 괴석들이 끝없이 늘어서 금방이라도 떨어져 내릴 것 같다. 울퉁불퉁한 바윗길을 걸어가다 탈것에 몸을 맡기고 누워 지났다. 마치 땅 위를 기어가고 있는 느낌이다. 인간이 왜소함이 따로 없다. 거대한 자연, 인간도 한때 그 품에 머물다가는 미물에 지나지 않음을, 깊은 계곡의 정기에 취하다 나왔다.

계림의 이강을 돌아보고 난 뒤, 길거리 화상에게서 내 이름의 사행시 한 편을 챙겼다. 모란이 그려진 대형의 동양화도 한 점 사들었다. '화개부귀花開富貴'란 화제가 마음을 끌었다. 부자는 못돼도 고귀함은 지니고 싶었다. 모란이며 갖가지 꽃들이 피어나는 전원주택에서 책이나 쌓아 놓고 정신의 부를 누리며 살 수 있었으면, 그림을 사들며 했던 바람이다. 꽃 중의 꽃, 모란, 화사한 여인의 자태인 듯, 풍요로움이 누옥의 초라함을 덜어준다.

대국이란 말 그대로 중국은 곳곳에서 인걸들의 이야기가, 글씨가 넘쳐난다. 중국이 지닌 매력이라면 유구한 역사에 못지않게 그들이 지닌 숱한 문화유산에 있지 않나 싶다. 서양에 소크라테스와 플라톤이 있다면 그들에게는 노장과 공자가 있다. 일상의 기록도 붓이란 도

구를 거치면 서예로 탈바꿈하는 나라. 세로로 가로로, 크고 작고, 반듯하고 흘리고, 늘이고 줄이고. 사당이며 현판이며 그 위에 씌어있는 갖가지 서체들이 가는 곳마다 눈길을 붙잡는다. 변화의 균형, 깊은 함의와 조형성이며, 그들의 문자에서는 여느 예술 못지않은 독특한 심미감이 느껴진다.

서성書聖으로 추앙되는 왕희지王羲之(307~365)의 족적을 살펴보기 위해 강소성의 의흥에 들렀다. 이웃한 소주와 더불어 곳곳마다 서시와 범려, 루신, 주은래 등, 중국의 근대사 이야기를 펼쳐낸다. 묵지墨池를 들러보고 난 후, 그 유명한 <난정집서蘭亭集序>가 새겨진 문진 하나를 사들었다.

난정집서란 당시 문인들 40여 명이 산골짜기 정자에 모여 흐르는 여울에 술잔을 띄워 놓고 액운을 쫓는 봄맞이 예를 행한 뒤, 술을 마시며 읊은 시문집에 왕희지가 덧붙인 서문을 말한다. 37편의 시를 28줄로 써놓은 324자의 행서들이 가지런하면서도 어느 하나같지 않은 거침이 없는 필세에서 풍류가 넘쳐난다. <살아가면서/// 더러는 만남을 기뻐하며// 늙음이 오는 줄도 모르고 살아간다/ 흥도 다하고 나면 권태롭고// 이 또한 옛 자취가 되어버리니// 이에 감회가 없을 수 없다// 목숨이 길고 짧음은 자연에 따른 일// 생사가 허망하다는 말이 거짓이 아님을 알겠다// 슬프도다// 세상이 달라져도 정회가 일어나는 바는 한 가지// 후세들도 이 글을 보면 또한 느끼는 바가 없지 않을 터이다>. 거나했을 취흥의 순간에도 생과 사를 오간 대가의 의념이

도도하다. 시문의 정회가 후세에게도 전해지기를 바라고 있음이, 그나 우리나 다르지 않음이 느껴진다.

한 줄의 글이라도 남아 있다면 사람은 죽었어도 죽지 않았다. 인생은 짧고 예술은 길다는 히포크라테스의 말이 그르지 않다. 영원히 산다는 것, 그래서 모두들 쓰는 것인가 보다. 무엇을 쓸 것인가? 중요한 건 쓴다는 것이다. 계속해서 써보는 거다. 그러면 한 줄이라도 남아 전해질 수 있을지.

활자와 마주하고 앉아 있는 시간들이 무상하다.

(제주수필, 28집, 2021. 6)

* 세계는/ 나의 학교/ 여행이라는 과정에서/

나는 수없이 신기로운 일들을 배우는/ 유쾌한 소학생이다.

\- 김기림

6부

내가 만난 1%의 사람들

* 어떤 사람을 만나느냐에 따라 삶의 의미는 달라진다.

'사람'을 만나라. 많은 사람보다 뜻을 가진 사람을 만나라.

\- 용타 스님

- 절성기지
- 공짜가 없다면
- 일귀하처인가
- 옥스퍼드 공원의 간디
- 불성무물
- 곁에 있는 사람
- 한 눈 뜨고 꿈꾸는 사람

절성기지

거실의 편액 하나에 눈길이 머물 때마다 씁쓰레한 기억이 지워지지 않는다. 남녀가 공학하던 교실에서, 그것도 여학생들 앞에서 선생님께 꾸중을 들은 일이 그것이다.

고등학교 시절이다. 내가 다닌 학교는 초등학교 교사를 양성하는 사범학교여서 한문, 도화, 공작 등, 교사의 자질을 갖추기 위한 기능교과들이 적지 않았다. 습자란 과목도 그 중 하나여서 매주 한 시간씩 우리는 서예를 배워야 했다.

어느 날 습자시간이었다. 칠판에 써주신 대로 <절성기지絶聖棄智>란 문구를 받아쓰고 있었는데, '버릴 기棄'자의 중간 획을 '인간 세世'자로 잘못 써서 선생님께 야단을 맞았다. 공부라면 남에게 뒤지고 싶지 않았던 터라 자존심이 상했다. 서예를 주변 교과로 여겨 열중하지 않았던 내 학습 태도가 못마땅했던 듯하다.

서예의 대가 소암 현중화素菴 玄中化 선생. 선생님은 제주도 서귀포 출신으로, 당시 일본의 와세다 대학을 졸업하고 귀국해 우리 학교에서 한문과 습자를 가르치고 계셨다. 교단을 떠난 뒤에도 서도에 전념, 해서의 필법을 비롯해 전·예서 등, 여러 가지 서체에 숙달, 이후 국전의 초대 작가와 심사위원 등을 지내며 한국 서단의 최고의 반열에 오르신 분이다. 지금도 전국 각지에서 후학들이 소묵회素墨會로 모여 선생의 예도를 이어가고 있어 그 사도가 부럽기 그지없다.

오래전, 선배 한 분과 함께 인사차 선생님 댁을 찾아뵈었다. 조범산방眺帆山房. 서실로 들어서자마자 서귀포 앞바다가 한눈에 들어온다. 담소를 나누다 얘기가 어쩌다 이에 이르자 선생님은 그저 웃기만 하셨다. 성성한 백발에 기다랗게 늘인 하얀 수염이며 한복으로 정좌한 풍모가 구도자의 모습을 연상케 한다. 이미 대가의 자리에 오르신 분이다. 그럼에도 선생님께서는 노구를 무릅쓰고 매일 새벽마다 두세 시간씩 임서하신다고 했다. 제자들에게 분발을 촉구하고 계심인 듯, 그 후 특별히 선물을 보내주셨는데, '절성기지'라는 명구가 그것이다.

절성기지 민리백배 絶聖棄智 民利百倍. 백성을 다스리는 데는 성聖과 지智 또는 인의仁義와 교리巧利를 모두 버려야 한다는, 노자 도덕경의 19장 첫머리에 나오는 글귀이다. 치자라고 하여 성인인 체하거나 지모와 기교 등으로 백성을 다스리려 한다면 이는 자칫 잘못될 수 있다. 거룩한 체하거나 아는 체하는 것을 버리면 그 이로움이 백 배가 되어 모두가 스스로 잘살게 되리라는 뜻으로 풀이된다. 춘추 전국시대, 고대의 중국은 천제의 나라였다. 백성들은 임금을 하늘의 명을 받아 다스리는 성인으로 여기고 종교와 정치, 윤리도덕의 면에서 훌륭한 자질을 갖춘 지도자로 받들었다. 절성기지 천하대치絶聖棄智 天下大治고 하여, 장자의 재유在有편에도 다시 보이는데, 이는 무위자연無爲自然을 강조한 장자가 당시, 유교의 수신, 제가, 치국과 같은 통치이념이나 제자백가들의 권모술수를 비판한 것이라 할 수 있다. 선생님께서는 내게 교수라고 하여 잡다한 지식으로 학생들을 그릇되게 하지 말고 바르게 훈도하라는 뜻으로 주신 듯하다.

섣부른 지식은 진리에 이르는 길에 장애가 될 수 있다. 인도의 철학자요 명상가인 크리슈나므루티는, '어떠한 종교나 계급, 전통에도 얽매이지 말고 매인 데 없는 영혼의 상태를 추구하라. 이러한 경지는 지식, 이념 등, 외재적인 가치나 권위, 나아가 자신의 내적 권위에도 의존하지 않는 데서 주어진다. 자연의 질서에 어긋나거나 인위적인 규범이 절대시 될 때, 그것은 자칫 남을 그르칠 수 있다. 진리에 이르려면 먼저 잡다한 앎에서 벗어나야 한다'며 아는 것으로부터의 자유를 강조했다.

요즘은 여느 집이나 좋은 그림이나 글씨들을 벽면에 걸어 놓아 집안에 아치를 더하고 있다. 거실로 들어서면, 벽면에 걸려 있는 그림이며 편액이 한눈에 들어온다. 우선 그 뜻이 무엇이며, 누가 썼는지, 서체며 낙관은, 그리고 어떻게 소장하게 되었는지도 관심사다. 한편으론 주인의 기품도 엿볼 수 있어 화제가 되기도 한다.

내 집에도 몇 점의 편액과 족자들을 걸어두고 있다. 이들 문자는 벽면에 조형감을 더하는 이상으로 그 가르침은 항시 나를 돌아보게 한다. 영조 대의 선비, 저암 유한준著菴 兪漢雋은 서화를 두고, 이를 소장하는 사람과, 보고 아는 사람, 그리고 사랑하는 사람이 각기 다름을 구분했다. 걸어놓은 것만으로는 대수로운 일이 아님을 말해주고 있다.

한때, 어느 전시회에서 중학생이 쓴 <산중山中>이란 작품을 대했다. 한때 산사에 의탁했던 율곡선생이 약초를 캐다 길을 잃고 그 가운데서 겪은 산사의 가을 풍정을 읊은 한시이다. 서첩에서 보고 임서한 듯, 원문을 옮겨놓은 그의 안목이 예사롭지 않았다. 아직은 십 대인 그가 시문의 정취를 제대로 이해하고 있을지, 나름의 기법만 가지고는, 특히 한문의 서예는 그 자체의 회화미 못지않게 작자의 정신세계나 정념, 등, 작품에 대한 이해나 그 경지를 드러내기가 쉽지 않으리라 여겨진다. 작품을 사랑할 수 있으려면 그 자체는 물론 취의를 제대로 터득할 수 있어야 함에도 한글세대인 나는 한문도 외국어와 다를 바 없어 곤혹스러울 때가 없지 않다.

<성과 지를 버려라. 그러면 백성들의 이로움이 백배하리라>. 학력 지상의, 자리나 차지하고 앉아 어설픈 이념이나 잡다한 지식으로 국민을 어렵게 만들고 있는 오늘의 세태에서 '절성'과 '기지'야 말로 오늘의 치자들에게 절실한 교훈이 아닌가 한다.

내 지적 자화상을 되돌아볼 때마다 선생님이 가르쳐주신 고전의 경구가 그 시대만큼이나 아득하다. (제주수필, 17집, 2010. 11)

공짜가 없다면

현대그룹의 정주영 회장.

90년대 초반의 일이다. 제주를 찾은 회장님이 한국지역사회학교협의회의 제주 관계자들을 격려하기 위해 우리를 초대해 만찬을 베풀었다. 훈훈한 자리였음에도 말로만 듣던 대기업가의 면전이라 누구 하나 쉬이 입을 열지 못했다. 그런데 상을 물리자마자 회장님은 악사를 불러들여 우리와 함께 손잡고 노래하며 스스로 권위를 허물어 이웃집 아저씨 같은 포근함으로 우리를 즐겁게 해주었다. 그때 나는 처음으로 왕회장의 진면목을 보았다.

정회장님은 누구나 알다시피, 자동차 수리 공장에서 출발해 시발택시를 오늘의 현대자동차로 만들어 회사를 세계적인 기업으로 일군 재력가다. 우리 돈의 거북선 그림 하나만으로 영국과 조선소 건설 차관을 성사시켰는가 하면, 서해안 천수만의 바닷물을 막아 한반도의 지도를 바꾸어 놓는 등, 우리나라의 경제 발전과정에서도 특이한 일화를 많이 남기셨다. 회장님은 교육에도 관심이 많으셨다. 중고등학교는 물론 지방인 울산에다 대학까지 설립, 교육 발전에도 헌신하셨다. 특히 미국의 '지역사회학교 운동'을 우리나라에 도입, 한국지역사회학교후원회를 조직하고 전국의 이들 학부모단체에 대해 지원을 아끼지 않았다. 그럼에도 그의 학교 사랑이나 지역사회교육의 발전에 대한 기여는 국민들에게 널리 알려져 있지 않다.

그날 먼저 마이크를 잡고 나선 것도 회장님이었다. <울고 넘는 박달재>. 반주에 맞춰 노래를 이어가는 그의 열창에 박수와 환호가 이어졌다. 노인이 부르는 노래라면 어딘가는 빈 데가 있기 마련이다. 그럼에도 가사는 물론이고 음정이며 리듬에 이르기까지 어디 하나 막히는 데가 없었다. 『이 땅에 태어나서』라는 그의 자서전을 보면, 자신은 음악과 무관한 음치임을 굳이 밝히고 있는데, 2절까지 자연스레 불러 넘기는 그날의 모습에서도 맨손으로 대기업을 일군 그의 열정이 그대로 느껴졌다. <부엉이 우는 산골 고개마다 굽이마다…… 박달재의 금봉이야>. 십 대에 남다른 꿈을 안고 네 차례나 가출, 소 판 돈을 축내 무작정 상경했다는 회장님의 노래는 당시의 도전을 회상하고 있음인 듯, 한 소절, 한 소절, 그 의미가 남다르게 들려 왔다.

박달재는 제천에서 충주를 잇는 소백산맥의 한 줄기이다. 옛날 영남의 선비들이 과거 보러 넘나들던 청운의 고개로 해방 이듬해 박재홍의 노래로 널리 알려진 곳이다. 강원도 통천, 금강산 자락의 벽촌 아산峨山에서 서울에 이르기까지, 차 하나 다니지 않는 두메산골의 숱한 고개를 얼마를 넘고서야 서울에 당도하셨을지, 한 고비, 한 고비, 정회장의 인생 역정은 바로 박달재의 스토리에 다름 아니었다. 5, 60년대, 학업이며 일자리를 찾아 소를 팔고 무작정 상경하던 우리네 꿈도 이것이었다. 세상은 꿈꾸는 이들로 하여 풍요로워진다. 남다른 꿈으로 숱한 고비를 넘기고 도전한 그의 발자국 위에 오늘날 '현대'는 세계적인 기업으로 우뚝 서 있다.

밖으로 모시고 나와 둘이서 따로 자리를 마련했다. "회장님, 어찌 그리 노래를 잘하십니까?" "세상에 공짜가 어디 있어? 다 돈 주고 배웠지." 할 말이 없었다.

예로부터 시위소찬尸位素餐이라고 했다. "임자, 해보기나 했어?" 일은 제대로 하지 않으면서 자리나 차지하고 앉아 봉급이나 축내나 싶은 사원들을 질타해야 했던 그다. 혈혈단신으로 자수성가하여 굴지의 기업가로 발돋움하기까지 그에게 공짜란 있을 수 없는 일이었다. 아니, 있어서는 안 되었다.

또 하나의 자서전 『시련은 있어도 실패는 없다』에서도 그는 상경길에 무전취식한 일이며 쌀가게를 물려받아 스스로 일어섰다는 등, 남들의 시혜에 힘입은 바 적지 않았음을 밝히고 있다. 그날 내게 한 얘기도 공짜가 없다기보다 소중한 것을 얻으려면 그만큼 노력과 대가를 지불해야 함을 빗대어 말하고 있었다.

생각해보면 돈 한 푼 내지 않고 누리고 있는 게 얼마나 많은가. 헌혈이며 성금도 그렇고, 사회단체의 구호 물품이나 무상교육이며 국가의 각종 수당에 이르기까지, 공짜가 없다면, 세상이 제대로 돌아갈 수 있을까 싶다.

내게도 오늘에 이르기까지 도움을 베풀어주신 분들이 적지 않다. 중3 때, 끼니를 잇지 못해 휴학을 하겠다고 찾아뵈었을 때, Y선생님은 쌀 한 말을 내주며 격려해주셨다. 부두노동조합의 K위원장님이나 피난 나와 일식당을 경영하던 학부모님은 아무런 대가 없이 여러 해 나를 먹여주셨다. 이분들의 배려가 없었다면 6·25 전후의, 그 어려운 학창 생활을 어떻게 이어 나왔을지 모르겠다. 연구 차 외국의 대학에 나가 있을 때도 몇몇 외국인은 믿음의 인연만으로 내게 유숙할 방을 내주고 가족처럼 돌봐주셨다. 그때 나는 그들을 통해 신앙이 무엇인지를, 믿음은 행함이요 사랑이어야 함을 깨달았다.

버킷 리스트를 다짐할 때마다 보은의 자리 한번 제대로 마련해 드리지 못한 어리석음이 회한으로 밀려온다. 평생 나를 뒷바라지하느라 삶의 무게에 짓눌려 살았던 부모님은 오래전 곁을 떠나셨다. 받은 바, 제대로 갚아드리지 못하는 게 세상사인가 보다. 별다른 연고 없이 지금껏 배고픔을 면하고 살아온 삶이 그저 고맙고 다행하다.

사랑은 선물이다. '그럼에도 불구하고'의 베풂이다. 주었다고 해서 대가를 바란다면 그것은 필요로서의 사랑일 뿐이다. 사랑만이 삶의 에너지가 되어 우리를 변화시키고 세상을 따뜻하게 한다.

오래된 파일들을 정리하다 지역사회학교에 관한 연구 자료들에서 정회장님의 교육에 대한 업적이 되살아났다. 그가 도입한 지역사회

교육은 내 연구의 중요한 관심사였고 그 비전은 교육에 대한 안목을 새롭게 해주었다. 그로 하여 주어진 학은學恩이 너무나 크다. 내가 지닌 것치고 남들로부터 주어지지 않은 게 무엇이 있는지, 새삼 지난 인연들이 소중해진다.

톨스토이는 묻는다. <사람은 무엇으로 사는가>라고. 그는 하나님께 버림받은 천사 미하일의 얘기를 통해 사랑이 우리를 살아가게 하는 유일한 동력임을 일깨우고 있다.

공짜가 없다면 세상이 어떻게 돌아갈지, 사랑만이 우리를 훈훈하게 한다.

(제주수필문학선집, 향기의 숲, 2014. 6)

일귀하처인가?

일 차선이든 이차 선이든, 우리는 각자 자신이 원하는 길을 가고 있다. 워싱턴 근교의 샤롯츠빌에서 리치몬드로 가는 길은 편도만 해도 8차선이었다. 혼자서 처음 플로리다로 차를 몰고 가는데 내비게이션이 없던 때라 교차로로 들어서기조차 어려웠다. 그러나 시그널을 주시하고 있노라니 길은 하나였다.

인생의 여정에도 이런저런 시그널이 적지 않다. 하지만 궁극은 한 길이었다. 함께 떠밀려오다 정년의 끝에서 그 길이 보이기 시작했다. '집'으로 가는 길이다.

그동안 내가 달려온 길은 읽고 쓰며 말하는 게 전부였다. 생각하라, 그러면 부자가 되리라는데, 못해도 마음만은 부자가 될 수 있었으면 좋겠다. 하지만, 나이 들어서도 마음의 가난은 어찌할 수가 없다.

인간은 생각하는 갈대라고 했다. 생각이 목표를, 목표가 삶을 이끈다. 하지만 누구도 흔들리지 않고 살아갈 수는 없다. 승려나 철학자처럼 우리도 생각만을 좇아 살아갈 수 있다면 얼마나 좋을까. 외교관으로서 중국의 선종에 매료되었던 존 우는 『선의 황금시대』를 통해 그런 삶을 우리들에게 전해주고 있다. 당대唐代의 선종禪宗 5가의 고승들의 이야기이다. 깨달음만이 삶의 전부였던 사람들, 오직 그 길에서 득도한 선사들의 얘기가 읽는 것만으로도 흥미롭다.

6대 조사 혜능 조주趙州의 이야기는 그중에서도 유별하다. 어느 날 뜰을 거닐고 있는데, 제자가 다가와 물었다. "달마대사가 서쪽에서 온 까닭이 무엇입니까?" "뜰 앞의 잣나무니라." 동문서답이다. 알 듯 말 듯, 그것도 한마디로 끝이다. 보이는 세상은 실재가 아니라는데, 보이는 게 답이다. 논리적으로 옳고 그른지는 문제가 되지 않는다. 선은 생각하지 말고 직관, 즉 보라고 한다. 궁극적인 진리는 언어를 초월한다는데, 선의 경지는 긍정도 부정도 아닌, 몸소 체득하지 않고는 알 수 없는 세계인가 보다.

일본 학자들의 불경 해설서를 읽다가 70년대 후반, 송광사로 구산九山스님을 찾아뵈었다. 아침 일찍 들어오라기에 인사나 받고 끝날 줄 알았다. 그런데, 오전 8시부터 12시까지 그는 차만 마시며 내게 줄곧 묻고 또 물었다. "그래? 네가 말하는 영혼이 어디 있느냐?" 면담이 끝난 후, 스님께서는 하나님을 믿는다는 내게 중이 되라며, 면전에서 '만법귀일 일귀하처萬法歸一 一歸何處'란 화두를 휘필 해주셨다.

'모든 법은 하나로 귀결된다는데 그 하나는 어디입니까?' 어느 수행자가 조주 선사에게 이를 질문을 했을 때도, 그는 "내가 청주에 있을 때, 무명옷을 지었는데 무게가 일곱 근이더라"고 했다. 시도 비도 아닌 답이 엉뚱하다. 이는 당대 중국의 선사들이 즐겨 사용했던 공안 중의 하나임을, 후일 『벽암록』(45칙)을 읽으며 알았다.

만법이란 삼라만상의 모든 사물이나 법칙을 말한다. 모든 존재의 본질이나 작용을 말하는 불가의 용어다. '법'은 진리요 '하나'는 이를 알아차리는 우리의 마음을 일컫는 것으로 모든 의문은 마음, 그 하나로 귀결된다는 뜻이다. 스님께서는 내게, "이치를 따지고 분별하려 들지 마라. 만상의 근본은 생각, 그 하나에 달려 있다. 이원적 경계를 벗어나야 궁극의 진리가 드러난다"며 거기에 이르면 천상천하 유아독존이라고 강조하셨다. 그동안 내가 강단에서 따지고 가르친 것들이 허사가 아니었을지, 산사를 걸어 나오며 한참을 생각에 잠겼다.

거실의 편액이 오늘도 내게 묻는다. '만법이 귀일한데 일귀하처냐?' 만상은 변하고 무화된다. 유와 무, 주와 객, 생과 사, 그 모든 게 실상은 둘이 아닌 하나임에도, 그것을 분별하려 드는 마음이 깨달음의 족쇄임을 말하고 있다.

왜 우리는 만사를 분별하려 드는 것일까? 느끼고 이해하고 분석하고 비판하고. 그게 인간 자연임에 생각이 없을 수 없다. 시비나 논리도 이에 따른 일이다. 그런데도, 불가에서는 생각이, 마음이 문제라고 한다. 아침 신문이 숭산崇山 스님의 가르침을 전하고 있다. '마음이 생기면 모든 법이 나타난다. 거기에서 모양이나 이름, 가고 옴, 시간과 공간이, 원인과 결과가 나타난다. 하지만 마음이 사라지면 모든 것이 사라진다.' '나'가, '생각'이, 그로 하여 빚어진 믿음이 세상에 대한 올바른 이해를 가로막는 장애임을 말하고 있다.

미국의 영적 지도자 아디야샨티는 우리가 죽음을 두려워하는 것은 지금의 나와 분리된 또 다른 나가 존재한다는 착각에서 빚어지는 것이라고 했다. 유명한 사이클 선수였던 그는 앓고 깨어나기를 여러 번, 사랑마저 실패하자, 모든 일이 자신의 집착(에고)에서 비롯된 일임을, 하여 자신을 놓아버렸을 때 깨달았다고 고백했다. 「깨어남에서 깨달음까지」 그 과정에서 '스치는 깨달음'도 소중함을 일깨우고 있다.

몸은 날마다 방전되고 익숙했던 일들도 힘이 들어간다. 걸으면 어떨까 싶어 숲속을 찾고 불타는 노을엔 걸음을 멈추고 서서 지는 해를 마주한다. 밤이면 경전에 밑줄을 긋고 새벽 미명이면 닭울음 소리에 깨어 생각에 시달린다. 벽암록을 편한 원오圓悟선사는 닭의 날갯짓 소리에 깨달음을 얻었다고 한다.

의식이 등불을 켜면 영혼이 깨어난다. 벼락 치듯, 활연 대오한 그 '어디'만이 깨달음의 경지인 것인지, 베트남의 승려 아남 린포체는 날마다 깨어 자신을 알아차리고 지금, 여기서도 놓아 버리라고, 그러면 깨달을 수 있다고 한다. 하지만 깨어나서 마주하는 삶은 또 어떻게 되는 것인가?

구산 스님의 부름대로 불가에 들었으면 지금쯤 깨달음을 얻을 수 있었을지, 한때 중국 산시성 다퉁 골짜기의 낭떠러지 운강석굴에서 가슴이 드러난 불상들을 돌아보다 잣나무와 무명옷의 얘기가 떠올랐다. 가사도, 부처도 버리고 다시 한 줌의 부스러기로 스러지는 조상

彫像들이 침묵으로 말했다. "보라, 없이 되는 나無我가 깨달음의 길이다."

삶은 윤회인가, 구원인가? 깨달음의 경지가 궁금하다.

(수필문학, 통권 289호, 2015. 11)

옥스퍼드 공원의 간디

런던대학 기숙사에 머물고 있을 때 일이다. 가까운 옥스퍼드 공원에 아침 산책을 나섰다가 간디의 동상과 마주쳤다. 뜻밖이었다. 영국에서 간디를 만나게 되다니. 런던에는 크고 작은 공원들이 삼백여 곳이 넘는다. 그런데 이 작은 공원에 그의 좌상이 자리해 있는 걸 보면, 런던대학에 유학 당시 그도 여기를 자주 드나들었던 것 같다.

얼마 전, 죠프리 애쉬의 『간디 평전』을 읽었다. 그는 간디의 싸움은 영국을 위한 것이었다며 간디야말로 영국이 인도 정복에서 얻은 유일한 성과였다고 말하고 있다. 지난 해(2015년), 영국 정부는 의사당 앞 광장에 간디의 동상을 새로 만들어 세웠다. 인도 독립 백 주년을 기념해 그의 비폭력 사상과 평화의 정신을 기리기 위한 것이라고 한다.

이곳에는 역대의 총리와 그 밖에도 링컨, 만델라 등 외국 정치가의 동상도 함께 자리해 있다. 왜 영국은 자신들과 맞서 싸웠던 이들의 동상을 수도 한복판에 세워 놓는 것일까? 당시, 처칠은 간디의 독립운동을 저지하며 그를 벌거벗은 비렁뱅이라고 모욕했었다. 그런 그가 이제는 간디와 나란히 서서 템즈강을 내려다보고 있다. 적과의 동거라고 할까, 대영제국Great Britain의 '그레이트'가 무엇을 말하는지, 그 실증을 보여주는 것 같다.

간디는 누구보다도 진리의 힘을 믿었다. 진리의 지팡이로 스스로 일어섰고 그 힘으로 시민 불복종운동을 이끌어 인도의 국권을 되찾았다. 영혼을 위해 단식할 때만큼 행복을 느낄 때가 없다며 그는 죽음을 마다치 않는 숱한 단식으로 진리의 제단에 자신을 바쳤다. 힌두와 무슬림을 화해시키며 대영 투쟁의 대장정을 이끌어 생전에 마하트마mahatma, 즉 위대한 영혼이라는 칭호까지 들었다.

모한다스 크람찬드 간디Mohandas K. Gandhi. 나는 그를 60년대 함석헌 선생을 통해서 처음 알았다. 그는 흥사단의 금요강좌에서 진리가 우리를 자유롭게 한다며 간디의 생애는 진리의 실현을 위한 삶이었다고 요약했다. 신앙인이요 사상가였던 선생님은 <씨알의 소리>를 창간, '생각하는 백성이라야 산다,' '꿈틀거려야 씨알이다'라는 등, '씨알(민중)'이 우리 역사의 주체라며 국민들의 민주의식을 일깨우고 평생을 반독재, 민주화운동에 앞장섰다.

언젠가 선생님을 제주에 모셨을 때, 집에서 저녁을 대접했다. 그런데 하루 한 끼만 먹는다고 해서 놀라웠다. 어떻게 저녁 한 끼만 먹고 살 수 있는지, 빈곤의 60년대, 그의 절식은 나름의 민족애의 실천이었던 것 같다. 목욕탕을 다녀와서는 남의 것이라고 아끼지 않는다며 비누를 마구 쓰는 사람들을 안타까워하시던 선생님의 모습이, 성성한 백발이 지금도 눈에 선하다.

한일 협정 당시, 선생님은 단식투쟁으로 이를 반대했다. 그때 선생님은 수난의 우리 역사를 하나님의 섭리라며 역사와 현실을 직시하고 기독교인으로서 믿는바, 진리가 세상을 움직이는 힘임을 몸소 보여주셨다.

진리를 따르는 삶은 그 어떤 삶보다 가치가 있다. 하지만 절대의 진리나 고성된 법칙이 있을 수 있을까 싶다. 절대시하는 종교의 교의나 과학지식도 시대가 지나면 변하고 인지가 발전함에 따라 달라지고 있다. 엄정한 방법을 거쳐 실증된 의학 이론이나 시술 방식도 마찬가지이다. 단식에 대한 견해도 그 하나다.

아침을 끊은 지도 오래되었다. 아토피염이 심했을 때, 장을 비우고 해독이 우선이라는 대안 의학의 주장에 끌려 2주간의 금식 프로그램을 마치고 나니 몸이 가벼워졌다. 기운은 없었으나 머리는 맑았다. 먹지 않으니 몸에 쌓인 지방이 소모되고 노폐물이 빠져나가 체중이나 혈압, 혈당이 개선된 탓이다. 불교나 기독교에서는 오래전부터 금식을 수행의 중요한 방편으로 강조해 왔다. 노벨상의 생리의학상 수상자인 알렉시스 카렐도 단식은 인체의 조직을 변화시키고 질병을 치유하는 열쇠임을 밝힌 바 있다. 그럼에도 주류 의학은 아직도 아침 단식을 건강의 대안으로 인정하지 않는다.

내 건강의 키는 아침 폐식廢食과 의식적인 기 호흡調息, 그리고 걷기다. 걷는 자들에게 영국의 공원은 천국이었다. 옥스퍼드 공원의 라

임나무 숲은 날마다 산뜻한 아침을 마련해 주었고 지나는 소나기는 런던의 공해를 씻어냈다. 런던 시민들처럼 햇살을 즐기려 아침마다 공원으로 들어서면 간디의 좌상이 나를 반겼다. 1미터 남짓한 좌대 위 반라의 모습으로 쇄골이 드러난 채, 무릎에 두 손을 얹고 앉아 영국인들의 고통이 자기 것인 듯, 지나는 행인들의 발걸음을 지켜보고 있다. 당시 런던대학의 이너 템플에서 공부하던 그는 이곳에서 무엇을 생각하며 걷고 있었을까? 벤치에 앉아 그를 바라보고 있으면, 그는 내게 '너는 왜 런던에 와 있는가, 연구하러 와 있다고? 책만 들고 있으면 뭘 하나, 죽은 활자에서 걸어 나와라'고 말하는 듯했다.

런던에서 공부할 당시, 유색인종이라 하여 교회 문전에서조차 거부당했던 그다. 그는 희생이 없는 신앙, 노력이 없는 부, 그리고 인격이 없는 지식을 죄악시했다. 행동이 없는 지식은 진리가 될 수 없다며 비폭력의 힘으로 불의에 맞서 싸웠다. 진리는 그의 삶에 알파요 오메가였다.

평생 강단에서 진리를 논하며 살아 왔다. 궁주 추구해야할 진리는 무엇인지, 절대라고 진리로 따르던 믿음도 세월의 빛에 바래어간다.

오월의 햇볕이 따뜻하다. 얼마 없으면 계절은 무더운 여름으로 옷을 갈아입을 것이다. 변화하는 것이 어디 계절만인가?

오늘도 인도 여행에서 사든 간디의 조그만 조상彫像이 서가 한구석에서 나를 일깨운다. '삶은 동사요, 그 에너지는 진리다. 진리만이 너를 자유케 한다'.

(제주수필, 23집, 2016. 6)

불성무물

"내 인생의 가장 중요한 스승은 누구인가?"

해마다 스승의 날이 다가오면 떠오르는, 미국의 청소년 교육 전문가인 로런스 스타인버그교수의 질문이다.

내게 최초의 스승은 스님이셨다. 그분은 절도 없는 여염집 방 한 칸에 동네 코흘리개들을 모아놓고 천자문을 가르쳐주셨다. 학교에 들어가면서 비로소 선생님을 만났다. 한 학기를 넘기고 해방을 맞았는데 당시 일제는 우리를 황국 신민으로 만들기 위해 우리말도 못 쓰게 하고 고철을 주워오라는 등, 어린 철부지들까지 옥죄었다. 선생님께서도 교실에 들어올 땐 칼집이었는지, 허리에 무언가를 차고 계셨는데, 그러면서도 손수 우리들의 연필을 깎아주시곤 해서 그 사랑이 따뜻한 기억으로 남아 있다.

우리는 살아가면서 학교 안팎에서 많은 분들의 가르침을 받게 된다. 아버님께서는 어른들을 만나면 늘 인사하고 다니라며 예절이 인간관계의 기본임을 일러주셨다. 교사들도 살아나가는 데 필요한 많은 것을 가르쳐주셨지만, 그렇다고 해서 그분들 모두가 마음에 남아 있지는 않다. 되돌아보면, 나는 학교에서보다 학교 밖에서 더 중요한 것을 배웠다.

내 인생의 스승, 이당怡堂 안병욱安秉煜 교수. 선생님을 처음 뵌 건 서울의 흥사단에서였다. 학위과정을 끝내고 그 무렵, 매주 흥사단의 금요강좌를 찾아다녔는데, 그때 선생님은 당신을 뒷바라지하도록 나를 배려해주셨다.

6·70년대, 한국의 하늘은 온통 잿빛이었다. 모두들 빈곤과 부패, 그리고 군부의 독재에 억눌려 살았다. 그런데도 선생님은 캠퍼스에 갇혀 있지 않고 「사상계」지의 주간으로, 또 흥사단의 강좌를 맡아 운영하며 도산島山 안창호安昌鎬선생의 애국정신을 앞장서 전파했다. 당시 금요강좌는 우리나라에서 유일한 시민 공개강좌였다. 교수는 물론 명사들과 고위 관료에 이르기까지, 그들의 강론은 한국의 역사와 시대 상황에 눈뜨게 했고, 밀즈의 『사회학적 상상력』이나, 조지 오웰의 『1984년』, 로마클럽의 『성장의 한계』 등, 당시 그들이 언급하는 책들은 국가와 사회를 새롭게 보도록 내 안목을 높혀주었다.

선생님은 철학 교수이면서도 사회교육자요 웅변가였다. 철학자답게 동서양의 가치관이며 사상에 해박하셨고, 그리고 한국사회의 혁신에 대해서도 남다른 메시지를 갖고 계셨다. 장차 한국사회의 지도자를 기르고자 전국의 고등학교와 대학에 흥사단 학생 아카데미를 조직하고 도산의 애국 사상을 전하며 민족의 비전을 심어주셨다. 당시 나는 부산과 대구, 광주 등, 전국 각지에 선생님을 모시고 다니면서 누구보다도 가까이서 선생님의 강연을 지켜보았다. 선생님의 말씀은 논리적이면서도 뜨겁고 거침이 없으셨다. 인간이 기본적으로 지녀야 할 품격은 덕·체·지 삼육의 조화임을, 그중에서도 덕육을 앞세우고, 특히 고전을 익힘으로써 그 정신을 인간의 바탕으로 삼아야 한다고 역설하셨다.

'인생은 만남이다. 사람과의 만남이요 인격과의 만남이다. 부모를 만나고 친구를 만나고 스승을 만나고 사랑을 만나고, 그리고 할 일을 만나 살아가는 게 인생이다. 그중에서도 가장 숭고한 만남은 하나님과의 만남이다. 인생을 성공적으로 살아가려면 훌륭한 분들과 만나야 하고 그들의 정신을 만나야 한다.' 선생님이 가는 곳마다 힘주어 하시던 말씀이다. 자신을 가다듬고 자세를 흩뜨리지 않는 모습에서는 맑고 고결한 인격의 향기가 느껴졌고 철학 사상이며 인간의 품격에 대해 누구보다도 많은 말씀을 해주셨다. 선생님은 자신의 인생에 중요한 영향을 미친 분으로 도산 안창호, 춘원 이광수, 그리고 함석헌 선생을 들고 그분들의 선구자적인 삶을 조명하며 그 교훈을 되살려 주셨다.

돌이켜보면, 그때 나는 선생님을 따라 일하면서 정신의 키가 부쩍 자랐음을 느끼게 된다. 연말이면 수첩에 불성무물不誠無物등의 명구를 써서 선물로 주셨고『현대 사상』과『휴머니즘』등의 저서를 나누어 주시어 많은 것을 배울 수 있었다. 그 밖에도 여러 권의 수필집과 화광동진和光同塵, 교학불권教學不倦, 불여학不如學 등. 수시로 휘호를 보내 나를 채찍질했다.

1999년, 선생님은 팔순을 맞아 자신의 인생을 이렇게 요약하셨다.

<나는 인생을 사랑합니다.
아침마다 찬미하는 밝은 태양이 있기 때문입니다.
내가 사랑하는 정다운 식구가 있기 때문입니다.
내가 믿고 좋아하는 소중한 친구가 있기 때문입니다.
내가 심혈을 기울여 일할 천직이 있기 때문입니다.
하나의 핏줄기로 얽힌 조국과 동포가 있기 때문입니다.
내가 정성을 기울여 추구할 진리가 있기 때문입니다.
겸허한 마음으로 우러러볼 하나님이 계시기 때문입니다.
그래서 나는 내 인생을 사랑합니다>

당시 친서와 함께 보내주신 휘호, <나의 인생 시> 전문이다. 애기애타의 삶을 사신 선생님의 시는 언제 읽어도 의미심장하다. 말년의 당신에겐 남다른 삶의 회고요 다짐이었으나 내게는 준엄한 꾸짖음이었다. '산다는 것은 죽을 때까지 배우는 것이다. 네 인생을 사랑하라, 어두울 땐 하늘을 우러러보라. 나만이 아닌, 이웃을, 나라를 걱정하며 살아라. 무엇보다도 진리를 깨닫고 하나님을 섬기며 살아가라'고.

평소 선생님은 삶은 끊임없는 자기 혁신이요, 자신만이 아닌, 남과 함께 하는 것임을 몸소 보여주셨다. 데이비드 브룩스가 말하는 '두 번째 산'이다. 그는 부, 지위, 권력, 명예 등, 더 많이 가지고, 더 높이 오를수록, 그에 매달려온 삶이 첫 번째 산이라면, 이기적인 성공 그 이상, 고귀한 정신을 지향하며 사랑, 봉사 등 공동체와 더불어, 그리고 죽음 너머 새로운 세상을 바라며 사는 것이 두 번째의 산이라고 했다.

그동안 나는 캠퍼스에 갇혀 일과 가족과 믿음과의 균형을 잃고 살아왔다. 지금까지 오르던 산을 내려오고 나니 다시 올라야 할 산이 우뚝하다. 끊임없이 배우고 자신의 내면을 돌아보며 더불어 사는 믿음의 삶이다. 지금까지 선생님께서 일깨워 주신 것도 이것이었다.

마지막, 선생님은 자신의 묘석에도 청정심淸淨心, 청무성聽無聲을 새겨두고 가셨다. '마음이 맑고 깨끗해야 한다. 그래야 소리 없는 소리를 들을 수 있다.'고 한다. 무엇을 닦고 무엇을 들어야 하나? 붓다의 마음인가. 하나님의 음성인가?

내 인생의 좌우명, <불성무물>. 이제는 사랑하며 깨닫고 섬기다 가는 일만 남았다.

선생님과의 만남은 행운이요 그것은 무엇보다 큰 축복이었다.

(제주문학, 87권, 2021. 6)

곁에 있는 사람

<부귀강녕 장선자손富貴康寧 長宣子孫>.

고운古雲 박광식朴光植 화백이 '부귀, 강녕하여 널리 베푸는 후손을 두기 바란다'는 화제를 곁들인 그림 한 점을 보내왔다. 복사꽃이 화창한 봄날, 겹겹의 야산을 배경으로 부부가 함께 전원을 일구고 있는 산수화다. 아들의 결혼을 축하해 보내준 선물이어서 더없이 고마웠다. 편지가 귀한 요즘에, 그것도 그는 매번 친필로 써서 보내온다. 볼펜으로 눌러 쓴 정성이, 여기저기에서 따뜻함이 배어난다.

그와 나는 이십 대에 도산 안창호선생을 사숙하면서 처음 만났다. 국민 1인당 소득이 백 달러도 못 되던 60년대, 우리는 도산의 구국정신으로 청소년운동을 이끌던 안병욱 교수를 도와 몇 년을 함께 일했다. 그 후 그가 한국화에 입문했다는 소식을 듣고 있었는데, 수평선을 마주한 날이면 그리움이 고였다. 이제야 깨닫는다. 나이 들어 가장 소중한 것은 뜻을 함께한 사람뿐이라는 것을.

여러 해 전, 그를 제주로 초대했다. 이십 대에 만나 동지라 부르며 꿈을 불태우던 우리가 연락도 없이 지내다 칠순이 되어 다시 만났으니 그 반가움이 어떠했겠는가. 그동안 그는 남종화의 맥을 잇는 아산雅山 조방원趙邦元 선생을 사사해 대가의 자리에 올라 있었다. 일찍이 국전의 초대작가와 운영위원, 한국화 심사위원장 등을 지내고 지금은 한국미술협회의 고문으로 스승의 미술재단을 맡아 일하고 있다.

얼마 전, 한국화 원로 작가 백인전百人展에 초대된 작품, <탐라의 서정>이 실린 전시회 도록을 보내왔다. 성산 일출봉을 배경으로 농부가 아침 일찍 갯가의 돌담 밭에서 일하는 있는 그림이다. 평소 그가 즐겨 그리던 전원풍경과는 달리 제주의 산과 바다를 그려낸 진경산수가 색다른 분위기를 자아낸다. 어촌의 한閑과 정靜, 그리고 삶이 오롯이 담겨 있다. 오월의 이른 아침, 새벽의 서기를 머금은 붉은 태양이 일출봉의 단애를 어르며 내항內港에 수로水路를 내어 반짝이고 있다. 위로 갈매기 세 마리가 날아오른다. 고요한 가운데 움직임이, 움직임은 다시 고요함으로 가라앉았다. 왼쪽 구석엔 소나무 한 그루가 농부 내외의 일손을 지켜보고 있다. 땅을 일구고 살아가는 소박한 삶이 더없이 평화롭다. 산수가 어우러진 자연과 더불어 일하고 사랑하며 살아가는 것이 바람직한 삶인가 보다.

성산 일출봉은 내 젊은 날의 꿈이 영글던 길목이기도 하다. 집을 나서 포구에 닿으면 일출봉을 뒤로하고 읍내로 향하던 발걸음이 서린 곳이다. 둘이서 일출봉을 찾은 그 날, 옆에서 그의 스케치를 지켜보기만 했었는데, 후일 그의 서재에서 완성된 그림을 보았을 때, 함께

한 시간이 거기 머물러 있어 특별했다. 붓 한 자루로 하늘을 열고 해돋이도 썰물도 붙잡아 새날의 희망으로 인간의 삶을 응축시켜 놓은 그의 솜씨가 놀라웠다. 고요를 채워 놓은 내항의 정경이 고아한 그의 내면을 보는 듯, 잔잔하다.

누군가는 화가를 두고 자연을 지배하는 주인이자 종이라고 했다. 일생을 먹물의 종노릇 하며 살았노라고, <일생묵노一生墨奴>를 휘필한 그의 스승처럼 평생 그림 속에 파묻혀 사는 그의 바람은 무엇일까? 반 고흐는 동생 테오에게 보낸 편지에서 '그림을 그리는 일은 내게 구원과 같다'고 했다. 아름다움에 붙잡혀 그만의 상상력으로 자연의 신비와 자신의 혼을 담아내는 삶이 존경스럽다.

그는 성악이며 가야금에도 남 못지않다. 언젠가 그가 부르는 「라트라비아타」의 아리아, <프로벤자, 내 고향으로>를 들었을 때, 나는 제르몽의 부정을 노래하는 그의 청아한 테너에 끌리고 말았다. 오죽했으면 스승 아산도 한 가지만 하라고 그를 말렸을까 싶다.

몇 년 전, 그와 함께 화순의 적벽을 돌아보고 나오다 인간문화재 선영숙 명인의 가야금 병창을 들었다. 라디오에서나 들어보던 가야금 소리를, 그것도 면전에서 들어보기는 처음이었다. 조그만 전수실에서 우리를 마주한 채, 못다 한 사랑을 삭이는 듯, 한을 노래한다. <전생의 어느 모퉁이에서 그대와 나, 꽃과 구름으로 만났다면, 그대의 아침에 우리 이슬로나마 맺힐 수 있겠지요. 이 세상 떠나는 마지막 날, 나란히 손잡고 두려움 없이 이승의 강을 건널 수 있겠지요>. 목숨이 다하는 순간에도 임을 놓아 보내지 못하는 도저한 사연이 가슴을 파고든다. 끝나고 보니 그 연주는 나를 위해 마련된 특별한 음악회였음을, 뒤늦게 알고 고마움에 거듭, 두 손을 모으고 나왔다.

한평생 예도의 길을 가는 사람들이 존경스럽다. 영국의 작가 서머싯 몸은 인생을 살만하게 해주는 것은 두 가지밖에 없다고 했다. 사랑의 삶과 예술을 사랑하는 삶이 그것이다. 공자도 '유어예游於藝'라고 하여 군자, 즉 훌륭한 사람이 갖추어야 할 중요한 덕목으로 이를 최선으로 여겼다. 젊었을 때, 내 친구 하나는 서양의 고전 음악을 즐기는 음악광이어서 휴가 때마다 미군 피엑스에서 구입한 음반을 들고 와 덕택에 많은 시간을 죽였다. 음악이나 그림, 서예, 어느 것 하나 내게는 다 먼 그대들이지만, 우울한 날엔 <비창>이 듣고 싶고 햇살이 아까운 날엔 <전원>이 듣고 싶어진다. 암스텔담 공항에서는 반 고흐의 <사이프러스 나무가 보이는 밀밭>이 그려진 넥타이를 사 들고 온 세상을 얻은 듯 흐뭇했다. 중국의 소흥에서 사든 문진, 왕희지의 <난정집서蘭亭集書>는 내 서실을 지켜주는 문방사우의 하나가 되었다.

새 집에 입주할 때 보내준 고운의 산수화가 오늘도 나를 다독인다. 깊숙한 산촌, 초부가 강을 거슬러 오르며 식구들이 기다리고 있을 집으로 향하고 있는 그림이다. '슬기로운 자는 물을 즐기고智者樂水 어진 이는 산을 즐긴다仁者樂山고 했던가. 그림에서 그의 오도悟道를 읽는다. 아내가 여러 달 병원에서 지내던 작년 겨울에도 그림 한 점을 보내줘 주치의에게 드리라며 나를 위로했다.

<만 리 길 나서는 길/ 처자를 내맡기며/ 맘 놓고 갈만한 사람/ 그대, 그 사람을 가졌는가/ 온 세상 다 나를 버려/ 마음이 외로울 때도/ 저 마음이야, 하고 믿어지는/ 그 사람을 그대는 가졌는가>

함석헌 선생의 시, 그대 그 사람을 가졌는가?
나이가 들어갈수록 사람이 그리워진다.

(제주문학, 86집, 2021. 4)

한 눈 뜨고 꿈꾸는 사람

얼마 전, 낯선 전화를 받았다. 선생님은 저를 모르실 텐데 자기는 나를 안다며 미국에 있는 장리욱張利郁 박사의 외손녀인 K여사가 선생님과 통화를 하고 싶다는데 전화번호를 알려주어도 괜찮겠냐는 것이었다.

몇 일 후, 그녀에게서 전화가 왔다. 오래전, 학회지에서 실린 <장리욱의 생애와 교육사상>이라는 논문에서 선생님이 쓰신 논평을 보고 자신이 몰랐던 외조부의 인간적인 면모를 새로이 알게 돼 감사하다며 목이 메었다. 이모님께서 할아버지의 회고록을 영어로 번역하고 있는데, 내가 쓴 다른 논문도 보내줄 수 없느냐고 한다.

노년이면 누구든 애들의 할아버지요 할머니다. 그런데 외조부는 외조모와 다른 것 같다. 요즘 캐나다에서 들어와 있는 내 외손녀는 아내와는 저녁을 자주 하면서도 나를 부르는 일이 없다. 그럴 것이다. 어렸을 때 아내는 외국에까지 나가서 그 애를 돌보고 키우다시피 했으니까. 사랑의 온도 차이다.

K여사는 지금 칠순을 넘겼다고 한다. 나이 들면 누구든 지난 삶을 되돌아보게 마련인가 보다. 일찍이 미국에 건너가 살면서 이제야 외조부를 의식하고 자기의 정체성을 돌아보고 있을 그녀의 이국 생활이 예사롭지 않게 느껴진다. 그녀에게 외할아버지는 어떤 존재일까?

고故 장리욱 박사는 대한민국 초창기, 우리나라의 현대사를 이끈 선구자의 한 분이시다. 그는 기독교인으로서 일장기에 반대해 일찍이 미국으로 피신해 도산 안창호선생을 따라 그의 독립운동을 도우며 교육학을 공부했다. 귀국한 후에는 교육자로, 정부의 교육심의회의 일원으로, 서울대학교의 초대 총장 등으로 한국 민주교육의 기초를 다졌다. 한때, 주미대사를 지내기도 했지만 군부의 집권에 반대해 이후 야인으로 지냈다. 평생 도산을 사숙하며 『도산의 인격과 생애』란 책을 펴냈을 만큼, 퇴임 후에도 도산이 창단한 흥사단의 책임을 맡아 헌신하셨다. 그는 신앙의 사람, 흥사단 사람, 사랑의 사람이었다.

70년대 초, 내가 흥사단에서 청소년 수련의 책임을 맡아 일하고 있을 때의 일이다. 그 무렵 나는 학위를 끝내고 오랜 객지 생활로 심신이 피폐해 있었다.

그해 겨울은 유난히 추웠다. 연말 어느 날이었다. 사무실에 나와 계셨던 박사님은 나를 불러 빙그레 웃으시며 별 말씀 없이 선물꾸러미 하나를 내주셨다. 뜻밖이었다. 집에 와서 뜯어보니 두툼한 내의 한 벌이었다. 가슴이 뭉클했다. 내의는 아랫사람이 가족이나 윗사람에게 드리는 선물로 알고 있었는데 나까지 챙기느라 얼마나 마음을 쓰셨을지, 자주 뵈면서도 어려워 다가가지 못했는데 고마움과 함께 진한 감동이 밀려왔다.

'훈훈한 마음, 빙그레 웃는 얼굴.' 이는 도산선생이 평소 제자들에게 가르치신 교훈이다. 그 암울한 시절에도 도산은 일제에 맞서 구국운동을 하는 한편으로 청소년단체인 흥사단을 조직, 민족의 일꾼을 기르고 이를 통해 힘 있는 나라, 따뜻한 사회를 만들고자 애쓰셨다. 주요한, 조병욱 등, 독립 초기의 정부 부처 장관들도 대부분 그가 기른 흥사단의 제자들이었다.

장박사도 그중의 한 분이었다. 평소의 그는 할아버님 같은, 눈가에는 늘 잔잔한 미소가, 지성의 날카로움이나 권위보다 훈훈함이 배어났다. 도산의 이상촌理想村 건설 운동에 관한 논문을 쓰기 위해 수유리의 댁을 찾아뵈었을 때도 도산의 독립운동에 대한 비화를 들려주시며 나를 격려했다. '번뇌나 희열도 알고 보면 크게 다른 것은 없다.' 정표로 주신 책에 써 주신 말씀이다. 격동기, 성실과 사랑으로 살아온 선각자의 달관이 지금에 와서 더 큰 울림으로 다가온다. 그는 흥사단 후배들로부터도 남다른 존경을 받았다.

대학의 제자였던 전 국회의장 김재순金在淳 또한 흥사단의 일원으로 그는 누구보다도 장박사를 존경하고 따랐다. 7선 의원이었을 만큼, 또한 국회의장으로 민주주의를 앞장서 이끌었던 그였지만, 물러나면서는 권력의 비정함에 토사구팽兎死狗烹이란 말을 남겨 한때, 세간의 화제가 되기도 했다.

권력의 회오리를 빠져나온 후, 그는 '추운 들판에서 열심히 일하며 살아가는 고단한 사람들에게 위로가 되고자 한다'며, 평범한 사람들을 위한 잡지,『샘터』를 창간해 그들의 따뜻한 쉼터가 되어 주었다. 딸의 혼례에 주례로 모셨을 때도, 그는 자네들은 배운 사람이니만큼 소시민의 행복에 안주하지 말고 훈훈한 사회를 만드는 데 앞장서야 한다며 노블레스 오블리주를 강조했다.

'세상을 지혜롭게 사는 사람은 한 눈 뜨고 꿈꾸는 사람일 게다.' 그가 잡지사 <샘터>를 창립했을 때 건물 입구의 표석에 새겨 놓은 장박사의 가르침이다. 아울러『한 눈 뜨고 꿈꾸는 사람』이란 책도 펴내 인생은 꿈꾸는 자의 것임을 일깨워 주었다.

세상은 꿈꾸는 이들로 하여 밝아진다. 꿈이 없이 이루어지는 일은 없다. 현실을 바로 보되 꿈을 잃지 않으면 내일은 우리를 외면하지 않는다. 지상의 모든 것들이 얼어붙던 일제 치하에서도 도산은 절망하지 않고 민족의 내일을 꿈꾸며 젊은이들을 모아 키우셨다. 조국의 미래를 밝히던 민족의 스승 도산 안창호. 제자 장리욱, 그 제자 김재순. 지금은 고인이 되셨지만 두 분 모두 스승의 가르침을 따라 조국의 발전을 위해 애쓰다 가셨다.

사람은 가도 사랑은 남는 법이다. 논문자료를 보냈더니 오늘도 K 여사가 메일을 보내왔다. 이제야 깨닫고 할아버지를 그리워하는 그녀의 미국 생활이 궁금하다.

손주들이며 제자들에게 나는 어떤 사람일까? 한때, 군대에 가 있던 외손자에게 시집 한 권을 보냈더니 의외라는 답장이었다. 어떻게든 나도 저들에게 꿈 하나는 남겨주고 싶다.

그녀의 전화가 새삼 내 삶을 돌아보게 한다.

(제주문학, 85집, 2020. 12)

* 예술의 과제는 존재하지 않는 것들이 우리 사이에 알려지지 않은 채 놓여 있는 깊이로 돌아가게 만드는 것이다.

- 알랭 드 보통

7부

불여학不如學이면

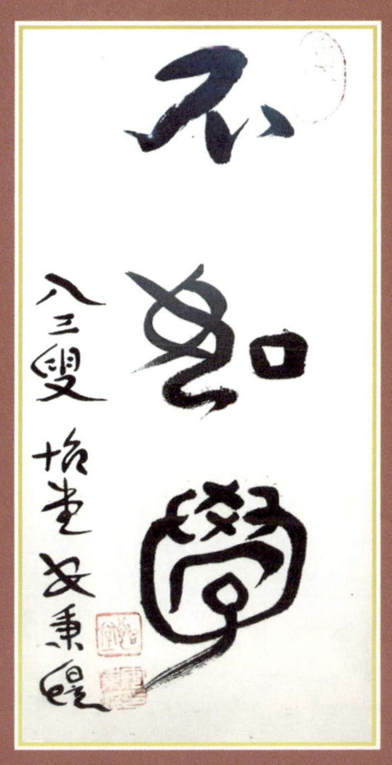

* 삶에는 끝이 있으나 앎에는 끝이 없다(吾生也有涯 而知也无涯).

- 장자

- 애벌레의 기둥
- 나의 수석들
- 빈 의자
- 내 몸 읽기
- 장서가 삼만 권인들
- 영원히 살 것처럼
- 말의 영수증
- 행복 여행
- 돌도 아닌 것이
- 노년 예찬

애벌레의 기둥

동네 쓰레기통 언저리에 널려 있는 책들이 눈길을 끌었다.『금강경 언해』 등, 몇 권을 추리고 보니 횡재한 기분이었다. 이런 책들을 버리는 이가 누구일까 궁금했다.

살아갈수록 버려야 할 것들이 많아진다. 책도 그 하나다. 새 책은 늘어나고 이사할 때마다 책장이 허용치 않으면 무슨 책인가는 내쳐야 했다. 버렸다고 해도 때로는 아쉬워지고 사들 때의 얄팍한 지갑의 기억으로 뽑았다 넣었다 하며 버릴 책을 추리는 일은 여간 심란한 게 아니다. 분신 같은 책들을, 그것도 정표로 받았거나 사연이 있는 책들은 쉬이 버리지 못한다. 오래된 파일들도 마찬가지다. 언젠가는 정리해야지 하면서도 자료를 수집하러 찾아다니던 지적 열정이 아쉬워 늘 한쪽으로 미뤄두게 된다.

퇴직 후, 어제 마지막으로 평생 모은 수천 권의 전공 서적들을 대학 도서관으로 실어 보냈다. 더러는 남겨두었지만 여러 해 미적거려 온 책들이라 시원섭섭했다. 리처드 롤의 말이 옳다. '모든 것은 무로

돌아간다. 소유하지도 소유되지도 않는다.'

사실, 책은 내 인생의 궤적이나 다름없다. 6·25 전란의 학생 시절, 이 책방, 저 책방을 돌아가며 서서 읽던 소설이며 전공서에 이르기까지, 그동안 많은 책들은 내 지적 성장을 자극하며 존재의 틀로 짜여졌다. 릴케의 시들은 젊은 시절의 고독을 위로해 주었고 평생의 반려도 「일리아드」와 「오디세이아」를 돌려 읽으며 만났다. 문학작품은 삶의 진실을 말해주었고 자서전이나 신앙 서적들은 삶의 방향을 제시해 주었다. 요즘은 건강과 종교에 관련된 책들에 손이 많이 간다. 인생의 황혼에도 좋은 책들은 새로운 도전을 불러일으키니 마음만은 한껏 젊어진다.

책은 정신의 양식이다. 끼니가 그렇듯이, 책장을 넘기지 않은 날은 허전하고 이거다 싶은 명저엔 잠이 축난다. 주문한 책들이 늦어지면 마치 찻집에 앉아 누군가를 기다리는 심정이다. 교류 교수로 서울대학에 머물고 있을 때도 외국의 출판사에 주문한 책들이 제때 들어오지 않아 연구 발표도 제대로 하지 못했다. 그동안 책은 다른 대학의 동명의 교수에게 배달돼 있다가 그가 귀국하고 나서야 돌아왔다.

인간의 뇌는 타불라 라사tabula rasa, 즉 빈 서판이나 다름없다. 인간으로 태어났을 때, 어린아이의 뇌는 아무것도 새겨져 있지 않아 백지와 같은 상태를 이름이다. 하지만 책을 읽으면 텅 빈 뇌도 무언가 채워지고 이를 통해 우리는 효율적으로 사는 법을 배운다. 어떤 책을 읽었느냐에 따라 삶에 대한 안목도 달라지고 크게는 한 사람의 생애까지도 바꾸어 놓는다. 링컨은 성서에 의지해 대통령의 자리에 올랐다. 영국 케임브리지 세계인명센터가 세계적인 인물로 선정한 제임스 케네디는 신문 가판대의 책 한 권이 오늘의 자신을 만들었다고 술회했다. 책이 인간을, 그 차이를 만든다. 책은 생존에 필요한 지식 기술을 가르쳐 줄 뿐만 아니라 내가 누구인지를 깨닫게 하고 인간다운 삶을 살 수 있게 해준다. 책은 존재의 바탕이다.

책이 없는 세상에서 살아간다면 우리는 어떻게 될까? 한때, 남미 파라과이의 오지에서 원주민들의 집을 돌아보며 들었던 생각이다. 그들에게는 정글만이 전부인 듯, 그들은 자신이 누구인지, 어디에서 살고 있는지, 이 넓은 지구를 제대로 이해하고 있을지 궁금했다.

나는 학교에서 보다 책에서 더 많은 것을 배웠다. 책은 인류의 역사와 지혜를 말해주고 새로운 내일을 열어준다. 지금의 내가 지닌 문제의식이나 사고방식도 책을 통해 주어진 것이다. 책이 없는 나를 상상할 수 없다. 아내는 내게 책만 읽고 있으면 뭘 하냐고 흰소리를 하면서도 책을 사 들고 오면 먼저 들고 나선다. 책과 더불어 내 머리는 굵어졌고 그 앎으로 생업을 이어왔다. 지금도 적금을 붓듯, 밑줄을 그으며 책을 통해 보다 나은 내일을 바라며 살아간다.

특히, 강단에 서거나 글을 쓰는 이들에게는 책은 정신의 보고와 같다. 주제의 착안에서부터 자신의 논지를 전개하기까지, 몇 해를 노심초사해도 어쩌다 빛을 보는 게 한 권의 책이다. 시인 목월은 '한 편의 시를 탈고하고 나면 머릿속에 꽉 차 있던 막대기가 빠져나간 듯하다'

고 어려움을 토로했다. 몇 줄의 글이라 해도 그것은 온몸이 부서지는 산고를 통하지 않고는 활자화될 수 없다는 걸, 글을 쓸 때마다 절감한다.

한밤중의 불면에도 책 이상 좋은 벗이 없다. 책을 펴들고 있으면 가난한 영혼에 촛불이 켜지고 저 너머 세상을 꿈꾸게 한다. 『꽃들에게 희망을』. 저자인 트리나 파울루스는 이 책에서 기둥 꼭대기까지 기어 올라간 애벌레에게 '끝, 아니 이제부터 시작입니다'라고 말하고 있다.

책만이 전부이었던 삶. 정년은 그 기둥의 끝, 아니 새로운 시작이었다. 생애의 끝자락에서 이제 다시 기대고 올라야 할 새로운 기둥은 무엇일까?

인간 애벌레. 언제면 성충으로 부화해 높이 날아오를 수 있을지, 이후엔 또 다른 삶이 기다리고 있다는 책들이 예사로지 않다.

(제주수필문학회, 「바람의 소곡」, 2011. 6)

나의 수석들

캠퍼스에서 물러나고 나니 몇 권의 저서와 수십 편의 논문만 남았다. 지난날의 지적 편린들이, 어떻게 썼느냐에 못지않게 무엇을 썼느냐가 아쉬움으로 다가온다. 소쩍새는 그렇게 울었는데 한 송이 국화꽃이나마 제대로 피웠을지, 일간지에도 십여 년 시론을 펴 봤지만 서역은 그 자체만으로 고역이었다.

컴퓨터가 없었던 시절, 당시 원고 한편을 완성하는 데는 수백 장의 종이를 버려야 했다. 쓰고 고치고, 처음부터 다시 쓰고 또 고쳐 쓰고, 그러면서 구기고 버린 종이가 얼마였는지, 나도 종이처럼 소진되었다. 몇 페이지의 글이라 할지라도 글을 쓰는 일은 그 자체가 스트레스였다.

강의가 끝나도 교수는 연구가 직무의 일상이라 연구실에 붙박여 있어야 한다. 눈은 침침하고 허리는 날마다 불평했다. 글쓰기는 노동이었다. 술자리에서 어느 교수는 그랬다. "논문 백 편을 써봐라. 세상이 바뀌나?" 책을 읽지 않는 세태에서 이론이나 사회 정의는 활자 속에나 살아있다는 게, 그의 푸념이 흰소리만은 아니었다.

그런데도 왜 글을 쓰는가? 자신을 갈고닦기 위해서다. 그리고 세상이 달라지기를 바라서이다. 적어도 전공 분야에서만은 그런 염원을 가지고 썼다. 자신의 논의나 주장으로 교육 현장이, 시민들의 교육의식이 달라지기를 바라며 평생 읽고 썼다.

퇴직 후, 어쩌다 문학의 길로 들어섰다. 수필의 골짜기에서 이런저런 돌들을 눈여겨보고 있으면 자연의 몸짓들이 신기하고 일상의 무상이 말을 걸어온다. 이성의 동굴에 갇혀 있던 무딘 감성이 풀려나와 서로 화해하고 지난날이 깨어나며 남은 여정을 가다듬게 한다. 글을 쓰고 있으면 생각만큼은 자유롭다. 자연이건 시간이건 체험이건 새로운 생각으로 인화되어 삶을 윤택하게 해준다. 생활의 발견이다.

희수稀壽의 시간들에, 그동안 주워 모은 돌들에 먼지가 쌓여간다. 애써 주워 모은 수석들은 빛이 바래고 이것이라며 주워 모은 것들은 미덥지 않다. 이제부터 정작 주워 모아야 할 돌은 무엇일지, 수필은 그 물음에 대한 대답이었다.

안동의 선비, 학봉鶴峯 김성일金誠一의 고택을 방문했을 때 일이다. 별관雲章閣에 들어서자 퇴계의 교학과 임란의 유물들이 말을 걸어왔다. 명가는 인물을 낳고 인물은 이야기를 남기고 있다. '그래, 이제부터는 후대에 남길 글을 써야 한다.' 나의 수필 쓰기는 그렇게 시작되었다. 오직 한 번뿐인 삶, 버둥거렸던 시간들에서 그 의미를 챙기며 나만의 정신적 유산을 정리해보고 싶었다.

헤쳐 나온 삶들이 파노라마 같다. 끼니를 잇는 것조차 쉽지 않았던 젊은 시절, 전란에 흉년까지, 결핍은 나를 스스로 일으켜 세웠다. 5·16 무렵, 휴전선의 군 생활은 가혹했다. 최전방 관측소를 짓기 위해 적근산 천 고지를 오르내리느라 몸은 축나고 밤잠은 어둠을 지키느라 토막 났다. 부역에다, 심야의 경계근무까지 비무장 지대에서의 군 생활은 나를 피폐의 나락으로 끌어 내렸다. 철조망 밖에 어슬렁거리는 우람한 멧돼지들이 그렇게 부러울 수가 없었다. 자유의 의미가 절실하게 다가왔다.

그 철조망을 폴란드의 아우슈비츠 수용소에서 다시 만났다. 교실 크기의 전시실마다 수많은 신발짝과 의족들이며 안경과 가방들이 산더미처럼 쌓여 있고 목욕탕 문패가 달려 있었다던 가스실에선 무언의 적막으로 숨이 막혔다. 빅터 후랭클이 클로즈업되어 다가왔다. 그의 방은 어디였을지, 굶주림과 추위, 절망, 끝내는 죽어 나가는 사람들을 보면서 그는 어떻게든 살아남아 아내를 만나고 빼앗긴 원고를 되찾아 책을 펴내자고 다짐했다.

그의 『죽음의 수용소에서』 보면, 마지막까지 살아남은 사람들은 약삭빠른 사람들이 아니라 믿음과 희망을 버리지 않고 인간의 존엄을 잃지 않은 사람들이었다고, 공포와 극한의 상황 속에서도 그는 삶의 의미를 생각하였기에 살아남았노라며 그때의 절망을 토대로 의미치료logotherapy라는 요법을 개발하였다. 삶의 의미는 이후, 그를 살아가게 하는 원동력이 되었다.

삶에 의미가 있는 것일까? 후랭클은 그 의미가 인간의 삶을 지탱시킨다며 삶은 의미의 발견임을, '삶의 의미는 밖에서 주어지는 것이 아니라 스스로 찾아야 한다. 왜 살아야 하는지 그 의미를 아는 사람은 어떠한 시련도 이겨낼 수 있다'며 시련은 그 의미를 깨닫는 순간, 희망으로 승화된다고 했다.

때로 오늘의 풍요가 나를 공허하게 한다. 장밋빛 광고에는 초라해지고 소중한 것들은 바래어간다. 영혼의 사닥다리를 오르기도 힘들어졌다.

인생의 늦가을, 회한과 소망이 활자 위에 내려앉으며 깨어 있으라고 한다. 수필은 노고老孤의 채찍이요 삶의 간증이다.

글쓰기는 나와의 싸움이다. 카잔차키스는『그리스인 조르바』에서 쓸수록 그것은 아름다움이 아니라 구원을 위한 투쟁임을 깨닫는다고 했다. 글쓰기는 내게 구원이다. 걷고 읽고 쓰고. 나이 들어 할 일이 있다는 게 고맙고 다행하다.

수필은 노년에 주운 소중한 수석이다. 한 줄의 글귀에서나마 삶의 의미를 되새겨 볼 수 있다면, 그 이상 바랄 게 없다. 이제부터는 주어지기만을 바라기보다 세상이 바라는 바가 무엇인지를 깨달으며 의식이 흐릿해지는 그 날까지 나는 수필과 마주하고 있을 것이다.

(수필문학추천작가회 수필선집 22,「추수하는 날에 부는 바람」,
<나는 왜 수필을 쓰는가> 편, 2012. 11)

빈 의자

말로만 듣던 세계 제일의 대영박물관.

런던대학에 머물고 있을 때, 기숙사와는 20여 분 거리여서 여러 번 찾아다녔다. 세계 각지에서 약탈해온 유물들이 대부분이라는 데도 7백만 점이 넘는다는 전시물들의 안내서만으로도 압도되었다. 궁금해서 찾아간 한국관은 청·백자 등, 십 수 점에 지나지 않아 반만년의 한국문화가 초라했다.

상트페테르부르크의 에르미타주박물관이나 파리의 루브르박물관도 대영박물관에 못지않았다. 제정 러시아 황제의 겨울 궁전이었다는 에르미타주박물관은 작품 하나를 1분씩 감상하는데도 5년이 걸린다는데, 잠깐 둘러보는 것만으로도 그 규모가 엄청났다. 미켈란젤로와 피카소, 반 고흐의 작품 앞에는 관광객이 몰려 다가가기조차 어려웠고 세잔느, 고갱, 모네며 러시아 태생의 칸딘스키의 작품 앞에서는 눈요기만 하다 물러났다. 루브르박물관에선 본 밀로의 비너스는 아름다움의 전형이었다. 완벽한 균형이, 인간의 몸은 아름다움 그 자체였다. 사진으로만 보던 모나리자의 미소는 멀리서 보는 것으로도 친숙했다. 뉴욕에 들렀을 때는 자연사박물관이 있다는 것을 처음 알고 찾아가 보았다.

대영박물관에 들어서면, 열람실 초입에 빈 의자 하나가 눈길을 끈다. 칼 마르크스가 『자본론』을 완성하였다는 자리, G-8이다. 그는 영국에 망명한 이후, 30여 년 동안 하루도 거르지 않고 이 자리에 앉아 문을 닫는 오후 6시까지 연구하고 책을 썼다고 한다. 명저와 더불어 위대한 사상을 낳은 빈 의자가 그의 이름으로 하여 명물이 되어 있다.

1848년, 그는 <공산당선언>과 함께 파리에서 2월 혁명에 가담했다가 추방되었다. 이후, 뱃삯이 없어 미국으로 가지 못하고 죽을 때까지 영국에 체류하면서 그때 펴낸 책이 바로 『자본론』(1867)이다. 그 책 한 권을 쓰는 데 15년이 걸렸다면 고작 한 학기 머물면서 무엇을 연구하겠다는 것인지, 스스로 초라해지고 말았다.

그가 살았다는 소호 지역을 찾아가 보았다. 여러 채의 연이은, 수수한 건물의 5층 벽에 그의 주거였다는 표지만이 흐릿했다. 7년을 이곳에서 살면서 병원에 갈 돈조차 없어 세 명의 자녀를 잃었다면 그는 극도의 가난과 싸워야 했을 터이다. 배고픔과 질병과 불안, 고독이, 그의 글쓰기의 치열함이 읽혀졌다. 가진 것이라고는 세상이 바뀌어야 한다는 의식뿐이었을, 그 궁핍이 역사의 혁명을 꿈꾸게 한 것 같다.

종교는 영원을 창조하고 철학은 사회를 지배한다고 했던가, 그는 사회의 모순을 분석하는 데서 끝나지 않고 그 이론으로 세상을 우리 모두가 살만한 곳으로 바꾸려 했다는 철학자로 평가된다. 그를 옥죈 가난은 마르크시즘의 이데올로기로, 공산주의 사상이 이상사회를 실현하리라는 꿈으로, 평생 연구의 화두일 수밖에 없었던 그 꿈은 이제 역사의 뒤안길로 밀려나고 있다.

배를 곯아보지 않은 사람은 세상을 모른다. 적빈이 그를 사상가로, 혁명가로 일으켜 세운 것 같다. "이건 사람 사는 세상이 아니야. 뒤집어 엎어야지" 몇 번이고 곱씹었을 그의 결기가 떠오른다. 곤궁하지 않았다면 그가 역사의 물길을 바꿔 놓은 사상을 창시할 수 있었을지, 결핍이 세상을 변화시키려 한 사상의 원천임을, 한참을 바라보며 생각했다.

굶어본 사람은 안다. 스스로 일어서지 않으면 안 된다는 것을. 전란기의 학창 시절. 사흘을 내리 굶다 보니 천정이 빙글거리다 스르르 눈이 감겼다. 결핍은 비참함을, 하나 인간을 성숙하게 한다.

풍요의 시대. 가난이 새로운 의미로 다가온다. '가난해야 올바르게 살 수 있다. 덜 가지는 삶이 행복을 일깨운다.' 슈마허는 『자발적 가난』을, 쇤베르크는 『우아하게 가난해지는 법』을 말한다. 가난해야 행복해진다니 역설이다. 가난은 고통을 넘어 인간성을 파괴하고 인간을 인간 이하로 만든다. 우동 한 그릇이면 배고픔은 면할 수 있다. 그런데도 우리는 많은 것을 가지려하고 가질수록 더 많은 것을 바라고 산다. 먹고 살 수 있을 정도면 그 이상을 경계하고 자족해야 한다. 그들이 일컫는 가난의 범위다. 빈곤을 넘어선, 필요 이상의 부의 축적은 근심이나 불의의 그림자가 따르게 마련이라고 그들은 말하고 있다.

한때, 서울의 한 사립대학에 들렀다가 소형차를 몰고 나기는 총장을 보았다. 오래된 마티즈인데도 그는 개의치 않는다고 한다. 부가 삶의 족쇄일 수 있음을 저어하는 과욕寡慾의 지혜가 존경스러웠다. '자유롭고 행복한 삶을 살고 싶다면 꼭 필요한 것만 지녀라. 육체의 욕구를 들어줄수록 영혼의 힘은 약해진다.' 톨스토이는 <사람에게는 얼마만큼의 땅이 필요한가>에서 우리에게 소유의 의미를 되묻고 있다.

살아갈수록 새로운 것, 좋은 것, 가져야 할 것들이 많아진다. 가난으로 비쳐지고 있을 구식 핸드폰이 맘에 걸린다. 내 차의 변신은 어디까지일지, 자본의 욕망을 자신의 삶인 양, 그 그물에 낚이고 있는 내가 어설프다.

원하면 무엇이나 살 수 있는 시대. 욕망의 함정이 끊임없이 우리를 유혹한다. 쌓여만 가는 책들, 쓰다만 용품들, 그러면서도 쇼윈도를 기웃거리고 있다. 조그만 불편을 못 견디고 너는 언제까지 채우기만을 바라고 있을 것인가. 돈은 그렇다 치더라도 남는 것도 어쩌지 못하는 내가 딱하다. 철이 바뀔 때마다 입지 않고 걸려 있는 옷가지들을 보면 마르크스의 빈 의자가 내게 묻는다.

"그런데도 너는 행복하지 않니?"

(제주문학, 62집, 2015. 4)

내 몸 읽기

최근, 구당 김남수 옹이 쓴『나는 침·뜸으로 승부한다』는 책을 읽었다. 생사의 기로에서 많은 이들이 그를 만나 활로를 찾고 있다. 최신의 의료기술도 어쩌지 못한 난치병 환자들을 고치고 있는가 하면, 그들 가운데는 자녀가 의사이거나 식자층인 분도 없지 않았다. 현대의학이 더 이상 손을 쓸 수 없는 질환임에도 침술이 그들을 구하고 있는 것이다.

침뜸은 근래, 미국의 유명 병원인 메이요 클리닉에서도 활용하고 있는 것으로 알려졌다. 침술만이 아니다. 심상요법, 수기요법 등, 서양의학도 새로운 대안으로 침구鍼灸의 우수성을 주목하고 있다.

침술은 내게도 관심사다. 전립선이 비대해져 침구에 기대고 있다. 사십 대에는 디스크가 심해 택시도 타지 못할 정도였다. 그동안 물리치료며 서울의 한의원까지 찾아다니다 별로 달라지지 않았다. 끝내는 서울의 큰 병원에 입원하였으나 수술을 하고 나면 당분간 강의를 할 수 없다기에 속수무책으로 내려왔다.

어느 날 문득 생각났다. 『누우면 죽고 걸으면 산다』. 난치병에 걸린 어느 의사가 화전민촌에 들어가 지내며 쓴 책이다. ‘그래, 한번 걸어 보자.’ 추운 겨울에도 매일이다시피 가까운 야산을 올라 다녔다. 앤드류 윌의 『최적의 건강 8주간 전략』을 읽고는 호흡의 중요성을 깨닫고 단전호흡에 입문했다. 반년쯤 지났을까, 점차 허리가 좋아져 그 후론 바닥에도 앉을 수 있게 되었고 컴퓨터 작업은 물론, 차도 별 불편 없이 몰고 다닌다. 수술 대신 운동이, 호흡수련이 나를 살린 것이다. 이후 걷기와 숨쉬기는 내 건강의 최우선 일과로 자리 잡았다.

건강도 아는 만큼 지킬 수 있다. 퇴직 후에는 주로 대중 건강서들을, 최근에는 영상의 건강프로그램을 즐겨 본다. 이제는 오장 육부가 어디에 자리해 있는지, 각기 하는 일이 무엇이며 병은 왜 생기는지 어느 정도 이해된다. 무소부지인들 자신의 몸을 모른다면 무슨 소용이 있겠는가. 그동안 몸이 바라는 대로 맛있는 음식이나 찾아 먹고 자신의 몸에 대해 그토록 무지했다는 사실이 새삼 부끄러웠다. 아보 도오루의 『장을 비워야 오래 산다』를 읽고는 2주간 병원에 입원해 금식 치료를 받았다. 이후 아침을 끊었다. 아토피 증세가 좋아지고 혈압이나 혈당, 고지혈증 등이 정상으로 돌아왔다. 육식을 자제하고 하루 두 끼만 먹는 소식으로 몸이 많이 좋아졌다.

아침을 먹지 않는다고 하면 의사들은 큰일 난다고 한다. 특히 당이 많이 요구되는 아침에 음식을 거르면 혈당이 떨어져 위험하다는 것이다. 맞는 말이다. 하지만, 고지혈, 비만 등으로 몸이 안 좋은 사람에게는 금식이나 폐식廢食이 대안이 될 수 있다. 일본인 의사의 '니시 건강법'은 하루 한 끼는 먹지 말고 장을 비우라고 한다. 과체중이나 고지방 같은 심혈관 이상에는 장을 비우면 체내의 잉여지방이 소모되어 오히려 몸이 좋아진다는 것이다. 하루 2식으로 바꾼 후, 체중은 7킬로그램이나 빠졌고 건강검진의 지표들도 대부분 정상을 되찾았다. 체내의 노폐물도 빠져나와 아토피 증세도 나아졌다. 전인 치유 의학자인 전홍준 박사도 『비우고 낮추면 반드시 낫는다』며, 심신을 비우고 자연에 맞춰 살아가면 몸이 알아서 병을 고친다고 한다. 어느 의사는 『내 몸 안에는 백 명의 의사가 산다』고 말하고, 『위장은 말한다』든가 『아침을 굶어라』, 그리고 『하루 한 끼 공복의 힘』 같은 책들은 모두 소식으로 면역력을 높일 수 있다고 강조하고 있다.

오늘날, 서양의학은 한계에 이르렀다는 말이 없지 않다. 약물이나 수술, 방사선 등의 치료만으로는, 특히 암 같은 난치병에는 더 이상의 대안이 없어 보인다. 약물치료도 부작용이 적지 않고 재발하거나 또는 새로 생겨나기도 한다. 수술을 하나, 안 하나 잔여 수명이 5년 정도라면 암 수술은 꼭 해야 할지, 치병에는 수술이나 약물치료만이 전부가 아닌 것 같다.

현대인의 질병은 대부분 혈액순환이 안 좋거나 심장의 이상에서 비롯되고 있다. 당뇨, 뇌졸중, 심근경색 등, 심혈관계의 질환은 잘못된 식생활이나 생활 습관이 주된 원인이다. 모두가 잘 먹어서 생기는 병들이다. 식약동원食藥同源이기보다 식병동원食病同源이다. 그동안 건강을 공부하면서 이제는 무엇을 먹을까보다 안 먹을까를, 맛있는 음식보다 제대로 된 음식을, 가공식품보다 자연식품을, 많이 먹기보다 적게 먹는 게 섭생의 기본임을 깨달았다.

한동안, 우리 식구는 교외의 농막이나 다름없는 집에서 살았다. 애들이 불평해도 건강이 우선이기에 개의치 않았다. 신선한 대기는 말할 것도 없고 무농약의 제철 채소며 자연과 가까이할 수 있기에 더없이 좋았다. 국선도國仙道에 입문한 후엔, 하루 한 번 깊이 숨을 들이는 조식調息으로 몸을 다스린다. 숨을 의식하며 호흡을 고르고 있으면 기가 손끝에서부터 스멀거리며 혈류가 좋아지는 듯, 활력이 느껴진다.

서양의학에서는 심혈관계와 림프계 외에 기의 실체나 순환을 인정하지 않는다. 하지만 60년대, 평양 의과대학의 김봉한(북한경락연구소) 박사는 인체 내 경락의 흐름을 처음으로 밝혀 기혈이 제3의 순환계임을 주장했다. 서울대 물리학과의 소광섭교수도 최근(2008년) 경락염색법을 활용해 경락이 암이 전이되는 경로임을 밝히고 있다.

최근, 기 코르노의 『생의 마지막 순간, 마주하게 되는 것들』이란 책을 접했다. 치유심리학자인 그는 병원 치료를 받으면서도 살아야겠다는 의지로, 즉 의기를 자신의 암세포에 집중하는 심상요법을 병행해 9개월 만에 암을 완치했다고 한다. 병소에 의식을 집중함으로써 암을 그렇게 빨리 치료할 수 있었다는 사실이 믿어지지 않는다. 의학자인 노먼 커친스도 『신비로운 마음과 몸의 치유력』에서 살려는 의지와 웃음 요법으로 자신의 불치병을 이겨냈음을 밝힌 바 있다. 병소에 의식을 집중해 몸을 치유할 수 있다는 것은, 바꿔 말하면 마음이 지닌 치유력, 즉 정과 기와 신의 힘에 의한 것이다. 마음이 긍정적인 환자나 끝까지 포기하지 않는 환자는 그렇지 않은 사람들에 비해 병이 빨리 낫는다며 많은 책들이 치병에서의 환자 자신의 지혜와 정신력을 강조하고 있다.

지난 한 해, 기의 치유력을 믿고 구당 선생 문하에서 침구鍼灸를 공부했다. 침과 뜸은 스스로, 어디서나, 그것도 누구나 손쉽게 할 수 있어 잔병을 다스리는 데 많은 도움이 된다.

내 몸의 주인은 나다. 병원에 다니는 것만으로는 몸이 온전해질 수는 없다. 우리도 스스로 몸을 공부하고 마음을 함께 다스려 나간다면 그것만으로도 병은 어느 정도 예방할 수 있지 않을까 한다.

(침뜸 제주, 창간호, 2016. 4)

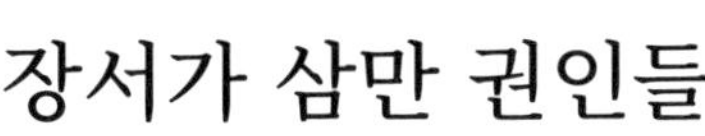

장서가 삼만 권인들

가유장서 삼만축 家有藏書 三萬軸
인당열세 팔천춘 人當閱世 八千春

집안에 삼만 권이나 되는 책을 쌓아 놓고
두고두고 읽으라고 한다

장애인회관에 걸려 있는 편액이 특별하다
많이 읽어야 먼 세상을 내다 볼 수 있나 보다

보잘것없음이여
서욕조차 선인에 미치지 못하다니
마주한 책들이나마 제대로 읽었을지
활자들이 날아오르며 안공을 파고든다
읽는다 쓴다 그러므로 나는 살아 있다

속절없이 오고 가는 하루
오늘도 책 몇 장 뒤적인 게 고작이다
이 낙도
언젠가는 못 누릴 텐데
서글프다, 그날이 언제일지

가르치고 배우며 외길 반백 년
진리
사랑
그리고 믿음의 길
가슴 뛰던 오색빛 무지개들

진리가 너희를 자유케 하리라는데
앎으로부터의 자유와
불립문자는
또 무엇인지

지중해의 조그만 항구에서 조르바가 손짓했다
자유로운 영혼 조르바가 내게 일갈한다
두목 당신의 그 많은 책을 쌓아 놓고
불이나 질러버리구려

그러면 누가 알아요, 뭔가 괜찮은 사람이 되어있을지

노래하고
춤을 추며
훨훨 털어내는
해변에서의 조르바
나는 아무것도 바라지 않는다 나는 자유다

행복은
채움인가
비움인가
마지막
피안으로 떠날 영혼의 티켓이 초라하다

(제주수필, 24집, 2017. 7)

영원히 살 것처럼

나이 듦이 달갑지 않다. 전화도 뜸하고 사람을 만나는 일도 드물어졌다. 출근할 일이 없기에 그날이 그날이다. 바라던 미래는 분홍빛이었는데 노년의 날들은 회색으로 흐릿하다. 사회적으로도 쓸모가 없어졌다. 기력도 쓰다만 전지처럼 예전 같지 않다.

오랜만에 중학교 동창을 만났다. 반세기 만에 처음 보는 친구다. 외국에서 지내던 친구라 더없이 반가웠다. 저녁을 함께하던 끝에, "자네, 올해 나이가 어떻게…… 아니, 그렇게밖에 안 돼?"라고 하자, "호적 나이야"라며 말을 바꾼다. "아니 이 사람아, 법이 나이를 먹나, 몸이 나이를 먹지." 우리는 서로 보며 웃고 말았다.

연령이 달력 나이일 수만은 없다. 겪은 경험이나 지적 수준에 따라 사회적 연령이나 정신적 연령은 이와 다를 수 있다. 어느 친구는 밥 한 끼를 사지 않는다. 남을 헤아리지 못하는 인색함에 거리가 느껴진다. 몸은 시들어도 마음은 따뜻하고 정신은 고결해졌으면 좋겠다.

이래저래 불편한 일들이 늘어간다. 잠도 편치 않고 계단을 내려가

듯 노화의 속도도 빨라졌다. 물건도 놓고 다니고 '그 말'이 딱히 떠오르지 않을 땐 스스로도 민망하다. 실물失物성, 실어失語성 건망증이라고 하니 그나마 다행이다. 책장을 넘겨도 머리에 남지 않고 눈은 침침해져 이러다 책을 읽지 못할까 소침해진다.

시간의 강물에 떠밀려오다 하류에 이르니 모든 것이 느려졌다. 암벽도 보이고 모래벌도 아름답다. 마주하는 정경들이 따뜻하다. 마지막은 평온한 바다 건너 '새 하늘과 새 땅'에 이르렀으면 좋겠다. 내가 바라는 노년의 아름다움이다.

하루만이라도 시간이 멈출 수는 없는 것일까? 벤자민 버튼의 시간은 거꾸로 가고 있다. 시계추를 되돌릴 수 있다면 회한의 흔적부터 지우고 싶다. 젊어 보인다는 찬사가 싫지 않다. 하지만 백발의 아름다움을 마다하고 싶지는 않다. <가야 할 때가 언제인가를 분명히 알고 가는 이의 뒷모습은 얼마나 아름다운가> <낙화>의 시인처럼 조락의 지혜와 아름다움을 지니고 살아갈 수 있으면 좋겠다.

불평, 불만이나 미움은 줄이고 사랑은 더하리라고 다짐한다. 지금까지 살아있음이, 빈손으로 태어나 그만큼 누렸음이, 아직도 활자와 벗할 수 있음이 더없이 감사하고 다행하다. 노년의 추사는 책 읽기를 큰 즐거움으로 여기고 자신의 아호를 노과老果라 하여 자족했다. 노년의 덧셈이다. 늙어서도 의기만은 밀리고 싶지 않다. 다윗은 '우리의 날들을 세도록 가르치시어 우리를 지혜롭게 하소서'라고 기원했다. 노숙, 노익장은 못되어도 노추, 노둔은 피하고 싶다. 남은 날들은 헤아리며 뺄 것은 빼고 더할 것은 더하고 싶다.

퇴직 무렵, 육십이 절벽처럼 느껴졌다. 하나둘, 앞서가는 선배들이 남의 일 같지 않았다. '아, 이제부터는' 하고, 운동을 최우선의 일과로 삼았다. 허리 때문에 서울의 큰 병원에 입원했다가 당분간 강의를 할 수 없다기에 수술을 포기하고 내려와 오름을 올라다녔다. 반년쯤 지나자 고질이던 요통이 사라졌다. 건강을 공부하며 몸도 섬기기 시작했다. 지난봄 건강검진에서는 심장의 나이가 60대로 밝혀져 의사가 반겼다. 아는 만큼 보인다는데, 건강 또한 아는 만큼 지킬 수 있음을 실감한다.

내가 건강하다면 노년에도 시간표가 있기 때문이다. 일어나면 마음에의 출근부에 도장을 찍고 매일이다시피 걷고, 걷고 나서는 책상과 마주한다. 노화를 말하는 책들이 몸도, 머리도 써야 좋아진다고 일러준다. 운동과 공부는 노년의 건강에 최상의 노하우다. 날마다 운동하고 머리를 쓰면 뇌세포가 새로 생겨나고 그 조직도 촘촘해져 보다 건강해진다고 한다. 노화의 속도도 지체시킬 수 있다는 뇌 과학자들의 가르침에 힘을 얻는다.

지난주도 노인대학 강단에서 열심히 배우려는 이들을 만났다. 육칠십 대들인데도 배우려는 의욕이 젊은이들 못지않다. 노년의 배움이 주는 최상의 보람이라면 무엇보다 그 과정에서 얻어지는 정신의 건강이 아닐까 싶다. '이 나이에', 하고 더 이상 배우려 들지 않는다면 뇌세포는 오그라들고 치매를 앞당길 뿐이다. 몸도 마음도 달라지지 않으면 삶은 고인 늪처럼 후패해질 것이다.

우리가 사는 것은 언제나 오늘, 이 시간이다. 현재만이 우리가 소유할 수 있는 유일한 시간이다. 가장 중요한 것은 내가 지금 소유한 현재를 어떻게 사는가에 달려 있다. 마커스 아우렐리우스가 일깨우는 말이다.

언젠가 비행기를 타고 오는데 옆자리의 백발 여인이 책을 꺼내 들었다. 노년에도 목표를 지니고 살아가는 그녀의 모습에서 노년의 아름다움이 느껴졌다.

아침마다 마주하는 거울이 달갑지 않다. 늘어가는 주름살이 삶의 지혜나 깊이를 말해주는 것이었으면 좋겠다.

'내일 죽을 것처럼 살고 영원히 살 것처럼 공부하자.'

노인대학에서 간디의 메시지를 전할 때마다 나도 한결 젊어져서 돌아온다.

(제주문화, 24호, 2018. 12)

말의 영수증

늦어서 친손자를 보는 기쁨은 어떤 것일까?

얼마 전, 저녁 모임에서 한 친구가 상속자를 얻었다고 하여 덕담이 오고 갔다. 지난번 전화에 이어 나도 거듭 축하의 말을 건넸다. 그런데, 그는 그런 얘기를 들은 적이 없다고 한다. 의아했다. 손자를 보러 아내와 함께 서울을 다녀와야 한다며 그날 모임엔 참석할 수 없다고 하지 않았던가. 우리는 말에도 영수증이 있어야 한다며 서로 웃고 말았다.

허공에 사라져버린 숱한 말들. 그 무게는 얼마나 될까? 살아오면서 가장 많이 얘기를 주고받은 사람은 아내다. 사랑, 미움, 다툼의 말들. 그리고 평생 함께 살아오면서 나눈 이런저런 담론들을 되살려 볼 수 있다면 한 권의 책이 되고도 남을 것 같다.

태어나면서부터 우리는 말의 숲속에서 살아간다. 가족, 친구, 그리고 더불어 사는 이들과의 갖가지 용건들, 그 어휘며 감정, 그리고 말의 품격 등, 일상의 대화를 복기해 볼 수 있다면, 이 또한 내가 어떤 사람인지, 자신의 정체를 가늠해볼 수 있는 소중한 자산이 될 것 같다.

어느 친구는 말이 급하기로 유별나다. 전화도 마찬가지다. 자신의 용건이 끝나면 그의 전화는 끊어져 있다. 무안함이 한두 번이 아니다. 탓해 봐도 소용이 없다. 더 이상 만나지 말까 싶으면서도 남을 어떻게 받아들이느냐는 건 자신의 문제가 아닌가. 차가운 사람이 아닌데도 타고난 성정은 어쩔 수 없는 것인가 보다. '무엇'을 말하느냐에 못지않게, '어떻게' 말하느냐가, 그리고 '듣는' 일이 중요함을 그와 전화할 때마다 실감한다.

일인 일 전화 시대. 요즘은 만나서 얘기하기보다 전화가 우선이다. 길거리에서든 버스 안에서든, 심지어는 화장실에서도 전화를 주고받는다. 자신의 프라이버시가 드러나고 있음에도 개의치 않는다. 어쩔 수 없이 남의 통화도 엿들어야 하는 세태가 민망하다.

휴대전화는 있어도 없어도 편치 않다. 전화를 못 받거나 했을 때는 신경이 쓰이고 잊고 나온 날은 불안하다. 서둘러 받은 전화가 상품 선전일 땐 짜증이 난다. 쓸모 있는 것의 쓸모없음이, 유용한 것 때문에 그 필요가 나를 구속한다. 전화는 어디에서든 타인과 나를 이어주는 소통의 이기면서도 몇 일이고 침묵하는 날이면 고독의 기기가 되기도 한다. 카톡, 이모티콘, 줄임말들로 메시지가 획일화되는 것도 편치 않다. 단세포적인 언어와 불확실함이 감정으로 대입될 때, 그것은 자칫 무례의 놀이가 될 수도 있다. 전화는 더없이 좋은 사랑의 동굴 같다. 진한 밀어도 주고받고 사랑도 사고팔고 있다. 소중한 경험도 그때그때 담아둘 수 있고, 물건도 전화 하나만으로 거래할 수 있는 세상이니 이제 인류는 포노 사피엔스Phono Sapiens로 진화하고 있다.

나는 평생 언어의 바벨탑을 쌓으며 살아왔다. 이따금 강단에 서는 것도 적지 않은 언어와 씨름해야 한다. 강단에 서면 한두 시간은 말 잔치이다. 말은 달리는 말과 같다. 언로를 잃지 않으려 메모를 들여다 봐야 하고 눈높이도 맞추어야 한다. 하지만 무엇을 공유했는지, 장황하지는 않았는지, 끝나고 나면 과녁에 못 닿은 화살처럼 아쉬움이 남는다.

교직은 세상에서 말을 가장 많이 하는 직업의 하나다. 가르치면서도 끊임없이 공부해야 하고 자신도 계속 성장해야 한다. 중학교 때, 교장선생님 한 분은 조회 시간의 훈화가 늘 길어 우리를 긴장시켰다. 퇴직 후도 변함이 없으셨다. 찾아뵈면 집안일에서부터 세상사에 이르기까지 불만에 쉼표가 없다. 위대한 갯츠비가 그랬듯, 당신은 언제나 이 세계가 제복을 차려입고 차렷 자세를 취하기를 바라고 있다. 한 시간 남짓, 다리를 꼬고 앉아 있으려면 수행하고 있는 기분이다. 대문을 뒤로하고 나오며 생각한다, <우리는 말 안 하고 살 수는 없나, 나르는 솔개처럼>.

가수 이태원의 노래 <솔개>의 첫 대목이다. 시작부터 리듬도 경쾌하고 함축적이다. 하늘을 가르는 솔개는 몸짓 하나만으로도 할 말을 다 하고 있는 것 같다.

한 친구는 어느 자리에서도 유독 말을 많이 한다. 언제건 맨 먼저 입을 열고 틈이 보이면 곧장 낚아채 화제의 맥락을 흐려 놓는다. 말은 해야 할 때가 있고 해서는 안 될 때가 있는 법이다. 공자는 세 가지 말을 경계하라고 했다. 말을 해야 할 상황이 아닌데 입을 여는 췌언이 그 하나다. 상대에게 자신의 말을 다 하게 하는 것, 이 일 하나만으로도 덕을 높일 수 있다며 옛 어른들은 자계했다.

말을 하려면 우선 듣기부터 해야 한다. 어느 해 스승의 날, 교원 단체장의 일원으로 청와대의 초청을 받아 강연을 들었다. 의례적인 사은의 찬사일 터, 쉬 끝나기만을 기다리고 있었는데, 한 시간 가까이 동서양을 오가며 교육 입국의 역사를 펼쳐낸다. 박식함과 진정성에 뒤늦게 주시하며 메모지를 꺼내 들었다. 김대중 대통령의 얘기이다. 언설을 늘어놓으려면 깊이가 있든지, 아니면 입을 다물고 있는 게 최선이 아닐지, 말은 내용에 못지않게 진솔함이 정도임을 깨닫고 나왔다.

말이 많은 세상이다. 모처럼 모였는데도 화제는 빈곤하고 밥이나 먹고 잡담이나 하다 헤어지는 풍속도가 민망하다. 좌중에서 남의 얘기를 제대로 듣는 사람은 반의반도 못 미치고 나머지는 그냥 흘려듣는다고 한다. 우리는 남의 말을 얼마나 듣고 있을까? 상대와 공감하고 긍정하는 데서 화자는 격려되고 풍성해진다. 경청하고 있으면 그것만으로도 생각이 깊어진다. 그동안 내가 해온 말은 어떠했을지, 과언寡言이, 침묵이 미덕인 이유를 나이 들며 절감한다.

예로부터 아는 사람은 말하지 않고 말하는 사람은 알지 못한다고 했다. 지자불언 행자부지知者不言 行者不知이다. 말도 영수증으로 주고받을 수 있다면 세상은 훨씬 더 밝아질 것 같다.

말이 없는 말沈默, 함이 없는 함無爲. 도의 길은 덜어냄에 있다는데, 노자가 소중한 세상이다.

(제주수필 26집, 2019. 6)

행복 여행

"오늘이 행복한 건 당신의 대화가 아름답기 때문입니다."

오늘도 안내 전화가 행복의 메시지를 전하고 있다. 모두가 행복을 바라고 있음이다. 행복이란 무엇일까? <마음이 가난한 자는 복이 있나니 하느님 나라가 너희 것이요, 주린 자는 복이 있나니 너희가 배부름을 얻을 것이요, 우는 자는 복이 있나니 너희가 웃을 것이다.> 성서가 말하는 행복의 코드다. 그런데, 우리가 바라는 행복은 이와 다른 것 같다. 가난한 자, 주린 자가 아닌, 배부른 자요. 우는 자가 아닌 웃는 자다. 부자가 되어 배불리 먹고 웃고 살 수 있다면, 그것이 바로 행복인 것 같다.

TV에선 날마다 먹는 재미를 부추긴다. 연예인들은 재미를 선사하고 웃음을 부추긴다. 억지로라도 웃으면 건강해진다는데 그들에게 행복하냐고 묻는다면 무엇이라고 대답할까? 내게는 아직도 부잣집 담장이 높아 보인다. 좋은 차를 보면 눈길이 가고 맛있는 음식 앞에선 '배고픈 소크라테스'를 잊고 산다. 하나 맥주도 첫 잔이다. 즐거운 일도 일상이 되면 그 이상 와 닿지 않는 법이다. 이만하면 됐지, 싶으면서도 욕망은 풍선처럼 부풀기만 한다.

올해도 노인대학에서 황혼이 아름답다고, 행복한 노년을 다짐했다. 당신을 행복하게 해주는 것이 무엇이냐고 물어보면, 그들은 대부분 부와 사랑을, 건강을 손꼽는다. 그러나 내게는 맑은 대기와 하고픈 일이며 하루라도 깨어 있는 시간이 더 행복하다.

우리의 불안이나 불행을 어루만지는 정신과 의사도 행복이 무엇인지 찾아 나서고 있다. 『꾸뻬씨의 행복 여행』은 특별하다. 파랑새는 집에 있다는 걸 누구보다도 잘 알고 있을 그가 멀리 초인을 찾아보고 나서 돌아와서는 오늘이 마지막인 것처럼 사랑하며 살자고 다짐한다. 그러고 보면 행복은 주어지는 것이 아닌, 스스로 찾아 가꾸는 행복의 기술이 필요한 것 같다.

얼마 전에 『행복은 채움으로 얻는가, 비움으로 얻는가』라는 책을 읽었다. 행복이 무엇인지, 어떻게 하면 행복할 수 있는지, 학자들도 행복을 보는 시각이 각기 다른 것 같다. 내게는 마틴 셀리그먼의 주장이 와닿는다. 심리학자인 그는 매사를 긍정하고 남에게 베푸는, 그리고 의미 있는 삶을 행복의 중요한 요소로 들었다.

톨스토이는 말년에 베푸는 삶으로 치열했다. 그는 정교회가 박해하는 교인들의 캐나다 이주를 돕기 위해 『부활』을 썼다. 농노들에게까지 자신의 토지를 나누어주면서 아내와의 불화도 마지않았다. 도덕에 미쳤다는 소리를 들을 정도로 그는 나누는 데서 삶의 보람을 찾았다.

내게는 책을 읽는 일 이상 즐거운 일이 없다. 곤궁했던 시절에도 책만이 희망이었다. 책은 초라한 나를 위로해 주었고 분발케 하여 부적처럼 지니고 다녔다. 노벨 문학상 수상자인 오르한 파묵도 책을 들고 다니는 것, 특히 그것은 불행한 시기에 우리를 행복하게 해준다고 말한다.

요즘엔 건강과 신앙에 대한 서책들에 손이 간다. 몸을 알아갈수록 몸과 마음은 하나임을, 인간과 자연은 둘이 아님을 깨닫는다. 소로우는 삶이 아닌 삶에서 벗어나고자 숲속으로 들어가 살았다. 맑은 정신을 유지하고 싶다면 들판이나 숲을 걸어보라며 그는 자연이 인간을 건강하게, 자유롭게 한다고 말한다. 나도 한때, 계곡 가까운 들판에서 살았다. 자연과 더불어 그 속에서 건강을 지키고 사랑과 믿음으로 살아갈 수 있다면 그 이상의 행복이 없을 것 같았다. 무료병원을 세우고 의료보험의 씨앗을 뿌려 막사이사이상을 수상한 장기려 박사도 말년에는 소박한 믿음에 귀의하고 한때, 내 우거에 들러 진정한 행복은 자연과 더불어 사는 데 있음을 일러 주셨다.

몸은 고단해도 책과 더불어 있으면 의식이 등불을 켠다. 책에 대한 욕심만큼은 버리고 싶지 않다. 마지막 순간도 책을 들고 있다가 눈감을 수 있다면 그 이상 행복이 없을 것 같다.

지난해 5월, 다산연구회 일행들과 함께 중국의 문호 루쉰이 공부하던 소흥의 옛집, 삼미서옥三味書屋을 찾았다. 어렸을 때 그가 가르침을 받은 스승 수경오壽鏡吾의 사숙이다. 안으로 들어서자 그가 앉아 책 읽기를 즐겼다는 책상이며 유명한 글귀가 눈에 들어온다. <경서를 읽는 맛은 밥을 먹는 것과 같고 사서를 읽는 맛은 안주와 반찬을, 제자백가를 읽는 맛은 식혜를 먹는 것과 같다>. 책이 주는 기쁨이 얼마나 좋았기에 음식을 먹는 즐거움에 비했을까 싶다.

예로부터 식복이라고 했다. 맛있는 음식을 누가 마다할 것인가. 운동을 끝내고 나서 대하는 밥상은 꿀맛이다. 책과 마주 앉아 있는 시간은 더없이 좋다. 아름다운 욕심이라고 해야 할까, 자연과 가까이, 그리고 책과 함께하는 즐거움은 나를 젊게 하고, 경전의 글들은 정신에 활력을 더하며 새로운 세상을 바라게 한다.

나의 행복 여행이다.

(제주수필문학회, 「제주의 들녘」, 2019. 12)

돌도 아닌 것이

길섶에 뒹구는 돌. 동그란 게 깜찍했다.

학회 참석차 일행들과 함께 남아프리카 케이프타운의 커스텐부시 식물원을 거닐고 있을 때의 일이다. 조그만 돌멩이 하나가 눈길을 끌어 주워들었다. 안내자가 내게 물었다. "그게 뭔지 아십니까?" "그게 뭐라니요, 돌이네요." "돌이요? 돌로 보인다고 다 돌인 줄 아십니까? 그 건 돌이 아니고 선인장입니다."

믿을 수 없었다. 돌 같은데 선인장이라니. 녀석은 건조한 기후에서 살아남기 위해 극도로 몸을 옹그린 채 길바닥에 뒹굴고 있었다. 초식동물로부터 위험을 피하기 위한 것이라고도 하여 한참을 들여다보았다. 메마른 땅에서 뿌리도 제대로 내리지 못하고 살아가는 녀석이 신기했다. 한 모금이라도 이슬을 머금기 위해 날마다 새벽을 기다리며 때로는 소나기에 뽑혀 굴러다니기도 했을 것 같다. 조그마한 게, 생존의 지혜가 놀라웠다.

선인장류의 식물은 생김새부터 흥미롭다. 공같이 둥근 게 있는가

하면 손바닥같이 넓은 것도 있고 장대처럼 뻗어 올라 우리를 내려다보는 것도 없지 않다. 수분을 뺏기지 않으려 잎은 줄기나 가시로 변해 있고 꽃도, 색상도 다채롭고 앙증맞다. 견고한 표피 속에 자신을 감추고 사막의 열기 속에서 갈증을 달래며 자연의 질서에 순응해 살아가는 녀석을 보고 있노라니 최소한의 소유만으로도 생존하는 현자의 모습이 떠오른다. 집까지 싸 들고 갔으면 싶은 게, 선인장에 애정을 느꼈다. 돌처럼 보이는데도 녀석은 보이는 그대로가 실재가 아님을 일깨워 주었다.

돌이란 참으로 묘한 존재다. 움직임이라곤 전혀 없는 고체이면서도 그 안의 미립자들은 상호작용한다. 기의 흐름이다. 강약의 차이만 있을 뿐, 그 흐름은 외부와 하나의 장을 이루어 에너지를 주고받는다. 에너지가 강한 돌들에서는 기가 뿜어 나온다. 페루 꾸스코의 마추픽추 산정에서 본 제대祭臺는 그런 돌의 하나였다. 지인 한 분은 험준한 히말라야의 산 사진 하나를 내게 선물하며 "나는 이 산에서 정기를 받는다. 설산의 영기를 챙겨 건강하라"고 덕담했다.

돌은 어디에 자리하고 있느냐에 따라 정취도 달리 느껴진다. 이끼를 머금은 돌들은 다소곳하고 숲속의 바위들은 수목에 운치를 더한다. 나무처럼 높아지려 하지도 않고 제 자리를 지키고 서서 묵연하다. 천년의 풍우에 깎이면서도 흔들림이 없고 억겁의 시간을 품어 안는다. <풍마우세風磨雨洗>의 지조다. 서화가 해정海丁 박태준 선생의 후학들이 스승을 기려 새겨 놓은 묵적비의 거대한 현무

암이 도심의 공원에 한결 아치를 더하고 있다.

한국의 아름다움은 산하와 어우러진 숱한 바위들에 있지 않나 싶다. 만 이천 봉이 없는 금강산, 금강산이 없는 한국은 상상할 수가 없다. 성산 일출봉엔 화산의 기억이, 서귀포의 주상절리며 수월봉의 암벽엔 지구의 역사가 새겨져 있다. 한강의 두물머리와 낙동강의 하회마을, 진주 남강의 석벽에는 겸재謙齋의 강직함이, 서애西厓의 학문이, 학봉鶴峯의 충절이 스미어 있다. 돌과 물이 어우러진 그곳에는 자연 그대로의 수석이, 예술이, 역사가 살아 숨을 쉰다.

한때, 금강경을 해설한 책을 보다가 수석에 얽힌 고사 하나를 읽었다. 물욕을 경계하라며 소개한, 조선 중기 유학자 허목許穆(1595~1682)의 가정사에 관한 이야기이다.

그는 눈썹이 눈을 덮을 정도로 유난히 길었다. 스스로도 미수眉叟라 할 만큼, '눈썹 긴 늙은이'로 자처했다. 남인 정파의 핵심으로 삼공三公의 자리에까지 올랐으나 한때는 권좌에서 쫓겨나 목숨을 부지하기조차 어려웠다. 그럼에도 그는 굽힐 줄 모르는 지조와 청렴으로 살아남아 학문의 외길을 걸었다.

당시, 그에게는 가난하게 사는 누님 한 분이 있었다. 그녀는 그가 높은 자리에 있으면서도 자기 아들을 도와주지 않는다며 그를 나무랐다. 고심 끝에 그는 어느 날 생질을 데리고 한강 가로 나가 돌 하나를 골라주고 남대문 시장에 나가보라고 일렀다. 조카는 어느 미친놈이 돌을 사가랴, 싶어 내심 실망하면서도 거역하지 못하고 시장으로 나갔다. 막막하기가, 날을 바라며 앉아 있는데 지나던 노인이 다가와 값을 물었다. 돌도 돈이 되는 줄을 몰랐던 그는 알아서 주라며 처분만 바랐다. 노인은 그 사정을 듣고, '값어치도 모르고 물건을 파는 놈이라니, 하지만 그 어른에 상응한 대접은 해야 한다'며 삼백 냥이나 주고 갔다. 그 후, 그는 돌을 주워 다시 시장으로 나갔다. 하나 누구 하나 거들떠보는 사람이 없었다. 경물의 아름다움이나 그 가치를 모르는 사람에게는 돌은 그저 돌에 지나지 않는다.

나도 한때, 돌을 주우러 다녔다. 이런저런 모양의 경석들을 줍는 재미였다. 하나라도 주운 날은 흐뭇하고 아니다 싶은 돌엔 미련이 남았다. 누군가 주운 돌에는 다이아몬드가 박혀 있었다는 얘기가 부럽기도 하고 파도에 닦인 까만 먹돌에서는 천년의 강기가 느껴진다. 형상이며 문양이며 억겁의 세월이 잠들어 있는 수석의 정적미. 그 아름다움에 끌리는 매력은 무엇보다도 시간도 무화된 그 비의에 있지 않나 싶다.

인생도 채석採石이 아닐는지, 그것만이 전부인 듯, 평생 추구한 진리, 사랑, 믿음의 수석壽石들이 바래어간다. 지금껏 주워 모은 인생의 수석들에서 가치 있는 돌 하나 제대로 챙기지 못했다면 이보다 미련한 삶은 없을 것 같다.

오늘도 할 일 없이 냇가의 돌들을 눈여겨보며 들녘을 쏘다니다 돌아왔다. 또 하루가 노을에 묻힌다. 이렇게 살 수밖에 없는 것인지, 주워 모은 수석들엔 먼지만 쌓여간다.

누구에게는 같지 않은 것들이나 내게는 보석 같은 것들. 경석, 서책, 서화. 초라하지만 지금껏 갈고 닦은 나만의 수석들을 애들만이라도 소중히 간직해 주었으면 좋겠다.

(제주수필, 27집, 2020. 6)

노년 예찬

지금도 잊히지 않는 글귀가 있다.

'청춘! 이는 듣기만 하여도 가슴이 설레는 말이다.' 민태원의 수필, <청춘예찬>의 한 구절이다. '청춘! 너의 두 손을 가슴에 대고 물방아 같은 심장의 고동을 들어 보라. 청춘의 피는 끓는다. 청춘의 끓는 피가 아니더면 인간이 얼마나 쓸쓸하랴.'

나이 들어 읽어서도 긴장이 느껴진다. 좋은 수필의 전범으로 엮은 『한국의 명수필』이나 『아름다운 우리 수필』 50편에도 빠지지 않는 명문으로 문장을 공부할 때, 외우다시피 했다.

그는 청춘을 인생의 황금시대라고 했다. 하지만 인생의 황금시대가 어디 청춘만이겠는가. 설익은 열정의 청춘보다는 노년의 원숙함에서 인생은 더욱 빛난다. 늦게나마 못다 한 삶은 버킷 리스트로 만들어 인생의 마지막 장을 장식해 보는 일은 노년에 주어진 특전이 아닐 수 없다.

<노년! 이는 듣기만 하여도 가슴이 따뜻해지는 말이다. 노년! 너의

두 눈을 크게 뜨고 하얀 머리칼을 눈여겨보라. 백발은 아름답고 로맨스 그레이는 새로운 인생을 꿈꾸게 한다. 늙은 말이 길을 안다고 했다. 안분지족安分知足하고 있으면 보다 열린 마음으로 세상을 지혜롭게 살아갈 수 있다.

지나온 삶이 보잘것없다 해도 의욕을 잃지 말고 다시 충전하며 제2의 인생에 도전하자. 인류를 이끌어온 역사의 동력은 바로 이것이다. 늙어서도 배우고 일하고 있으면 노년은 더욱 빛난다. 한 번뿐인 삶이다. 자신을 존중하고 긍정하며 서로 사랑하고 내일을 소망하며 영원히 살 것처럼 살아가자. 인생에 노년이 없다면 인간의 역사는 얼마나 빈약할 것인가>

인생의 종반전. 노년은 인생의 하일라이트다. 독일의 문호 괴테는 고희에도 열아홉 살의 울리케를 사랑했고 팔순에 대작 『파우스트』를 완성했다. 미켈란젤로는 구십을 넘어 베드로 성당에 <피에타>를 헌정했다. 한국의 편작이신 구당灸堂 김남수옹은 백수에도 남다른 침술로 난치병 환자들을 구하고 있다.

몇 해 전, 수천 명이 참석한 미국 샌디에이고 국제마라톤대회에서는 아흔한 살의 헤리엇 톰프슨 할머니가 풀코스를 완주해 기염을 토했다. 어니 앤드루스 옹이 미 대륙을 걸어서 횡단했을 때, 그의 나이는 무려 아흔여섯 살이었다. 학문이나 예술은 나이가 들수록 무르 읽는다. 톨스토이는 희수에 『부활』을 썼고 베토벤은 말년에 명곡을 남겼다. 도리스 레싱은 88세에 노벨문학상을 받았고 죤 구디너프는 97

세에 화학상(2019년)을 받아 최고령을 기록했다.

민초들도 이에 뒤지지 않는다. 105세의 대만 노인 자우 무허趙慕鶴 옹은 칠순에 제2의 인생을 시작했다. 75세에 유럽 배낭여행을 시작으로 87세에 대학에 입학, 98세에는 대학원을 마치고, 국립 칭화대 회계학 박사과정에 등록, 증손 벌 급우들과 학구열을 불태웠다. “사람은 마음만 먹으면 뭐든지 할 수 있어요. 원하고 원치 않고의 차이만 있을 뿐, 늙었다는 게 뭐 그리 중요한가요? 인생의 가장 큰 기쁨은 끊임없이 전진하는 것입니다.” <다음엔 또 뭘 해 볼까>고, 신문이 전하는 그의 노익장이 감동이다. 일본의 시바타 도요 할머니는 90세에 시집, 「약해지지 마」를 펴내, 150만 부나 팔렸다고 한다.

우리네 시골 할머니들도 이에 못지않다. 전남 순천 할머니들의 그림일기, 「우리가 글을 몰랐지, 인생을 몰랐나」는 2019년 미국 미컬슨 갤러리를 시작으로 4개 도시를 순회했다. 전남 곡성의 할머니들은 「시집살이 詩집살이」 등, 두 권의 시집을, 경북 칠곡의 할머니 84명은 첫 시집, 「시가 뭣고」 외에, 이어 네 권째 시집을 펴냈다. 작가 김훈은 그의 산문집 「연필로 쓰기 중에서」, ‘할매들은 몸으로 시를 쓴다. 글이 생활이고 몸이다. 한글을 깨쳐 겪은 일들을 기록함으로써 할매들의 생애는 역사 속으로 편입되었다’며, 이들을 예찬했다.

최근, 김형석 교수의 백세 일기가 화제다. 그의 글은 인생을 성찰하며 살아온 철학자의 교훈 이상으로 남다른 건강과 신앙인으로서 더 큰 울림을 준다. 그는 늙지 않는 방법으로 일(공부), 여행, 사랑, 베푸는 삶을 들었다. 지난주 일기에는 모르는 이들로부터 받은 선물들을 소개하며, '더 오래 살아 이들에게 보답해야 하겠다.'고 했다.

그렇다. 우리 모두 오래 살아야 한다. 자식들이 떠난 빈 둥지를 채우기 위해, 새로운 나로 살아 보기 위해, 오늘의 나를 있게 해준 이들에게 사랑의 빚을 갚기 위해서도 오래 살아야 한다. 중요한 건 얼마나 오래 사느냐가 아니라, 못다 한 무엇인가를 해야 하기에 오래 살아야 한다. 노인대학에도 다녀보고 자신의 소중한 삶을 글로 써서 정신적 유산을 남기는 일도 기다리고 있다. 우리가 오래 살아야 할 것은 인생이 한 번뿐이라는 그 이유만으로도 충분하다.

노년은 시들어가는 것이 아니라 익어가는 것이다. 노화 학자들은 늙음도 치료될 수 있는 질병이라며 노년에도 삶의 목표가 있어야 노화도 지체된다고 한다. 노년의 이야기들을 모아 『나이 들어가는 것의 아름다움』을 펴낸 잭 캔필드와 마크 한센은 '마음은 언제나 청춘이다. 이웃과 더불어 살고 젊은이들에게는 마음을 열자. 살아있는 기쁨을 놓치지 말자. 이제도 늦지 않았다. 멋진 삶, 그리고 아름다운 마무리를 위하여 사랑으로 살아가자'고 격려했다.

노년의 오늘은 우리가 그토록 바라던 내일이다. 에크하르트 톨레는 『지금 이 순간을 살아라』고 한다. 걷고 배우고 일하고 사랑하고. 노년의 행복은 이에 정답이 있지 않나 싶다. 회혼례라도 열어보고 파티의 주인공이 되어 보기 전에 도중에 하차할 수는 없다. 빨간 저녁노을처럼 노년에도 열정을 불태우고 뒤늦게라도 파랑새를 찾아 제2의 인생을 살다 가야 한다.

아름다운 황혼, 우리 모두 노년을 예찬하자.

(제주문학, 89호, 2021. 12)

* 집안에 꽂혀 있는 책을 보면 그 사람을 알 수 있다.

- 이순형

8부

잃어버린 것들

* 대부분의 사람들은 자신이 무엇을 놓치고 있는지 알지 못한다.
어른이 되고 사실과 논리, 과학과 이성이 강조되는 세상에서 살아가면서
우리는 모두 자신에게 소중한 것을 잊거나 잃어버리고 있다.
- 리 G, 볼먼/ 테렌스 E. 딜

- 잃어버린 안경
- 세상에서 제일 맛있는 음식
- 구름에 달 가듯이
- 어느 의사
- 산천은 의구한데
- 시간의 무게
- 흐르는 섬들

잃어버린 안경

산을 오르다 보면 한두 번은 위기를 맞게 된다. 서울서 온 은사님을 모시고 둘이서 한라산을 오를 때의 일이다. 서북 벽을 타고 오르는데 갑자기 짙은 안개가 몰려왔다. 산 날씨란 그러려니 하며 출발할 때의 맑은 하늘만을 믿고 정상까지 올랐다.

그런데, 이게 웬일인가. 갑자기 앞이 보이지 않는다. 안개가 비구름으로 바뀌면서 바람도 거세어졌다. 조금 전 내리막길로 돌아서던 한 산악인의 모습이 떠올랐다. '아하, 악천후를 예감하고, 그래서 도중에 내려갔던 거로구나.' 덜컥 겁이 났다. 들리는 건 출렁이는 물소리뿐, 비구름에 짓눌린 백록담은 한 발짝 앞에서조차 제 모습을 드러내지 않았다. 손끝에 물만 적셔보고 우리는 부리나케 하산 길로 들어섰다.

구름은 예상보다 두터웠다. 몇 미터 앞도 보이지 않았다. 좌우를 가늠하며 숲길의 틈새를 따라 걸음을 재촉했다. 흘러내리는 빗물이 연신 시야를 가린다. 색안경을 벗고 손등으로 계속 빗물을 닦아냈다.

그러는 동안 몇 번이나 미끄러지고 넘어졌는지, 옆을 보니 선생님도 짙은 돋보기안경을 벗었다 끼었다 경황이 없었다. 이 길의 끝은 어디일지, 안 보이면 구부리고 앉아 시야를 가늠하며 혼자서 몇 미터를 앞지르다 다시 돌아와 함께 나아갔다. 그 사이 윗주머니에 넣어둔 색안경이 어디론지 사라져 버렸다.

앞으로 몇 시간을 더 걸어야 하나? 한기가 몸속으로 스며든다. 무엇보다도 길을 잃을까 봐 두려웠다. 하지만 내색하지 않고 마주 서서 다짐했다. "선생님, 잠시 여기 서 계십시오. 어떤 일이 있어도 제가 이 자리에 돌아올 때까지 꼼짝 말고 서 계십시오. 따로 움직이면 우리는 죽습니다." 당부를 거듭하며 다시 되돌아와 되돌이표를 찍고 계속 더듬으며 나아갔다. 얼마를 걸었는지, 드디어 용진각 초입이 나타났다. 내리막길을 앞두고서야 구름은 굵은 빗줄기로 바뀌면서 시야가 트이기 시작했다. "아, 살았다." 피를 말리던 초긴장이 환희로 바뀌던 순간, 그때의 기억이 지금도 생생하다.

세월은 내게도 안경을 선물했다. 안경은 이제 제2의 눈이 되었다. 끼지 않으면 흐릿하고 벗어두면 찾게 된다. 허리춤의 안경집도 이따금 비어 안경은 어디론지 사라지고 없다.

잃어버린 게 어디 안경만인가, 스페인에서는 핸드폰을 잃어 모든 기록이 지워졌다. 동유럽 여행의 귀국길에서는 가방 하나를 기내에 두고 내려 황당하기 짝이 없었다. 농장에서는 누전으로 전 재산이 불타버렸다. 알게 모르게 소중한 것들을 잃어간다.

어느 친구는 하루 한 번 전화벨 소리를 듣기가 어렵다고 푸념한다. 지위, 권력, 명예 등, 자리에서 물러나자 인간 시장의 허상들이 사라져 버린 것이다.

정년의 동굴을 빠져나오자 기다리고 있는 것은 노년의 길목이었다. 남은 것은 삶을 조이던 통장 몇 개와 하찮은 인정들뿐, 버릴 것만 늘어간다. 잃어버린 것들의 빈자리가 전에 없이 커 보인다. 상실이 소유의 진가를 규징하고 있다.

노년은 못다 한 사랑만으로도 모자랄 것 같다. 괴테는 칠순을 접어서도 사랑의 미망을 어쩌지 못했다. 19세의 소녀에게 매달려 50년의 세월을 뛰어넘으려던 대문호도 못 다한 사랑으로 좌절했다. 그는 자신을, 온 세계를 잃었다고, 마지막엔 자아의식마저 놓아버렸다고 술회했다.

버릴 것은 버려야 하고 잃을 것은 잃어야 한다. 하지만 나이 들어서도 잃어서는 안 될 게 있다. 건강과 지혜가 그것이다. 나이 들어 해야 할 일이 밀린 숙제 같다. 하나 걷고 있으면 몸이 가벼워지고 책장을 넘기다 보면 머리는 맑아진다. 외국어 습득이 뇌의 노화를 늦추어 준다기에 몇 년 전부터 중국어 공부를 시작했다. 때 늦은 욕구가 어설프면서도 배움이 주는 즐거움이 싫지 않다.

햇살이 눈부신 오후 숲속으로 들어섰다. 걷고 있으려니 여기저기 소나무 그루터기들이 맘에 걸린다. 재선충에 걸려 한순간에 베어진 것들이다. 허망하다. 나도 언젠가는 바이러스에 먹히다 저들처럼 스러지고 말 것이다. 하지만 죽음은 소멸이 아닌, 건너감이었으면 좋겠다.

오늘도 경전의 몇 구절에 밑줄을 그었다. '너희는 자유를 위하여 부르심을 받았다.' 궁극은 자유인가 보다. 경서를 읽고 있으면 마음만은 평화롭다.

백내장을 수술하고 나서 쓰던 안경들을 모두 버렸다. 바꾸고 또 바꾸고. 몸도 마음도 낡아가고 버려야 할 것들이 많아진다. 하지만 다른 것은 못 해도 사랑은 더하고 피안으로 가는 지혜만을 지니고 싶다.

백 세가 축복일 수만은 없는 시대. 상실의 아픔이 노구를 일으켜 세운다. 남은 시간은 잃은 것들과 맞서 나가야 한다. 이제는 더 이상 물러서지 말아야 한다.

잃어버린 시간들이 심안을 닦아준다.

(제주수필, 18집, 2011. 11)

세상에서 제일 맛있는 음식

세상에서 제일 맛있는 음식은 무엇일까? 외국에서 지낼 때 혼자서 매일 세 끼를 챙기는 일은 여간 성가신 게 아니었다. 하루 한 끼는 밖에서 해결해야 하는데 메뉴도 낯설고 먹어본 음식이 별로 없는지라 입에 맞는 음식을 고르기가 곤혹스러웠다. 이름을 익히려고 때마다 메모도 해보았지만 메뉴를 고르는 일은 때마다 고민이었다.

그때 익힌 음식의 하나가 타코taco다. 타코는 멕시코의 전통음식으로 빈대떡 모양의 또르띠야 위에 고기가루며 콩, 상추, 치즈 등을 얹어 싸 먹는, 우리네 쌈밥과 같은 음식이다. 입안에 가득 넣고 한 움큼 베어 먹는 맛이란 고향의 빙떡을 닮았다. 학회에 참석하느라 멕시코에 다시 들렀을 때도 그 집을 찾아가 먹어보았다.

요즘은 식생활이 풍족해진 탓에 외식을 웰빙으로 여기는 세상이다. 세끼로도 모자라 간식이며 각종 음료에 이르기까지, 살기 위해 먹는다기보다 먹기 위해 산다고 해야 할 것 같다. 어디를 가나 먹거리들이 넘쳐나고 조리 방식도 다양해 먹는 즐거움을 더해준다. 옛날 임금님의 밥상에나 올랐을 산해진미들도 이보다 더했을까 싶다.

음식은 우선 맛이 있어야 한다. 하지만 취향도 다르고 같은 식재료라 해도 기호가 제각각이니 입맛이란 묘하기 이를 데 없다. 먹어봐야 안다고, 어려서, 또는 평소에 즐겨 먹던 음식이 아니면 제맛을 느끼기도 쉽지 않거니와 기피하거나 즐겨 찾는 음식에는 나름의 사연도 없지 않다. 내게는 생선이나 소라, 해초 같은 신선한 해산물이 구미에 맞는다. 섬에서 자란 탓에 갓 잡아 온 생선이 아니면 냄새부터 거북하고 손이 가지 않는다.

예로부터 먹을 복은 타고난다고 했다. 각종 통조림이나 우유, 치즈, 쿠키 등, 외제 가공식품도 내게는 친근하다. 6·25 전란기, 미군 피엑스에서 흘러나온 물품들을 판매하던 식료품상의 가정교사였던 덕에 당시로선 희귀한 음식들에 일찍부터 맛을 들였다. 한때는 담임 반 학부형의 화식집 식객이기도 하여 일본 음식도 즐겨 먹었다. 어린 시절의 음식은, 특히 처음 먹는 음식은 평생의 미각으로 각인된다. 복국도 내게는 그런 음식의 하나다. 어려서 먹던 음식이기도 하거니와 혼자서 끼니를 꾸리던 학창 시절, 주인집 아줌마가 건네주던 음식이기도 하여 복국은 내게 특별하다. 예전에는 위험하다 하여 엄두를 내지 않던 빈자들의 음식이 오늘날은 복요리가 최고의 메뉴가 되어 있다. 복이 복을 누리고 있다.

음식 중에는 생선회가 제일 반갑다. 종류도 다양하고 먹고 나서도 식초의 뒷맛으로 입안이 개운하다. 상어회는 그중에서도 백미다. 이른 봄의 볼락과 망치는 '베지근한' 맛이 일품이고 텃밭의 호박에 끓여 내는 여름의 갈칫국은 시원하기가 그만이다. 새벽녘에 낚여와 대바구니 속에 누워 있는 빳빳한 갈치는 은빛 용트림을 보는 것만으로도 구미를 돋운다. 어린 시절, 생선이나 갈치나 전복 등은 빨랫줄에 일상으로 널려 있었고 제삿날 구워내던 생선 냄새는 참기름의 고소함과 뒤섞여 마당 가득 넘쳐났다.

자주 먹던 음식은 냄새부터 익숙하다. 각기 다른 미각세포味蕾들이 그 자극을 대뇌로 전달하는 과정에서 이전의 기억들이 이에 반응하는 까닭이다. 음식 맛은 흔히 오미五味로 분간되지만 코가 맡는 냄새만 해도 2천 가지가 넘는다고 하니 냄새처럼 미묘한 것도 없다. 그래서 묘미다. 같은 음식도 온도에 따라 맛이 다르고 색이 진하면 먹음직하고 미지근하면 입맛이 당기지 않는다. 갓 뽑은 채소는 흙냄새가 배어 있고 해초도 말리거나 익히면 향이 달라진다. 그러고 보면 음식 맛의 스페트럼은 무궁무진한 것 같다.

존 앨런은 인간은 머리로 음식을 먹는다고 했다. 재료의 맛이야 혀나 코로 가려낸다지만 '무엇을 먹을까'의 의사결정은 두뇌의 미각 정보에 따라 달라지기 때문이다. 우리 뇌는 음식 이름만 생각해도 특정 부위가 활성화된다. 언젠가 이당怡堂 선생님께서 워커힐 레스토랑에서 값비싼 삭스핀 요리를 시켜주셨는데 먹을수록 내키지 않았다. 프루스트 효과라고 하여 냄새 등, 뇌가 특정한 자극을 받으면 그 기억이나 감정들이 이에 반응하기 때문이다. 냄새를 가린다고 온갖 양념을 버무려 놓았지만 최고의 쉐프도 내 미각을 속이지는 못했다.

기억은 무소불위로 집요한 데가 있다. 장자는 맛을 밝히면 미각을 잃는다고 했다. 하나 짜면 젓가락이 내키지 않고 냄새나면 창문부터 쳐다본다. 입이 까다롭다는 아내의 타박에도 어려서부터 길들여진 식성이라 어쩔 수 없다.

어머님께선 특히, 젓갈을 잘 담그셨다. 소라젓이나 자리젓은 이웃이 손을 빌릴 정도였다. 갓 잡아 온 자리돔들을 굵은소금을 쳐가며 차곡차곡 눌러 대나무 채롱의 낡은 뚜껑을 덮고 돌덩어리 하나를 얹어두는 것으로 그만이었지만, 푹 익은 뒤, 손으로 찢어 먹는 속살의 맛은 빨간 빛깔부터 군침을 돋운다. 냉동으로 얼음 물이 베인 요즘의 젓갈들은 짜기만 하고 냄새도 역해서 엄두가 나지 않는다.

우리 집 식단은 때마다 자연이 주는 선물로 풍성했다. 아버지가 낚아온 생선이며 누나들이 잡은 해산물, 그리고 퇴비로 가꿔낸 텃밭의 싱싱한 채소가 전부였지만 부뚜막의 구수한 밑반찬이며 어머님이 빚어내던 음식은 냄새부터 그만이었다. 음식 맛은 먹어본 사람만이 안다. 그 기억과 정서가 맛의 심리학이다.

언젠가 J교수와 저녁을 함께했을 때였다. 일본에 오래 살면서 세계의 이곳저곳을 돌아본 분이어서 음식이 화제에 올랐다. “음식은 중국요리나 프랑스 요리가 제일이라고 하잖아요. 신선한 일본 요리야 어디에도 못지않죠. 그래도 우리에게는 한국 음식이, 그것도 어머님이 만들어주시던 음식이 최고죠. 하지만 이제는 어디서도 그 음식을 찾을 수 없으니……." 맛있는 음식을 대하고 있으면 지금도 그가 흐리던 말끝을 잊지 못한다.

요리책이 없이도 음식을 만들어 내는 사람이야말로 최고의 쉐프가 아닌가 한다. 싱싱한 재료, 한결같은 정성, 때맞춰 익혀내는 따뜻한 식감. 특유의 손맛으로 빚어내던 음식은 소박하지만 어머님만의 작품이었다.

세상에서 제일 맛있는 음식, 그것은 어머니가 만들어 주시던 사랑의 음식이다. 이제는 더 이상 먹어볼 수 없음에, 옛 맛이 그리울수록 사모의 정이 더하다.

(제주문학, 67집, 2016. 7)

구름에 달 가듯이

노년엔 유별난 나이들이 많다. 환갑이며 고희도 그렇고 77세는 또 희수喜壽라고 한다. 팔순은 산수傘壽라 하고 88세는 미수米壽로, 100살을 앞두고는 망백望百이라 하여 한 획을 빼고 흰 백자 백수白壽를 쓰고 있다. 맞아야 할 나이들이 마치 기를 쓰고 넘어야 할 허들 같다. 희수稀壽도 쉽지 않던 시절, 옛 어른들은 파자破字놀이를 하며 조심스레 장수를 기렸던 것 같다.

세계적인 노년학자 유병팔 박사는 『걱정 말고 125세까지 살아라』고 한다. 세포의 생물학적 수명, 즉 인간의 유전자가 그때까지 살 수 있도록 입력돼 있다는 것이다. 백세 시대. 이제는 상수上壽도 멀지 않았다. 하지만 유병有病 장수이어서야 그게 축복일 수는 없다.

노화는 달갑잖은 선물이다. 주름이나 늘리고 기력도 타이어의 공기처럼 빠져나간다. 정신은 흐려지고 물건은 여기저기 두고 다닌다. 할 말도 막상 꺼내려 들면 이따금 나들이하고 없다, 치매 증세가 아닌, 실물성失物性, 실어성失語性 건망증이라고 하니 그나마 다행이다,

노인대학의 강의를 준비하면서 노화와 관련된 용어들을 찾아보았다. 늙을 노老자로 시작되는 어휘들이 무려 오십이 넘는다. 그것도 노추, 노탐 같은 부정적인 용어들이 대부분이다.

나이를 먹다 보니 노老자가 달갑지 않다. 노쇠, 노약, 노졸에 움직임은 노둔하고 정신은 노혼해져 노환이 남의 일 같지 않다. 평균 수명이 늘어가는 만큼 발암과 치매도 불가피해졌다. 장수가 어쩔 수 없는 재앙임을 모르지 않는다면 걷기라도 열심히 해야 할 것 같다. 뇌과학자인 산제이 굽타는 운동과 섭생, 책 읽기가 노화를 다스리는 최상의 노하우라고 한다.

최근 팔순의 선배를 찾아뵈었다. 몸이 편찮아 보이는데도 직함을 책상 위에 얹혀 놓고 앉아 있다. 노욕이다 싶다. 마음을 비우기가 쉽지 않음에 옛 어른들은 이를 노탐이라 하여 경계했다. 수분守分과 지족知足을 일러온 선인들의 지혜가 부럽다. 노회, 노추, 노광은 노화의 극치 같다. 노화를 말하는 부정적 표현들이 왜 이리 많은지, 새삼 자계하게 된다.

심리학에서는 노화도 성장 발달이라고 한다. 하나 노화는 축소나 퇴행이 아닌, 노숙, 노련, 노장의 성숙이었으면 좋겠다. 70년대 초, 서울의 한 단체에서 일하고 있을 때 나는 이런 분들을 여럿 뵈었다. 서울대 총장을 지낸 장리욱 박사며 수필가로 잘 알려진 금아 피천득 선생이 그들이다. 모두 도산의 가르침을 따르는 제자들로 '훈훈한 마음, 빙그레 웃는 얼굴'을 모토로 주마다 모여 동지애를 나눴다. 언제 뵈어도 웃음을 머금은 금아 선생은 해맑은 모습이 노동老童에 다름 아니었다. 어느 원로는 한겨울에도 창틈을 비우고 잔다면서 감기 예방을 위한 비책이라고 했다. 식사도 국을 먼저 먹고 나서 밥을 먹는 게 좋다든가, 짠 김치는 물에 씻어 먹어야 한다는 등, 건강에 일가견을 가진 분들이 적지 않았다. 모두 칠순을 넘긴 어른들이었음에도 노건, 노창하여 뜻있는 젊은이들이 많이 따랐다.

중요한 것은 정신연령이다. '먹는 나이'야 어쩔 수 없지만 '겪은 나이'나 '닦은 나이'는 사람에 따라 다를 수 있다. 노력하기에 따라서는 노화도 지체시킬 수 있다는 노년학자들의 주장에 솔깃해진다.

캐나다 밴쿠버에서 지낼 때의 일이다. 환갑을 맞은 어느 교장의 초대를 받았는데, 65세가 정년이라는 데도 그는 학교를 그만두겠다고 한다. 우선 크루즈 여행을 하고 그 다음엔 하고 싶은 일을, 이왕이면 '제2의 인생'을 서둘러 시작하겠다는 것이다. 당시 우리에게는 명예퇴직이란 말조차 없던 때였다. 봉급도 아쉽고 사회에서 맡겨진 일도 적지 않을 텐데, 그의 안목과 용기가 부러웠다.

퇴임은 소외 그 자체다. 전화도 뜸해지고 주위의 사람들도 썰물처럼 빠져나갔다. 쓰고 난 종이처럼 사회적으로 용도가 폐기되었다. 만나는 사람들도 옛날이나 들먹이고 남 얘기나 하다 헤어진다. 노년은 덤이요 선물이라고 해도 리모컨이나 돌리고 앉아 있을 수는 없는 일이다.

노고老孤를 면하기 위해 일찍이 버킷 리스트를 만들었다. 우선 세상 여기저기를 돌아보기로 했다. 밖으로 나가면 활력이 생기고 노궁老窮을 면케 해준 내 나라가 고맙기 그지없다. 여행은 노화를 다스리는 기회이기도 하여 애써 지구촌을 돌아보고 있다. 지기나 제자들과의 만남은 즐거움을 더해준다. 평생 교단을 지킨 훈장이 자랑스럽지만은 않지만 노사老師의 긍지를 잃지 않고 후학들과 계속 삶의 지혜를 나눌 수 있었으면 좋겠다.

'청산은 나를 보고 말없이 살라 하고 창공은 나를 보고 티 없이 살라 하네'. 나석 현민식 사형이 써주신 나옹 선사의 시가 날마다 나를 격려한다. 깨닫는 삶은 산사에만 있지 않다는데, 혼자서도 숲속을 거닐고 있으면 노학老鶴이 따로 없다 싶다.

베푸는 노년이고 싶다. 빈손 들고 다니면 누가 반길 것인가. 미움, 성냄, 허욕을 덜어내고 자연을 벗 삼을 수 있다면 노선老仙도 옛 얘기만은 아닐 듯, 이쯤이면 노화의 스펙트럼은 얼마나 아름다운가. 새삼 늙음의 미학을 깨닫는다.

얼마 전, 사마천을 생각하며 살았다는 통영의 박경리 선생의 묘소를 찾아보았다. '모진 세월 가고/ 아아, 늙어서 이리 편안한 것을/ 버리고 갈 것만 남아서 참 홀가분하다.' 어쩌면 그리도 초탈할 수 있었을지, 구름에 달 가듯이 훨훨, 자유롭게 살다 갈 수 있었으면 좋겠다.

'건강하게 살아도 칠팔십인데 고통과 슬픔뿐인 인생, 노년을 슬기롭게 살아가게 하소서.' <시편>의 지혜가 나를 다독인다.

(제주수필문학선집, 「계절의 흔적」, 2016. 12)

어느 의사

K목사가 오늘도 메일을 보내왔다. 1,900년대 초, 미국의 어느 결핵 환자에 관한 이야기이다. <그때까지만 해도 치료제가 개발되지 않아 결핵에 걸리면 누구도 죽을 수밖에 도리가 없었다. 그는 아무도 없는 곳에 가 살다 죽겠다 작정하고 요세미티국립공원으로 들어갔다. 옥수수와 채소를 가꿔먹고 날마다 깨끗한 공기와 물을 마시며 계곡이며 밀림 속 여기저기를 돌아다녔다. 점차 기운이 되살아났다. 마음도 훨씬 밝아졌다. 어느 날 병원을 찾았는데, 폐는 어느새 나아 있었다. 숲이 그를 살린 것이다>. 자연이 주는 치유의 힘이 놀랍기 그지없다.

본디 우리네 삶의 터전은 숲이었다. 인류의 조상 호모사피엔스는 아프리카의 사바나 평원에서 숲속의 맹수들과 섞여 함께 살았다. 인간도 자연 그 자체였다. 지금의 우리 뇌는 300만 년 전, 그들의 DNA가 그대로 각인되어 그때의 생존 법칙이 우리를 지배하고 있다고 한다. 숲이야말로 인간이 생활하기에 최적의 환경이 아닐 수 없다.

오늘날 우리에게는 도시가, 아파트가 삶의 터전이 되어버렸다. 무기력해질수록 한때 들판의 농막이 천국이었음을 느낀다. 가까운 숲을 찾아 자연의 품에 안겨 있으면 몸도, 마음도 그렇게 가벼울 수가 없었다. 숲이 알게 모르게 나를 치유해 주었다. 치유와 치료는 기본적으로 다르다. 어느 의사는 우리 몸 안에 백 명의 의사가 산다고 한다. 약에만 의존하기보다 인체의 자생력을 믿고 맡기라는 이야기이다. 대안의학의 선구자인 앤드류 윌은 우리 몸은 스스로 치유하는 법을 알고 있다며 자연치유를 강조하고 있다. 건강을 지키려면 깨끗한 공기와 물은 말할 것도 없거니와 제철 음식과 같이 자연이 주는 치유의 힘을 활용해야 한다고 그들은 말하고 있다.

근래, 대중 건강서들에 관심이 많아졌다. 읽어나갈수록 자신의 몸에 대해 그렇게 무지했다는 사실이 부끄럽다. 일과 삼아 걷고, 되도록이면 숲속을 찾아 걷는다. 무엇을 먹을까보다 무엇을 먹지 않아야 할지, 또 어떻게 먹는 것이 몸에 좋은지를 고심하다 보니 체중도 줄었다. 약도 자제하고 지난번 건강검진에선 엑스레이도 찍지 않았다.

최근, 곤도 마코토의 『의사에게 살해당하지 않는 47가지』라는 책을 읽었다. 일본인 의사가 쓴 책으로 제목부터 충격적이다. 그는 『암과 싸우지 말라』든가, 최근엔 『암 치료가 당신을 죽인다』는 책도 펴냈다. 병원 치료의 위험을 알리기 위해서라고 한다. 오죽했으면 의사인 그가 이런 책을 썼을까 싶다. 『위험한 의학, 현명한 치료』나 『나는 현대의학을 믿지 않는다』와 같은 책들도 모두 의사들이 쓴 책이다. 현직 정형외과 전문의 한 분이 쓴 『의사는 수술을 받지 않는다』는 책을 읽고는 생각이 많아졌다.

일부 의사들은 암 수술을 자제한다고 한다. 어느 의사는 감기약을 먹지 않는다. 감기에는 치료제가 없기 때문이다. 『약을 끊어야 병이 낫는다』든가, 『약이 사람을 죽인다』와 같은 책들은 약은 되도록 먹지 않는 것이 약임을 일깨우고 있다.

지난해 봄, 산에서 내려오다 발목을 다쳐 가까운 동네 의원을 찾았다. 엑스레이를 찍어보니 골절이었다. 전문의를 찾아가라기에 당장 수술을 하자고 한다. 난감했다. 다시 큰 병원을 찾았다. 병을 정확히 알려면 병원 세 군데는 다녀보아야 한다는 글이 떠올랐기 때문이다. 수술을 꺼려하는 내게, 담당의는 '수술을 않고도 치료할 수 있습니다.'고 하여 믿고 맡겼다. 그런데, 2주가 지나자 대뜸 수술을 하자고 한다. 당시는 메르스Mers Coronavirus가 유행해 병원이 어수선한 때였다. 상태가 악화된 것도 아니고 병원이 한가하니 수술을 하자고 한다. 어이가 없었다. 네 번째 다른 의사를 찾아갔다. "수술을 안 해도 나을 수 있습니다." 여러 각도에서 찍은 부러진 뼈의 사진을 보여주며 세밀한 설명에 믿음이 갔다. 이후 목발을 짚고 다니다 반년이 지나 정상을 되찾았다. 『병원에 가지 말아야 할 81가지 이유』나 『병원 사용 설명서』가 말해주듯, 병원은 알고 사용해야 한다는 말을 그때, 실감했다.

건강도 알아야 지킬 수 있다. 인체의 생리를 알고 나면 웬만큼은 자신의 몸을 지킬 수 있다. 질병의 치료에는 전문가인 그들을 믿고 따라야 하겠지만 엑스레이나 CT부터 찍자는 등의 섣부른 진료에는 곧이 응하고 싶지 않다. 영리가 우선인 그들에게 내 몸을 전적으로 맡겨둘 수는 없기 때문이다. 인술보다는 상술이, 돈이 의료를 지배하는 세상이다. 건강을 공부해갈수록 그들의 이재理財가 들여다보이고 의료의 주권을 되찾는 일이 절실하다고 느껴진다.

요즘, 서점에는 대안 요법이나 의사들이 쓴 생활 건강서들이 넘쳐난다. 읽고 쓸 줄을 모르면 문맹이듯, 자신의 몸을 모르면 신맹身盲이라 해야 옳다. 자신의 질병과 관련된 책을 몇 권만 읽어도 병원의 과잉진료나 필요 이상의 수술은 피할 수 있다.

알아야 내 몸을 지킬 수 있다. 내 몸의 주인은 나다.

(제주문학, 74집. 2018. 3)

산천은 의구한데

<내 놀던 옛 동산에/ 오늘 와 다시 서니/ 산천 의구란 말/ 옛 시인의 허사로고/ 예 섰던 그 큰 소나무/ 베어지고 없구려>

섬 속의 섬 우도. 사라지고 없어진 게 소나무만이 아니다. 고향은 변해도 너무 변했다. 마을 안길은 넓어졌고 동구 밖은 올렛길로 다듬어졌다. 면으로 승격한 이후엔 중앙에 공공건물들이 들어서 마을이 또 하나 생겨났다. 좋은 목은 외지사람들이 차지해 호텔이나 식당들이 들어서 있고 지붕도 빨강이나 파란색들로 밝아졌다. 익숙한 집들엔 어른들이 보이지 않는다. 나처럼 고향을 떠났거나 하나둘, 세상을 등진 탓이다. 곳곳에서 카페가 손짓하고 <섬과 해와 달>, <바람개비> 등, 가게 이름들이 마치 시어詩語같다.

하루 한 번 주민을 실어 나르던 돛단배도 사라졌다. 관광객들이 연 백만을 넘어서면서 지금은 카페리가, 그것도 여섯 척이 하루 종일 손님들을 실어 나르고 거리엔 버스며 스쿠터며 온갖 탈것들이 넘쳐난다. 변하지 않은 게 있다면 등대를 이고 선 섬머리오름뿐, 예스런 산과 바다만이 고향에 와 있음을 일깨워 준다.

추석을 앞두고 우도봉을 올랐다. 좌우로는 일출봉과 지미봉이, 멀리는 한라산의 전망이 언제 보아도 절경이다. 바다 건너 바우오름과 대왕이오름이며 병풍처럼 시흥리를 두른 말뫼오름이 옛 모습 그대로다. 뒤에는 좌보미오름이, 오른쪽엔 다랑쉬오름이 비켜서서 우도를 내려다보고 있다.

멀리 오름들을 품 안에 안고 누워있는 한라산은 언제 보아도 느긋하다. 배들은 섬머리牛島峰로 성산항을 끌고 오고 바다는 강물인 듯, 그 뒤로 첩첩이 늘어선 오름들이 한 편의 산수화 같다. 이름하여 천진관산天津觀山이다. 천진동에서 바라보는 한라산의 모습은 언제 보아도 장관이다.

근래, 우도는 전국적인 명소로 알려졌다. 섬을 한 바퀴 도는 해안도로는 연인들의 데이트로 북적인다. 종달리에서 성산 일출봉까지 올레길 제1코스를 걸으며 바라보는 우도의 모습은 마치 소가 드러누워 새김질하고 있는 것 같다. 해서 소섬이다.

우도는 신생대 4기, 즉 지금으로부터 2백만 년 전 대해에 솟아오른 수중 화산이다. 오름이 섬이고 섬이 오름이다. 깎아지른 단애를 뒤로 능선이 척추처럼 뻗어 중앙으로 흘러내리다 바다로 잠기는 모습이 바다를 헤엄치는 거북이 같다. 정상에는 등대가 우뚝하고 그 뒤의 절벽은 동굴을 두 군데나 숨겨 놓았다. 오랜 세월, 거센 파도와 태풍이 할퀴면서 만들어진 거대한 해식동굴은 우리나라 어디서도 볼 수 없는 특이한 경관이다.

해수욕장도 각기 다른 모래들로 자랑이다. 동쪽엔 지층이 부서져 내려 검은 모랫벌(검멀레)이 누워 있고 북쪽에는 하얀 백사장이, 남쪽에는 희붉고 성근 산호사가 쌓여 있다. 해조류인 홍조 덩어리들이 쌓인 이루어진 희붉은 모래사장紅藻團塊은 우리나라에서 유일하다.

우도는 역사의 고장이다. 제주 해녀 항일운동의 진앙으로, 연안엔 해산물이 풍부해 일제는 해산물에도 세금을 물려 착취, 이에 주민들은 들고일어나 항거했다. 이 고장의 애국지사 강관순康寬順은 해녀들의 고달픈 삶을 이렇게 노래했다.

<이른 봄 고향 산천 부모형제 이별하고/ 온 가족 생명줄 등에다 지어/ 파도 세고 무서운 저 바다 건너/ 기·울산 대마도로 돈벌이 간다// 배움 없는 우리 해녀 가는 곳마다/ 저놈들의 착취 기관 설치해놓고/ 우리들의 피와 땀 착취하도다/ 가엾은 우리 해녀 어디로 갈까>

조선 시대에는 우마를 사육해 진상하던 국영 목장의 하나였다. 사람이 살기 시작한 것은 조선조 헌종 9년(1843년)으로 당시 진사 김석린金錫麟이 처음 입주하면서 사람들이 모여 살기 시작했다. 경관의 아름다움도 한몫했을 것이다. 풍부한 해산물에다 넓게 트인 들판은 오곡을 내기에 모자라지 않았다. 이후, 주민들은 어부로, 해녀로 남, 서해안을 비롯해 멀리 중국에까지 진출해 부를 일구었다.

우도의 아름다움은 무엇보다도 섬머리(우도봉)가 숨겨 놓은 동굴의 속살에 있지 않나 싶다. 절벽 속 '고래 콧구멍鯨岸洞窟'에서는 해마다 동굴음악회가 열리고 또 하나 동굴에는 아침마다 해가 동굴 천정에 낮달晝間明月을 그려놓는다. 남향의 깎아지른 절벽(톨까니)은 우뚝한 코인 듯, 남태평양을 내다보는 모습이 마치 '큰 바위 얼굴'을 닮았다. 섬이면서 오름이고 오름이면서 섬인 비경들. 이들이 없는 우도는 얼마나 적막할까 싶다.

오늘도 물결이 하릴없이 포구를 다독인다. 포구에는 고깃배도 그물도 보이지 않는다. 많은 이들이 고향을 떠난 탓이다. 주민들도 절반으로 줄었다. 해녀들도 나이 든 이들만 남아 관광객들을 바라고 살아간다.

새로운 것들로, 낯선 것들로 고향이 변해간다. 수도가 이어지고 전기가 들어와 살기가 편해졌다. 이제는 터널이나 다리를 놓아야 한다는 얘기까지 들린다. 어디까지 변할 것인가. '고향에 고향에 돌아와도 그리던 고향은 아니려어뇨//마음은 제 고향 지니지 않고/ 머언 항구로 떠도는 구름/ 오늘도 뫼 끝에 홀로 오르니/ 한 점 꽃이 인정스레 웃'는다. 옛 노래가 허사가 아니다.

등대로 올라섰다. 남태평양으로 내닫는 배들을 바라며 낮에도 무적霧笛을 울리며 다시 백 년을 기약하고 있는 우도 등대. 그 빛과 소리는 내일을 바라는 우리 모두의 희망이다.

등대를 이고 있는 섬. 수평선에 피어나던 꿈들. 내 영혼의 등대는 언제쯤 등불을 켜고 사방을 밝힐 수 있을 것인가?

(수필문학의 향연 14호「제주의 오름」, 제주수필문학회 2018. 12)

시간의 무게

시계를 놓고 다니는 일이 많아졌다. 시계가 없어도 핸드폰이 있기에 더 이상 걱정이 되지 않는다. 시계는 이제 팔목의 액세서리가 되어버렸다. 급하지 않은 일은 미뤄도 되고 정해진 일과도 없는지라 얽매이지 않는다. 갈릴레오의 시대에는 시계가 없었다는데, 그들은 어떻게 생활했을까? 아침 9시도, 오후 6시도 의미가 없어졌다. 초침에 감기던 일도 형편 따라 하면 그만이고 스트레스도 줄어들었다. 시계는 시계대로 나는 나대로다. 핸들도 느려졌다. 시간도 놓아 버릴 수 있다는 게 편해서 좋다.

그동안 시계는 나를 옭아매는 압제자였다. 톱니바퀴가 하루도 어김없이 맞물리며 모든 일엔 때가 있다며 재촉했다. 기억도 갉아먹으면서 얼굴의 주름살만 늘려 놓았다.

퇴임하고 나니 사회적으로도 쓸모가 없어졌다. 주어진 책임이 없기에 불려 다닐 일이 없어진 것이다. 만나자는 전화도 뜸해졌다. '시간이 없다'는 말은 이제 사어死語가 된 듯하다. 시간에 늦어도 탓하지 않는다. 변명은 밀리는 차가 대신해주고 기다리는 사람들도 느긋하다. 차가 시간이다. 시간이 풀린 고무줄 같다.

모처럼 만에 회식을 끝내고 카페에 들렀다. 우리가 들어서도 주인은 아는 체를 하지 않는다. 아무 데나 앉아도 되고 주문을 받으면 그만이다. 잔이 비었는지, 무엇이 필요한지 더 이상 챙기지도 않는다. 필요하면 책상 위 벨이 대신해준다. 오가던 얘기들이 호프 잔의 거품처럼 꺼져간다. 시간은 말하는 자의, 아니 듣는 자의 것이다. 들어도 그만이고 안 들어도 그만이다. 시계가 눈길을 앗아간다. 시계는 감기는데 시간은 풀려 있다. 역사驛舍 밖 풍경처럼 시간이 가다 서다 한다.

만나도 화제는 그 버전이다. 정치 얘기는 단골이다. 정치가를 들먹여야만 나라의 주인이 되는가 보다. 누구는 잘나가는 동창 얘기로 자신을 포장하고 영상의 정보나 늘어놓다 핸드폰을 들여다본다. 모처럼 모였는데 그런저런 얘기나 하다 헤어진다. 만나도 만나지 못하는 사람들로 시간이 의미를 잃어간다.

이 카페는 특이하게도 미국 대학의 엠블럼들로 벽을 장식해 놓았다. 음악이라도 흐르면 싶은데, 초점 없는 시선들이 한가하다. 누군가는 어느 대학이 미식축구 우승으로 온 도시가 떠들썩했다며 미국을 들먹인다. 미국인들의 스포츠가 지금 그들에게 무슨 의미가 있는지, 모처럼 모인 자리인데 시간이 죽어간다.

오늘은 여느 문인이 불러 가까운 카페에 들렀다. "어서 오세요오."

주인의 말에 정감이 실려 있다. 한순간 교집합이 이루어진다. 누구는 커피를, 누구는 술을 마신다. 욱여넣던 감정이 빨래 되고 무디었던 이성이 빗질을 한다. 다시 빈 잔이, 아니 시간이 채워진다.

벽이며 창가 여기저기에 책들이 늘어서 있다. 시집도 없지 않고 종교 서적이며 새로 들인 책도 보인다. 그녀를 알 것 같다. 책이 사람이다. 니체의 천 개의 길이, 빚을 갚지 못하면 자신의 영혼을 내주겠다던 고흐의 편지가, 톨스토이의 문학이, 그가 도덕에 미쳤다는 얘기들이 오고 간다. 화제가 이어지고 의미가 공유된다. 시간이 무거워진다.

언젠가, 신앙에 관한 책을 펴냈다는 귀농인의 기사를 읽고 그를 찾았다. 교수직을 그만두고 시골로 내려와 세계 각지에서 희귀한 야자수들을 모아 가꾸고 있는 농부 철학자다. 그와 같이 있으면 시간이 살찐다. 미스 코리아를 좋아했던 얘기며 목공을 배우는 얘기며 와인이 건강에 좋다는 얘기들이 한편의 아름다운 수필 같다. 『어느 무신론자의 고백』이란 자신의 책에서 그는 예수에게서는 사랑을, 붓다에게서는 주인으로서 살아야 함을 배웠다고 했다. 그의 입에서는 고전들이, 동서양이 넘나든다. 철학에는 답이 없다면서 성서를, 반야심경을 말한다. 철학은 묻고 종교는 답한다는데, 그의 신앙은 종교를 넘어서 있다. 와인도 가리지 않는다. 달고 시고 쓰고 달콤하고, 시큼하고 시원하고 감미롭고 향이 나고, 그 브랜드는 질감이 어떻고. 그의 시간은 와인 같다. 와인으로 시간이 익어간다.

카잔차키스의 『그리스인 조르바』도 와인에 대한 얘기를 빠뜨리지 않았다. '늙은 가지에서 새 가지가 뻗을 때는 아무것도 없다. 처음엔 쓰디쓴 열매일 뿐, 하나 시간이 지나면 무르익어 마침내 꿀처럼 달콤한 포도가 된다. 열매를 짓이겨 어느 날 열어보면, 아, 포도주가 되어 있다. 이런 기적 같은 일이.' 포도가 포도즙으로, 포도즙이 술로, 발효액은 와인으로, 와인은 시간을 빚으며 사랑을 낳는다. 그와 있으면 시간이 익어간다.

누구든 쓴 술盧酒이나 와인을 마시면서 사랑하고 인간으로 발효되는 게 아닐지, 믿음의 시간에도 술이 있어야 영혼을 씻어낸다. 부족함을 간증하고 시련의 고마움을, 복을 달라기보다 하나님의 뜻을 간구하며 와인을 나누는 성찬의 시간은 영혼의 메토이소노metoisono를 바라게 한다.

도취인가, 각성인가? 무화인가, 성화인가? 대화가, 화제가 없는 시간은 함께 있어도 나를 고독하게 한다.

생애의 마지막, 그 시간의 무게는 얼마일까?

(제주문학, 84집, 2020. 10)

흐르는 섬들

<꽃그늘 아래로 맑은 물이 흐른다. 이 마을 저 마을, 산수유
꽃담 길을 따라 걷다 보면 사람조차 노랗게 물들어간다.>

해마다 추위가 물러갈 즈음, 산수유가 피기 시작했다는 기사를 읽으며 봄을 앓은 적이 몇 번이었는지, 춘심을 이기지 못해 후배 시인과 함께 남도 여행을 나섰다. 완도에서 차를 몰고 산수유의 고장 구례로 향했다. 오른쪽으로 활 모양의 다리 하나가 하늘에 떠 있다. 궁금해서 건너가 보기로 했다. 장보고 대교였다. 어쩌다 들어선 섬, 신지도는 해남 대흥사의 <대웅보전大雄寶殿>이란 현판을 남긴, 영조 때의 문필가 이광사를 비롯해 종두법을 도입한 지석영까지, 사십여 명이 유배된 역사의 고장이었다.

멀리 영암의 월출산이 다가온다. 도암산, 천관산, 부용산 등, 크고 작은 산들을 배경으로 그 앞에 떠 있는 섬들이 한 폭의 동양화 같다. 마주 오던 섬은 비켜 가고 새로운 섬이 다가온다. 겹치다 스치고 스치다 사라진다. 또 하나 산뜻한 다리가 다가선다. 고금도다. 알고 보니 정유왜란 때, 이순신 장군이 진을 치고 왜선 50척을 물리치다 최후를 맞은 격전지였다.

바닷물이 빠져나가면서 갯바위들 여기저기에 금을 그어 놓았다. 섬들의 낯선 표정이 시간과 공간의 은밀한 즐거움을 선사한다. 고금대교가 만의 동쪽 가랑이를 따라 강진까지 뻗어 올라간다. 완도에서 시작한 다리가 신지도, 고금도를 거쳐 그리고 약산도를 이어 만을 두르고 환상環狀의 도로를 만들어 놓았다. 섬과 다리, 바다와 육지, 자연과 인공이 어우러진, 단절과 연결의 색다른 풍경들이 더없이 호젓하다.

섬들을 껴안고 하루에도 여러 차례 들고나는 바다를 마중하고 있는 강진만이 호수 같다. 영암에서 발원한 탐진강과 강진천의 크고 작은 하천들이 너른 들판을 적시며 만을 살찌우고 있다. 20만 평의 갈대 군락지이며 800여만 평의 갯벌에는 천여 종이 넘는 생물들이 살고 있다는데, 먹고 살기에 편한 갯가가, 하여 강진康津인가 보다.

강 이름 탐진耽津은 예로부터 탐라와 강진이 긴밀히 이어져 왔음을 말해준다. 당시 강진은 제주로 오가는 포구의 하나였으며 남단의 마량항은 제주마를 올려보내던 요지였다. 흑산도의 형 약전을 그리며 다산의 눈길이 잦아들었을 강진만의 섬들이 옛 선구자의 낙백의 아픔을 일깨운다. 빨갛고 파란 기와지붕들. 지나는 마을마다 집집이 색색으로 단장해 그림 같다. 대문 앞에는 자가용들도 보인다. 이제는 다리가, 차가 오랜 세월 주변인이었던 그들의 소외를 몰아내고 있다.

차창 안으로 해풍이 밀려온다, 부드럽고 상쾌하다. 모래알이 헤일 수 있을 듯, 바다 밑 수심이 투명하다. 띄엄띄엄, 황톳빛 언덕에 기대어선 시골집들이 말을 걸어온다. 초록빛 채소밭, 대문가의 꽃들, 담벼락의 소꿉장난 같은 그림들이 섬의 속살처럼 따뜻하다.

잠시 내려 숨을 돌렸다. 언덕 너머로 길이 이리저리 길이 이어진다. 가보지 않은 길들, 니체는 “아직 가보지 않은 길들이 천 개나 있다”고 했다. 배움의 길, 사랑의 길, 믿음의 길. 지금껏 내가 걸어온 길이 그 하나이었으면 좋겠다. 어쩌다 마주한 길들, 고통과 좌절과 실패의 길, 그 길들은 내게 무엇이었을지, 길 아닌 길에서 헤맨 지난날들이 어설프다. 가보지 못한 길은 아쉽고 가야 할 길은 흐릿하고 그것도 다 가보지 못하고 끝나는 것이 인생 같다. 소중하지 않은 것들에 더 이상 나를 내주지 말아야 한다.

솜털 같은 구름을 배경으로 햇살 가득한 도시가 다가온다. 강진이다. 이고 지고 포구로, 다시 배를 타고 대처로 향했을 저들에 지난날의 내가 포개진다. 오륙십 년대의 보릿고개. 그 시절, 우리는 내일만을 바라며 땀을 흘렸다. 그동안 풍요를 일궈온 민초들의 오늘을 이제는 다리가, 자가용이 희망을 안고 내달린다.

시인 영랑의 고장, 강진의 문학관에 이르렀다. 정지용 등, 30년대 순수시 운동을 주도했던 아홉 명의 동인들을 기려 가꾸어 놓은 시문학파기념관이 산뜻하다. <모란이 피기까지는/ 나는 아즉 나의 봄을 기둘리고 잇슬테요/ 찬란한 슬픔의 봄을>. 초가집 앞뜰에 서 있는 석비가 시정으로 따뜻하다. <내 마음 고요히 고운 봄 길 위에 오늘 하루 하늘을 우러르고 싶다>던 영랑의 시혼이 뒤뜰에도 모란을 키우며 봄을 기다리고 있다.

저녁 무렵, 산동면 위안의 산수유마을에 들어섰다. 이 길 저 길, 이 밭 저 밭, 잎도 없이 가녀린 꽃술만으로 다발을 이룬 샛노란 꽃나무들이 하늘을 바라고 서 있다. 갓 피었을 생명의 절정이 눈부시다. 한겨울이 눈보라와 시린 햇빛을 이겨낸 산수유들이 그렇게 고울 수가 없다. 옛날 어느 처녀가 이곳에 시집와 처음 심었다는 그녀의 꽃 사랑이 지혜롭다. 자신을 사랑하는 것이 남을 사랑하는 것이다. 자리自利이타利他의 삶이 역사를 만들어 놓았다. 꽃은 아름다움만으로도 좋은 것을, 청순한 저들의 기다림에 무엇인가 주고 싶어진다.

이튿날, 섬진강의 매화에 취하다 통영의 사량도로 건너갔다. 다리를 잇댄 두 섬에 길가마다 동백꽃이 사랑을 불태우고 있다. 하도로 들어서 칠현산을 오르다 출항 시간에 쫓겨 통영으로 바삐 나왔다. <섬은// 의젓하고// 괴로우리라 속짐작하는// 큰 형님처럼>. 박재삼의 <섬>들을 품에 안은 삼천포는 언제고 포근하다. 고향 아우와 하룻밤 회포를 풀고 이튿날, 남해의 금산을 올랐다. 점점으로 나앉은 섬들이 그리움으로 꿈을 꾸고 있다. 광양만을 돌아 나와 다시 완도로 향했다. 흐르던 섬들이 포개지며 가뭇없이 뒤로 사라진다. 보리암 너머 섬들이며 고흥의 끝자락에 두고 온 섬들이 아련하다.

우리는 저마다 외로운 섬들이다. 끼리끼리 손짓하다 어쩌다 다리를 잇고 그마저 흔들리며 낡아간다. 꽃처럼 피어났던 이들도 하나둘 사라진다. 그때가 언제이든 지금은 서로 마주 보고 있었으면 좋겠다.

흐르는 섬들. 만남도 사랑도 포말처럼 시들해져 간다. 흐르는 것이 어디 섬 만이랴. 흐르는 것들은 흐르게 하고 떠날 때가 되면 모든 것을 뒤로 하고 떠나야 한다.

봄날이 간다.

(제주문학, 82집, 2020. 4)

* 소유와 상실, 삶과 죽음도 마찬가지이다.

잃지 않고서는 누구도 진정한 것을 얻을 수 없다.

- 이순형

서평

김세종(철학박사, 야자나라 식물원장)

| 서평 |

다시 오르는 산

김세종(철학박사, 야자나라 식물원장)

팔순을 접은 이순형 박사는 아직도 청춘이다.

세상에는 두 종류의 노인이 있다. 하나는 과거에 붙잡혀 사는 사람이고 다른 하나는 내일을 꿈꾸며 사는 사람이다. 나이가 들면 흔히들 노년을 인생의 종착역이라 여기고 수동적, 소모적으로 살아가는 사람들이 대부분이다. 하지만 나이와 상관없이 여전히 생산적이고 창조적인 삶을 살아가는 사람들도 없지 않다. 나는 이들을 청춘이라고 부른다. 노년기에 들어서도 이교수는 지칠 줄을 모르고 산을 오르고 글을 쓰며 역동적으로 살아간다.

퇴임 후에도 그는 작가의 꿈을 이루어 그 길을 걷고 있다. 그 길은 오르막이고 비탈길이며 자갈밭일 수도 있다. 글을 쓰는 일은 아무나 할 수 있는 일이 아니다. 그럼에도 그는 노구를 무릅쓰고 계속 그 길을 가고 있다.

제주도의 동쪽 우도. 어린 시절, 섬은 그에게도 떠나야 했던 유배지이었지만 이제는 돌아가야 할 마음의 고향이기도 하다. '지금까지 인생의 고해를 헤엄쳐 나온 몸짓들이 한때의 일다 만 포말 같다'면서 그는 그 순간의 아름다움과 의미를 포착하기 위해 지난 삶을 반추하고 있다. '퇴직 후 어쩌다 수필의 오솔길로 들어섰다'며 그 길에서 지난날을 성찰하고 새로운 깨달음을 얻으며 남은 여정을 가다듬는다. '자연의 몸짓들이 새로워 보이고 일상의 무상이 말을 걸어온다'며 숲속에 파묻혀 있기도 하고 '이성의 동굴에 갇혀 있던 아린 감성들이 풀려나와 서로 화해한다'며 노년의 심상을 다스리고 있다.

이 책은 그가 캠퍼스에서 물러난 이후, 10여 년 동안 끊임없이 천착한 사유를 모은 에세이집으로 그의 자전적 성찰이자 인생론이기도 하다.

그에게 젊은 시절은 가난과 역경에 주눅 들어 살아온 험난한 여정이었다. 그 시절은 전란과 흉년으로 온 국민이 모두 고난을 겪으며 살았던 시기이기도 하다. '스스로 세끼를 끓여야 했던 혼밥의 성장기' '결핍은 또 하나의 전쟁이었다'고 할 만큼, 역경 속에서도 그는 '새벽마다 머리에 찬물을 뒤집어썼고' 비약에의 의지를 다지며 뜻을 굽히지 않았다. 이당 안병욱 교수를 비롯하여 선구자들을 사숙하며 정신적으로 성장해 대학교수가 되었고 은퇴할 때까지 강의와 연구의 고단한 길, 직업으로서의 학문의 길을 걸어왔다.

이 교수는 자연을 사랑하는 사람이다. 건강을 위해 시작한 산행이었지만 그는 산에서 만나는 풀이며 나무와 바위, 바람을 사랑하고 그들이 빚어내는 아름다운 순간들을 섬세한 감수성으로 포착하여 생생한 시적 언어로 표현한다. 그의 시선은 지각의 영역을 넘어서 의미의 영역으로 확장된다. '숲의 생성과 소멸에서 삶과 죽음을 보고 메말라버린 초록에서 잃어버린 꿈을 읽는다.' 낙엽을 밟으면서 생명이 무상함을 느끼고 산을 오르고 오름과 얘기를 나누고 있다. '길은 많아도 주어진 길은 모두 하나로 이어진다.', 오름을 오를 때마다 '나는 내 안으로 난 길을 걷고 있었다'며 끊임없이 삶의 순간들을 직시하고 사유의 끈을 놓지 않는다. 보이는 것이 다가 아님을 알아차리면서 진리를 찾는 지적 모험에 몰입한다.

그는 십 대부터 믿음에 귀의했다. 이웃 종교도 외면하지 않고 관련 서적을 탐독하며 산사의 고승을 찾아 깨달음을 구한다. '죽음은 종말이 아닌 건너감'이기를 바라며 초월에의 의지를 놓지 않고 영혼의 불멸을 꿈꾼다. 그의 지적 모험은 현재진행형이다. 그는 아직도 삶에 확고한 결론을 내리지 않은 채, 구도자처럼 손에서 책을 놓지 않고 산을 오르며 자유로운 영혼이고자 여행을 하고 깨달음을 구하며 새 하늘과 새 땅을 바라고 살아간다. '내 인생의 오름들. 너머 또 마주한 산이 아득하다. 이성의 골짜기, 사랑의 언덕을 넘어 깨달음의 정상에 한 번 이르러 봤으면 좋겠다'는 노년의 그에게서 삶의 활력이 전해온다.

이 박사는 이 책에서 세 개의 봉우리를 다시 오르고 있다. 진리, 사랑, 믿음의 산들이다. 우리가 오르는 산은 높이도 다르고 오름이며 악, 또는 산일 수도 있다. 인생의 여정은 어느 하나만일 수도, 그리고 그 하나만으로 끝날 수는 없다. 그는 이제야 더 높은 산들이, 아름다운 산들이 기다리고 있음을 뒤늦게 깨닫고 다시 계속 오르고 있다. 우리도 모두 죽을 때까지 함께 올라야 할 산들이다.

젊어서 구도자의 삶을 찾아 나선 사람들은 적지 않다. 하나 나이 80을 넘기고도 여전히 치열하게 삶의 의미와 구원을 찾아 모험하는 사람은 많지 않다. 그런 점에서 그는 대충 인생을 살아가는 우리 모두에게 본이 되고, 구도자처럼, 특히 내 안의 참나를 만나려는 후학들에게는 훌륭한 사표가 될 수 있으리라 믿는다.

'나는 누구인가?' '무엇이 의미 있는 삶인가?'를 끊임없이 물으며 살아가는 사람은 늙어서도 늙지 않는다. 나는 그가 100세를 넘어서도 여전히 열정적으로 삶을 사랑하고 진리를 추구하며 가파른 노년의 언덕을 올라 그 기록을 또 다른 서책으로 남길 것으로 믿는다.

그때 그 책의 제목은『100세, 여전히 오르는 산』이 되어도 좋겠다.

| 에필로그 |

지위, 명예, 학문, 사랑, 믿음, 아니면 그것이 무엇일지, 인생의 여정에서 지금까지 얻어진 것들은 모두 잃어버린 시간의 보상이었다. 왜 그것을 얻고자 했는지, 그 의미가 무엇인지, 그리고 그것은 오늘의 나에게 무엇인지, 나는 그 물음을 생각하면서 희수의 나이에 이 글들을 써왔다. 날마다 읽고 생각하고 모니터를 마주하기까지, 그 과정은 고독과 진통의 순간이었으며, 한편으로는 마음을 다스리고 거듭나는 결실의 시간이기도 했다.

몸은 낡아가고 마음은 왜소해져 간다. 그렇다 하더라도 생장과 소멸이라는 삶의 법칙에 지배되는 자연의 일부라는 사실에 저항하고 싶지는 않다. 그러면서도 더 이상 무언가를 알 수 없을 때는 다가오는 앞날이 가져다줄 은총을 기다리면서 살아가고 싶다.

결국 인생이란 헌 옷을 버리고 새 옷을 갈아입듯, 한 겹, 두 겹 허물을 벗으며 하나씩, 둘씩 무언가를 잃어가는 것이 아닐지, 지난 날 나라고 생각했던 것들이 더 이상 내가 아님을 느낄 때, 나는 초라해져 겨울의 나목처럼 추위를 맞는다. 하지만 계속 걷고 있으면 다시 탄력을 얻고 강하고 성숙해지리라 다짐하며 오르막길을 오르고 있다.

언젠가는 마주하게 될 그 곳, 영원한 안식처, 그것은 나만이 혼자서 올라야 할 산임을 깨닫는다. 이제부터는 꼭 챙겨야 할 것만을 지니고 가벼운 마음으로 오르고 싶다. 크고 높은 산은 아니라 할지라도 마지막 그 정상은 환희와 자유의 경지이었으면 좋겠다.

2022년 3월 새봄을 맞으며

서재 이순형

서재 에세이 선집

다시 오르는 산

이 순 형

초판 발행 2022년 3월 29일

지은이 이순형
펴낸이 노용제
펴낸곳 정은출판

주 소 04558 서울시 중구 창경궁로1길 29 (3F)
전 화 02-2272-9280
팩 스 02-2277-1350
출판등록 제2-4053호(2004. 10. 27)
이메일 rossjw@hanmail.net
홈페이지 www.je-books.com

ISBN 978-89-5824-451-6 (03810)
값 13,000 원